Dr. Donald Curtis

Die magischen Kräfte deines Unterbewußtseins

Verlag DAS BESONDERE · D-8192 Geretsried · Postfach

HUMAN PROBLEMS AND HOW TO SOLVE THEM
by Dr. Donald Curtis
Original English language edition published by
Melvin Powers, Wilshire Book Comp., No. Hollywood, Calif.
Copyright © 1974 by Dr. Donald Curtis

Aus dem Amerikanischen übertragen und bearbeitet von Manfred G. Schmidt
Copyright © der deutschen Ausgabe Verlag DAS BESONDERE 1981. Alle Rechte, auch
des auszugsweisen Nachdrucks, der Übersetzung und jeglicher Wiedergabe vorbehalten.
Printed in West-Germany
ISBN 3-8138-0007-5
Gesamtherstellung: Brönner & Daentler KG, Eichstätt

Inhalt

8. Kapitel:
„Ihr großartiges Potential"

9. Kapitel:
„Ich bin noch nie einem Menschen begegnet, den ich nicht mochte"

12. Kapitel:
„Die Wahrheit wird Euch frei machen" 265

EINLEITUNG

Was ist Ihr Problem? Es ist sehr wahrscheinlich, daß Sie eins haben – eins oder mehrere. Das ist keineswegs etwas unehrenhaftes. Ganz im Gegenteil: Probleme sind sogar ausgesprochen notwendig – sie sind die unerläßliche Voraussetzung für geistiges Wachstum. Problemüberwindung ist ein Vorrecht der Lebenden. Wichtig dabei ist nur, dafür Sorge zu tragen, daß einem das Problem nicht über den Kopf wächst.

Unsere Schwierigkeiten entstehen immer dann, wenn wir unterbewußt zwei einander entgegengesetzte Ideen akzeptieren. Solange dieser Konflikt nicht beigelegt ist, haben wir nichts als Schwierigkeiten – innen und außen. Das Schlachtfeld befindet sich in unserem Bewußtsein. Fehlschläge aller Art, Krankheit, Unglück, Armut und alle menschlichen Leiden sind die unvermeidlichen Auswirkungen, wenn negative Kräfte diesen unterbewußten Krieg gewonnen haben. Zweck dieses Buches ist es, Sie anzuleiten, Ihre Probleme selbst zu lösen, durch Bewußtseinsinstandsetzung – durch Re-Konditionierung Ihres Unterbewußtseins mit konstruktiven Denkmustern, und dadurch bewirkter Auflösung negativer Gemütshaltung.

Es sind unsere falschen Überzeugungen, die Mangel und Begrenzung verursachen. Wenn wir unsere inneren Einstellungen zurechtrücken, kommt auch unser äußeres Leben in Ordnung. Es ist ganz und gar nicht schwer, Erfolg im Leben zu haben – Voraussetzung dafür ist nur, daß wir unser spirituelles, mentales und emotionelles Werkzeug in gebrauchsfertigen Zustand versetzt haben, damit es ordnungsgemäß arbeitet. Jeder von uns hat eine Aufgabe. Entdecken Sie diese Aufgabe, seien Sie entschlossen, sie zu erfüllen – identifizieren Sie sich mit ihr, bauen Sie sich ein starkes Erfolgsbewußtsein auf, und überlassen Sie sich der dann einsetzenden Strömung. Alle Hindernisse und Begrenzungen fallen ab, wenn wir sie in unserem Bewußtsein auflösen.

Dieses Buch enthält spezielle Techniken und Verfahrensweisen, um Probleme zu lösen. Es hilft Ihnen, Ihre Ziele zu erreichen.

Donald Curtis

1. KAPITEL

Sie können so glücklich sein, wie sie sein wollen

„Mir fehlt eigentlich nichts, was ein gutbezahlter Job nicht heilen könnte."

„Wenn ich doch nur erst verheiratet wäre!"

„Ein paar hundert Dollar würden alle meine Probleme lösen."

„Alles wäre in Ordnung, wenn ich nur mehr Zeit hätte."

„Alles, was ich brauche, ist etwas mehr Ruhe."

„Die Geschäfte werden bald besser gehen. Dann bin ich aus dem gröbsten heraus."

„Sobald ich den neuen Lehrgang beendet habe, werde ich anfangen können."

„Bald ist meine Beförderung fällig. Dann habe ich es geschafft."

„Die Dinge werden ganz anders aussehen, wenn wir erst mal in einer anderen Gegend wohnen."

„Wenn ich nur ein paar Freunde hätte, dann wäre ich nicht so einsam."

„Niemand versteht mich. Wenn die Anderen nur wüßten, wie ich wirklich bin!"

„Weshalb verreisen wir nicht? Dann könnten wir wieder zu uns selbst finden."

„Ich werde einen Psychiater aufsuchen. Der wird mich zurechtbiegen."

„Ich brauche einen neuen Arzt. Der könnte Wunder für mich tun, das weiß ich ganz bestimmt."

„Ich werde mich wohlfühlen, sobald dieser fürchterliche Schmerz aufgehört hat."

„Ich werde mich operieren lassen. Ich bin sicher, daß dann alles gut wird."

„Ich brauche ein Anregungsmittel!"

„Gib mir eine Tasse Kaffee!"

„Gib mir eine Zigarette!"

„Gib mir einen Fix!"

„Gib mir . . .!"

Haben Sie ein Problem?

Im Allgemeinen glaubt jeder Mensch, sein Problem ganz genau zu kennen und ein jeder bildet sich zudem noch ein, genau zu wissen, wie es zu lösen sei. Mit dieser Ansicht sitzen wir alle im gleichen Boot. Wir alle befinden uns auf der Suche nach etwas – zumeist ist es die Suche nach der Antwort auf eine bestimmte Frage, die Lösung eines bestimmten Problems, die Überwindung einer Schwierigkeit. Wenn wir nur noch diese eine Hürde überwinden könnten, dann – so meinen wir – hätten wir es geschafft. Das ist jedoch selten der Fall. Gewissen Situationen kann zwar auf die eine oder andere Art begegnet werden, die ihnen zugrunde liegenden Probleme verbleiben uns jedoch zumeist, weil wir sie genau genommen von rückwärts angehen. In diesem Buch nun, wollen wir versuchen, das Wichtigste an die erste Stelle zu setzen.

Jeder Mensch sieht sich mit gewissen Schwierigkeiten konfrontiert – wir haben es im Leben immer mit einer Anzahl der verschiedenartigsten Schwierigkeiten zu tun. Behinderungen sind jedoch unerläßlich für unser Wachstum, denn schließlich lernen wir alle aus unseren Fehlern, und unsere Fortschritte verzeichnen wir, indem wir über Schwierigkeiten triumphieren. Aus Kämpfen dieser Art gehen wir immer gestärkt hervor. Unbehagen setzt lediglich jedesmal dann ein, wenn wir diesen natürlichen Erfordernissen des Lebens Widerstand entgegensetzen und in ihnen ausschließlich das jeweilige Problem sehen. Was wir dabei als Problem anzusehen geneigt sind, sollte demnach richtiger als Symptom bezeichnet werden, denn das eigentliche Problem ist in Wirklichkeit viel tiefer gelagert. Es ist im Bereich der menschlichen Psyche zu finden; in der mentalen und emotionalen Beschaffenheit; in den spirituellen Werten; in unseren täglichen Aktivitäten; in unseren gewohnheitsmäßigen Aktionen und Reaktionen.

Hier ist Hilfe für Sie

In diesem Buch werden Verhaltensweisen aufgezeigt, die Ihnen helfen, Ihre Probleme von der Ursache her zu lösen. Gegründet auf vielen authentischen Fällen aus meiner Sprechstunde, wird dieses Buch das Drama menschlicher Erfahrungen entschleiern, und Ihnen ganz spezielle Techniken und Verfahrensweisen an die Hand geben – die geeigneten Lösungsmittel, auf die jeweilige Schwierigkeit zugeschnitten.

Dieses Buch ist „Ihr Buch". Es ist ein Buch über Sie. Es gibt Ihnen Aufschluß über alles, was Sie persönlich betrifft. Es gibt nämlich ein bestimmtes Muster, das allen menschlichen Problemen zugrunde liegt. Das geht allein schon aus den unzähligen Wiederholungen hervor, die sich in beharrlicher Regelmäßigkeit präsentieren. Sie unterscheiden sich lediglich in den Details voneinander. Deshalb könnten Sie bei der Lektüre der folgenden Beispiele zuweilen das Gefühl haben, mehr von Ihren eigenen Problemen zu lesen, als von den genannten Personen. Selbstverständlich ist bei meinen Beratungen jedesmal strengste Vertraulichkeit vereinbart, und ich betrachte es als meine heilige Verpflichtung, diese Vertraulichkeit zu wahren. Die Lektionen jedoch, die meine Schüler und ich bei diesen gemeinsamen Problemlösungen gelernt haben – diese Lektionen wollen wir jetzt miteinander teilen.

Die destruktive Macht negativen Denkens

Es gibt weder ein Gesetz des Irrtums, noch ein ursächliches Prinzip, das Probleme bewirken kann. Ebensowenig gibt es vorhersehbare Zustände oder Leiden. Eines jedoch wissen wir: Alle negativen Zustände – mental und emotional – sind destruktiv. Innere Schwierigkeiten ziehen immer auch Schwierigkeiten im äußeren Bereich nach sich. Ursachen und äußere Zustände stimmen immer miteinander überein, obgleich wir sie manchmal nur schwerlich zu entwirren vermögen. Ein Mensch, der sich mit einem bestimmten Problem konfrontiert sieht, der hat für gewöhnlich mehrere Probleme der gleichen Kategorie – ob er sich dessen nun bewußt ist oder nicht. Wenn eines dieser Probleme jedoch an seiner Ursache gepackt und gelöst wird, dann können damit zugleich auch alle übrigen beseitigt werden. Bei der spirituellen Behandlung richten wir unsere Aufmerksamkeit niemals auf das Problem, sondern allein auf dessen Lösung. Ein Problem als solches hat keine unabhängige Existenz. Es ist lediglich eine Wirkung, der eine Ursache zugrunde liegt, und zwar ausschließlich eine innere Ursache – innere Zustände negativer Art.

Das Gefühl innerer Freude und Glückseligkeit – ständig aufrechterhalten – ist das einzig bekannte Heilmittel für menschliche Beschwernisse, ganz gleich, in welcher Form sie sich auch präsentieren mögen – als Leiden, Krankheit, Frustration, Mangel, Einsamkeit, oder auch nur ganz einfaches Unglücklichsein. Dieser Zustand inneren Glücksgefühls ist das Reich des Himmels, von dem Jesus in der Bibel spricht.

George Elton hatte es geschafft

„Na, was ist denn Ihr Problem?" Mit dieser Frage begrüßte ich den eleganten, wohlhabend wirkenden Geschäftsmann, der mir gegenüber vor meinem Schreibtisch saß und sich gerade eine teure Zigarre ansteckte. Es ist sonst eigentlich durchaus nicht meine Art, Beratungen so abrupt und sachlich einzuleiten, da die meisten Ratsuchenden erfahrungsgemäß auch nicht den allerkleinsten Hinweis auf ihr eigentliches Problem geben können, es dagegen recht gut verstehen, die tausend Symptome, die es produziert hat, in den lebhaftesten Farben zu schildern. In diesem Fall jedoch entschied ich mich für einen Frontalangriff.

Mein Besucher sah mich etwas verblüfft an, lehnte sich behaglich in seinem Sessel zurück, nahm einen tiefen Zug aus seiner Zigarre, und brach schließlich in lautes Gelächter aus.

„Probleme? Ich habe keine, Dr. Curtis."

Ich stimmte in das Gelächter ein. „Das ist die erfrischenste Bemerkung, die ich heute gehört habe", stellte ich fest, „die meisten Menschen, die mich aufsuchen, sind nicht so gut dran".

„Das ist es ja gerade. Ich bin da nämlich gar nicht so sicher, ob ich so gut dran bin", meinte mein Besucher, den wir George Elton nennen wollen.

„Wie bitte?"

„Sehen Sie, das ist ja gerade mein Problem."

„Was?"

„Daß ich keins habe."

„Na hören Sie . . .", protestierte ich.

„Ich meine es ganz ernst", erwiderte Mr. Elton, „kennen Sie die Story von dem erschöpften Windhund, der beim Hunderennen den Hasen erwischte? Sehen Sie, genau das trifft auf mich zu. Und ich sehe auch nicht den geringsten Anlaß, weiter zu rennen. Ich habe kein einziges Problem auf der Welt und das finde ich stinklangweilig!"

„Erzählen Sie mir mehr darüber", ermunterte ich ihn, weil ich hinter dem Ganzen noch mehr vermutete. „Seit wann geht das so?"

„Seit etwa drei Jahren. Seit ich vierzig wurde. Sie scheinen etwas überrascht zu sein. Mein behäbiges Aussehen läßt mich weit älter erscheinen. Auch das hat erst vor drei Jahren angefangen."

„Was hat vor drei Jahren angefangen?", fragte ich.

„Hören Sie, das habe ich noch keiner Menschenseele verraten . . ."

„Nun reden Sie schon", forderte ich ihn auf, als er stockte. Es war schließlich nicht das erste Mal, daß ich mir eine Exklusivstory anhörte. Das tue ich nämlich so zwischen 20 und 30 Stunden allwöchentlich.

„Na ja, ich will ja nicht gerade prahlen", meinte George Elton, „aber vor drei Jahren hatte ich meine erste Million gemacht. Und schon als kleiner Junge – als hungriger kleiner Junge, als ich mich mit zwölf Jahren plötzlich als Ernährer meiner Mutter und meiner kleinen Geschwister wiederfand, hatte ich mir geschworen, mit vierzig Jahren Millionär zu sein."

„Und das haben Sie ja auch geschafft."

„Sogar noch drei Monate vor der Zeit. Und das ist noch längst nicht alles. Auch meine übrigen Träume sind alle wahr geworden. Ich habe ein eigenes Unternehmen, das so gut geht, daß ich seither noch zwei weitere Millionen dazuverdient habe. Ich bin mit der zauberhaftesten Frau der Welt verheiratet und habe vier prächtige Kinder. In meiner Garage stehen zwei Cadillacs und ein Mercedes Benz, ich besitze ein traumhaft schönes Haus und habe bereits zwei Weltreisen gemacht. Zudem findet jeder, ich sei ein netter Mensch."

„Das scheinen Sie auch zu sein", räumte ich ein, „ganz offensichtlich".

„Aber warum, zum Kuckuck, bin ich dann nicht glücklich?"

Da saß nun ein Mann vor mir, der „die ganze Welt gewonnen" und dabei seine Seele aus dem Auge verloren hatte. Wieder einmal ein Beweis für die Tatsache, daß Glücksgefühl nicht von Geld und Besitz abhängig ist und schon gar nicht von ihnen garantiert wird. Auch Erfolg, Wertschätzung, Liebe, Familie oder Zerstreuung vermögen dieses Glücksgefühl nicht hervorzurufen. George Elton war unglücklich, weil er nicht imstande war, sich mit neuen Zielsetzungen und Anreizen zu versehen, als das erste Ziel – eine Million Dollar zu verdienen – erreicht war. Im Grunde war es eine recht einfache Sache, ihm bei der Lösung seines Problems zu helfen. Man brauchte ihn lediglich mit neuen Zielsetzungen, neuen Ideen, einem neuen Gefühl für Werte und einem neuen Aktionsmuster zu versorgen. Da George Elton ein sensitiver und höchst intelligenter Mensch war – in gewisser Weise auch bereits spirituell orientiert – fiel es ihm nicht schwer, einzusehen, daß er ganz und gar einseitig geworden war. Er hatte seine ganze Aufmerksamkeit auf rein äußerliche Vorhaben gerichtet und dabei seine ganzheitliche Entwicklung außer Acht gelassen. Wie so viele erfolgreiche Unternehmer hatte er es verstanden, Geld anzuhäufen, nicht jedoch, es auch zu genießen.

Umleitung Ihrer schöpferischen Kraft ist die Lösung

George Elton wußte mit seiner schöpferischen Kraft umzugehen, das steht außer Zweifel. Andernfalls hätte er seine geplanten Erfolge nicht verwirklichen können. Jetzt kam es nur darauf an, seinen Sinn für Werte umzupolen und seine schöpferische Kraft umzuleiten. Von nun an machte er die folgenden Gesichtspunkte zur Grundlage aller seiner Aktivitäten. Sie werden auch Ihnen zu dauerndem Glück verhelfen, so, wie sie es für George Elton getan haben:

1. Verlieben Sie sich in das Leben und kosten Sie es voll aus.
2. Interessieren Sie sich für Menschen.
3. Widmen Sie sich einer Idee voll und ganz.
4. Helfen Sie anderen – mit Ihrer Zeit, Ihren Talenten und Ihrem Geld.
5. Erforschen Sie das große Unbekannte, durch Nachsinnen, Studium, Diskussion, Gebet und Meditation.

In dieses Vervollkommnungsprogramm stürzte George Elton sich nun mit dem gleichen Eifer, mit dem er seine Millionen gemacht hatte. Dabei konnte er sein altes Ich wiederentdecken und hatte zudem noch einen Riesenspaß. Er machte es sich zur Regel, sich ständig an jedem dieser fünf Punkte zu messen. Sie ergaben sozusagen eine Checkliste für seine innere Beschaffenheit:

1. *Verlieben Sie sich in das Leben und kosten Sie es voll aus.* Hier entdeckte er zunächst, daß er sich für das Leben an sich weitaus weniger interessiert hatte, als vielmehr ausschließlich für das, was es ihm bieten konnte. Obgleich er ein dynamischer Geschäftsmann war, wußte er mit seinem Geld nichts anzufangen, nachdem er es erst einmal hatte. Nachdem er nunmehr jedoch seine Selbstbezogenheit und Einseitigkeit als die wirksamen Mängel klar erkannt hatte, begann er unverzüglich damit, das Leben auf andere Weise anzugehen. Er sorgte für ausgiebige Zerstreuung, entwickelte neue Interessen, vergaß sein Ego und lebte ein ausgeglichenes Leben. Zum ersten Mal im Leben lernte er ein richtiges Glücksgefühl kennen.

Auch wenn Sie jetzt sagen sollten, daß George Elton's Problem Ihnen nichts bedeutet – daß Sie keineswegs zuviel Geld haben, und wenn Sie es hätten, schon recht gut wüßten, was Sie damit anfingen – besteht eine ziemliche Wahrscheinlichkeit, daß Ihr Unglücklichsein auf Ihr Unvermögen zurückzuführen ist, Ihr Leben in einem dieser fünf Punkte auszubalancieren. Bei sorgfältiger Selbsterforschung werden Sie feststellen, daß sie die fünf Hauptbereiche Ihres Lebens und Ihrer Erfahrungen umfassen: Spirituelles, Mentales, Emotionales, Physisches und Materielles.

Ein menschliches Wesen ist ein recht kompliziertes Geschöpf. Mit etwas gutem Willen können Sie jedoch weitaus mehr über sich lernen, als Sie bislang wissen. Alles, was Sie und Ihr Leben betrifft, läßt sich ohne weiteres in eine dieser fünf Hauptgruppierungen einreihen. Ein wenig Selbstanalyse wird Ihnen enthüllen, auf welcher Ebene Ihr Problem liegt. Das grundlegende Problem befindet sich immer irgendwo im inneren Naturell des Menschen, dem spirituellen, mentalen und emotionellen Bereich – uns besser bekannt als Seele. Unglücklichsein, Krankheit, Mangel, Leiden, Enttäuschung, Frustration und andere menschliche Schwierigkeiten erwachsen aus einer Krankheit der Seele. Heilen Sie Ihre Seele, und Sie werden kein Problem mehr haben. Nachdem das einmal getan ist, werden Sie wissen, wie Sie physische und materielle Erfahrungen handhaben müssen. George Elton hat das mit Erfolg getan. Auch Sie können es!

2. *Interessieren Sie sich für Menschen.* George Elton mußte feststellen, daß er sich eigentlich nie für andere Menschen interessiert hatte – nicht einmal für Mitglieder seiner eigenen Familie, obgleich er sie auf seine Art liebte. Er hatte viel mit Menschen zu tun, hatte sich jedoch niemals die Mühe gemacht, sie wirklich kennenzulernen. Er betrachtete sie lediglich als unterschiedliche Einheiten in seinem Erfahrungsbereich. Er identifizierte sie mit sich und seinem jeweiligen Vorhaben, aber er vermochte sich nicht mit ihnen zu identifizieren. Sein Interesse war letztendlich nichts weiter, als ein reflektiertes Selbst-Interesse. Er benutzte, er sammelte, er besaß Menschen, aber weder verstand noch liebte er sie.

Nun handelt es sich bei George Elton keineswegs um einen schlechten Menschen. Er war lediglich gedankenlos und ohne Fingerspitzengefühl, wie die meisten von uns. Seine unterbewußte Einstellung war: „Was kann der Andere für mich tun?", und nicht „Was kann ich für ihn tun?" Auch Frau und Kinder waren für ihn kaum mehr als Besitztümer. Er liebte es, sie um sich zu haben; sie waren ein notwendiger Bestandteil des Gesamtbildes, das er von sich selbst hatte – er sah sie jedoch nicht als Individuen. Seine Haltung war etwa wie die jenes Geistlichen, der in dem Ruf stand, sehr kinderlieb zu sein, und der eines Tages in Rage geriet, als eine Horde Kinder aus der Nachbarschaft beim Spielen über seinen frisch zementierten Gehweg trampelten. Als er keulenschwingend hinter ihr herjagte, meinte eine Nachbarin mißbilligend: „Aber Reverend Smith, ich denke, Sie lieben Kinder?", worauf er wutschnaubend erwiderte: „Ganz recht, Mrs. Brown, ich liebe Kinder. Ich liebe sie aber nur abstrakt und nicht konkret!"

Das reicht natürlich nicht aus. Entweder interessieren wir uns für Menschen, oder wir tun es nicht. Wenn wir jedoch an ihnen Interesse zeigen, dann lieben wir sie auch. Und damit eröffnet sich uns ein wichtiger Zugang zu menschlichem Glücksempfinden.

George Elton fand ein ungeahntes Vergnügen daran, Menschen richtig kennenzulernen, die er seit Jahren zu kennen meinte. Seine Mitarbeiter, seine Kunden, seine Geschäftsfreunde, seine Familie – sie alle wurden für ihn zu einer Quelle immer neuer Inspiration und Freude. Er fand sich selbst in anderen Menschen wieder. Warum versuchen Sie das nicht auch einmal?

3. *Widmen Sie sich einer Idee voll und ganz.* Das hatte George Elton seinerzeit zwar getan, es war jedoch – wie sich herausstellte – die falsche Idee. Damit wurde er schon fast zu einer Figur, wie sie kürzlich in einer Illustrierten-Karikatur zu sehen war: Ein Mann, der mit bitterbösem Gesicht in einem Sessel saß und vor sich hinstierte, während seine Frau zu ihrer Freundin bemerkte: „Er hat gekämpft, geschuftet und Opfer gebracht. Er hat Jahre gebraucht, um an die Spitze zu gelangen. Und nun gefällt es ihm nicht an der Spitze!"
Vergewissern Sie sich, daß Ihr Ziel auch alle Anstrengungen wert ist. Die Reise ist ebenso wichtig, wie der Bestimmungsort. Arbeiten Sie für Ihren Selbstausdruck, geben Sie, was Sie zu geben haben, tun Sie, was Sie tun müssen, leben Sie Ihr Leben, wie es nach Ihrer Meinung gelebt werden muß. Schaffen Sie sich ein mentales Äquivalent – ein inneres Vorstellungsbild, verheiraten Sie sich mit edlen Zielen und Vorhaben, und dann „volle Kraft voraus". Dabei brauchen Sie sich um Anerkennung und materielle Belohnung keine Gedanken zu machen.

Was ist für Sie die wichtigste Sache der Welt? Erforschen Sie diesen Punkt mit aller Sorgfalt und Gründlichkeit, und fragen Sie sich dann:

„Ist diese Sache zu meinem Besten? Bringe ich damit mein wirkliches Selbst zum Ausdruck? Ist sie in irgendeiner Weise sinnvoll? Ist sie zum Besten aller Beteiligten? Bringt dieses Vorhaben mir die Verwirklichung, mit der ich mich identifizieren möchte?

Wenn Sie diese oder ähnliche Fragen sämtlich mit Ja beantworten können, dann können sie sich an die Verwirklichung Ihres Traumes machen – tun Sie das dann jedoch restlos, ohne wenn und aber. Jesus wies uns an: . . . *wer dich nötigt, eine Meile weit zu gehen, mit dem gehe zwei!* (Matth. 5:41). Das Leben belohnt uns nur, wenn wir nicht aufgeben, sondern bei der Stange bleiben.

George Elton sah jetzt mit anderen Augen auf das Geschäftsimperium, das er sich aufgebaut hatte. Mit einem Mal erkannte er gewaltige Möglichkeiten, es zu einem echten Dienst an der Menschheit einzusetzen. Er entdeckte eine größere Idee, als die des Nur-Geldverdienens, und er verschrieb sich dieser Idee voll und ganz. Er fand sein Glück durch restlose Hingabe an etwas größeres, als den Egoismus.

Was ist die größte Idee in Ihrem Leben? Was es auch sein mag, sie ist der Wunsch Gottes, der durch Sie zum Ausdruck kommen soll. Machen Sie also „Klar Schiff" und gehen Sie ans Werk – Sie werden ohnehin nicht ruhen können, bis Sie es tun. Die Welt ist angefüllt mit Versagern, die nur gestrandet sind, weil sie Ihre Träume abgeschrieben haben.

Nur derjenige wird mit den Reichtümern des Himmels überschüttet, der seine ihm von Gott gestellte Aufgabe vertrauensvoll durchführt. Also tun wir's doch!

4. *Helfen Sie anderen – mit Ihrer Zeit, Ihren Talenten und Ihrem Geld.* George Elton mußte also der harten Tatsache ins Gesicht sehen, daß er noch niemals wirklich an jemand anderen gedacht hatte, als immer nur an sich selbst. Deshalb war ihm alles langweilig und schal. Er hatte seinen Kreis zu eng gezogen. Er hatte nicht genügend Raum für Bewegung und Selbstausdruck gelassen. Er hatte seine ganze innere Kraft auf den Erwerb seiner ersten Million gerichtet. Deshalb hatte er mit keinem Gedanken erwogen, was er tun würde, nachdem dieses Ziel erreicht war. Je erfolgreicher er wurde, desto mehr Zeit hatte er. Mit dem Nachlassen seines Antriebs erlaubte er seinen Talenten und Energien brach zu liegen.

George Elton war ein Rennpferd, das zu früh zum Grasen kam. Daher entschloß er sich zur Rückkehr auf die Rennbahn. Er begann, nach Dingen Ausschau zu halten, die er für andere tun konnte. Mit dem gleichen Eifer, den er früher für das Geldverdienen an den Tag gelegt hatte, widmete er sich nunmehr dem Dienst an anderen.

„Wissen Sie was?", lachte er. „Je härter ich arbeite, um von meinem Selbst zu geben, desto mehr habe ich zu geben. Mit einem Mal war ich dermaßen beschäftigt, anderen zu helfen, daß ich mich überhaupt nicht um mein Geschäft kümmern konnte. Das lief aber ganz von selbst. Aber das Komische dabei ist: Es läuft jetzt besser, als jemals zuvor – so, als ob es eine Injektion in den Arm bekommen hätte!"

Genau das ist es. George Elton selbst, sein Unternehmen, und sein ganzes Leben haben eine Injektion in den Arm bekommen, als er daranging, seine Zeit, sein Talent und seine Mittel zu mobilisieren, um Gutes für andere zu tun. Er entdeckte plötzlich Fähigkeiten in sich, von denen er sich niemals träumen ließ. Er entschloß sich, die Leitung seines Unternehmens einem Generalmanager zu übertragen. Dann gründete er eine neue Firma – ein Unternehmen, das sich der Idee des Dienstes verschrieb, auf gemeinnütziger Grundlage aufgebaut. Da George Elton es jedoch wieder einmal genial organisiert und ebenso genial geführt hatte, dauerte es natürlich nicht allzu lange, bis es ebenfalls große Gewinne abwarf. Damit ergaben sich wiederum beträchtliche Mittel, um in der Welt Gutes zu tun. George Elton konnte garnicht anders. Er mußte erfolgreich sein. Nunmehr war er jedoch ein erfolgreicher und ein *glücklicher* Mensch, und als Folge war auch jeder Mitbetroffene glücklich. Haben Sie in letzter Zeit mal versucht, sich selbst zu geben?

5. *Erforschen Sie das große Unbekannte, durch Nachsinnen, Studium, Diskussion, Gebet und Meditation.* George Elton entdeckte, daß zum Leben an sich mehr gehörte, als er sich vorgestellt hatte. Sein neuer Zugang zu sich selbst, zu seiner Arbeit, zu anderen Menschen, und zum Leben ganz allgemein, eröffnete ihm einen grandiosen neuen Ausblick. Er hatte wirklich zu denken begonnen, und dabei seinen Verstand für etwas anderes gebraucht, als Profite anzuhäufen. Er sucht mich jetzt regelmäßig auf – zuweilen mehrmals in der Woche – um mit mir die allem zugrundeliegenden Prinzipien zu diskutieren. Er hat sich als

Teilnehmer meiner Science of Mind Lehrgänge eingeschrieben und sich ein Studienprogramm zusammengestellt, das diesen Ausgleich gewährleistet und das neuerworbene Verständnis festigt, an dem es ihm früher so völlig fehlte, als er sich ausschließlich für das Geldverdienen interessierte.

„Alles, was ich früher wissen wollte, war ‚Wieviel?‘,“ bekannte er kürzlich freimütig. „Jetzt bin ich mir bewußt, daß es viel interessantere und sinnvollere Fragen gibt, deren Diskussion sich lohnt. Deshalb haben wir im Betrieb eine Diskussionsgruppe gebildet. Wir kommen an jedem Freitagnachmittag zusammen. Und wissen Sie, was wir diskutieren? Sie werden staunen! Es sind weder Produktionskosten, noch Verkaufsmethoden und auch keine Fabrikationsprobleme oder ähnliches. Keineswegs! Wir sprechen über den Sinn des Lebens, der Natur und der Wahrheit. Und darüber, wie wir uns gegenseitig besser verstehen können. Beim letzten Mal war es so interessant, daß wir fast vergessen hätten, zum Abendessen nachhause zu fahren. Und Sie sollten mal sehen, wie das uns alle verändert hat. Fast jeder von uns besucht jetzt Neugeist-Kurse oder Abendlehrgänge in Psychologie – und ich werde das Gefühl nicht los, daß einige von uns jetzt bei Ihnen studieren, Dr. Don.“ „Das stimmt“, gab ich zu, „Sie leisten gute Arbeit, George. Ich bin sehr stolz auf Sie.“

„Das ist aber noch längst nicht alles“, meinte George, „Ich habe entdeckt, wie man erfolgreich betet. Durch Ihre Lehrgänge und unsere privaten Diskussionen habe ich einen völlig neuen Zugang zu diesem Bereich gefunden. Das Gebet, so wie ich es von kleinauf kannte, hat mir nie etwas bedeutet. In der Kirche habe ich es mehr oder weniger mechanisch mitgesprochen, jetzt aber hat es für mich einen ganz anderen Sinn. Mit dem wissenschaftlichen Gebet stelle ich die Verbindung zu der alles durchwirkenden Kraft des Universums her. Ich spreche mit Gott in einer Sprache, die wir beide verstehen. Meiner Überzeugung nach ist unser ganzes Denken und Fühlen ein Gebet – gleichgültig, ob konstruktiv oder destruktiv. Jedesmal, wenn ich denke, ist das im Grunde ein Gebet, ob ich es nun laut spreche oder nicht. Im Gegenteil: Ich fühle mich Gott am nächsten, wenn ich überhaupt nichts sage – wenn ich ganz still bin, nur dasitze und mich freue, am Leben zu sein. Man nennt das wohl Meditation. Bislang, Dr. Curtis, hatte ich keine Beziehung zu Gott gehabt. Wahrscheinlich, weil ich das, was man mir da beigebracht hatte, nicht verstehen konnte. Erst durch Sie und einige Ihrer Ideen habe ich begonnen, die Wirkungsweise des Universums zu begreifen.

Finden Sie sich selbst, und sie finden Ihr Glück

Was war denn nun eigentlich mit George Elton geschehen? Er hatte angefangen, sich selbst zu finden, das ist alles. Als er sich erst einmal innerlich verändert hatte, kamen die Veränderungen im äußeren Bereich ganz von selbst zustande. Und damit hatte er den Beweis erbracht, daß Glückseligkeit durchaus kein Mythos ist. Wenn wir ein spirituelles, mentales, emotionelles, physisches und materielles Gleichgewicht in uns etabliert haben, dann zieht das ein Gefühl der Freude und Zufriedenheit nach sich. Wir haben dann inneren Frieden. Und wir sind glücklich. Das ist die Kunst des Lebens. Wir alle sind darauf angelegt, glücklich zu sein. Glückseligkeit beinhaltet Heilsein. *Siehe, du bist gesund geworden* (Joh. 5:14). Das war die Weisung, die Jesus gab – der klare Befehl –, als er die Menschen heilte. Wenn wir ausgeglichen und glücklich sind, dann werden wir von allem geheilt, was uns Beschwerden verursachte, von körperlichen Leiden angefangen, bis zu den subtilsten psychologischen und spirituellen Problemen.

Dieses Buch hat es sich zur Aufgabe gemacht, das gesamte Spektrum des menschlichen Makeup und menschlicher Erfahrungen zu durchforsten, damit Sie sich selbst erkennen und an sich arbeiten können, und so zu einem glücklicheren Menschen werden. Betrachten wir die folgenden Themen:

1. Glück
2. Gesundheit
3. Wohlstand und Erfolg
4. Ordnung und Gleichgewicht
5. Rechtes Handeln
6. Integration und Koordination

7. Schutz und Führung
8. Wachstum und Entfaltung
9. Liebe
10. Glauben und Vertrauen
11. Sinn und Zweck
12. Frieden und Freiheit

Hier haben wir die hauptsächlichsten – die wahrscheinlichsten – Entstehungsbereiche unserer Schwierigkeiten. Mit Sicherheit wird sich da die eine oder andere Überschneidung ergeben, nichtsdestoweniger finden wir hier einen brauchbaren Leitfaden, mit dessen Hilfe wir unser mentales Makeup kontrollieren und zu uns selbst finden können. Jeder einzelnen dieser Kategorien ist ein ganzes Kapitel gewidmet, mit sinnvollen Techniken und Verfahrensweisen zur Selbsthilfe. Zweck des Ganzen ist es, Ihnen jeweils ein wirksames Verfahren an die Hand zu geben, das Sie befähigt, diese inneren Probleme zu lösen, die letztendlich die einzige Ursache für Ihre Schwierigkeiten im äußeren Bereich darstellen. Wenn Sie diesen Weisungen folgen, dann müssen Sie Verbesserungen verzeichnen. Sie müssen einfach zu einem besser funktionierenden Wesen werden. Ist das nicht genau der Zustand, den wir alle anstreben?

Nachdem George Elton sich diesem Selbstfindungsprogramm verschrieben hatte, fand er sehr bald heraus, daß es fünf negative Gemütshaltungen waren, die er schleunigst ablegen mußte – Gemütshaltungen, die als die eigentlichen Verursacher seiner Schwierigkeiten anzusehen waren und die ihn letztlich unglücklich machten:

1. Hast und Eile
2. Persönlicher Ehrgeiz
3. Gier
4. Konkurrenzdenken
5. Egozentrik

Diese schädlichen Gemütshaltungen eliminieren wir, indem wir sie in konstruktivere verwandeln. Dieser Vorgang wird „Treatment" (Geistige Behandlung) oder „Bewußtseinskonditionierung" (Bewußtseinsinstandsetzung) genannt. Auch Sie können es George Elton gleichtun und Ihren Bewußtseinszustand re-konditionieren (wiederinstandsetzen). Bedienen Sie sich dazu der folgenden Behandlungen:

Hast und Eile. „Eile mit Weile. Ich nehme mir Zeit. Es besteht nicht der geringste Anlaß, etwas zu überstürzen. Ich habe alle Zeit, die es gibt. Alle Dringlichkeit schwindet, denn ich wirke zusammen mit der Zeitlosigkeit des schöpferischen Prozesses. Spannungen und Verkrampfungen jeglicher Art fallen von mir ab, denn ich fließe mit dem Strom des Lebens. Ich bin ruhig und gelassen. Ich bewege mich sinnvoll, zweckbewußt und leistungsfähig durch das Leben. Ich vollbringe alles auf richtige Weise zur rechten Zeit. Ich bin jetzt mit mir und der Welt im Frieden. So ist es."

Persönlicher Ehrgeiz. „Ich bin wichtig – dessen bin ich mir bewußt. Ich weiß aber auch, daß es noch wichtigere Dinge gibt. Ich nehme jetzt den mir zustehenden Platz ein. Ich lerne es, mein ‚aufgeblasenes Nichts aus dem Weg zu räumen'.* Ich weiß, daß ich alle guten Dinge haben kann, daß Gottes Wille für mich nur Gutes bedeutet. Ich weiß, daß alles, was ich brauche, im richtigen Moment zur Hand ist. Jede Sucht nach Anerkennung und Belohnung schwindet jetzt. Mein ganzes Trachten geht dahin, eine gute Leistung zu erbringen und ein umgänglicher Mensch zu sein. Das große Gesetz des Lebens wird alles übrige besorgen. Ich praktiziere jetzt Demut und Loslassen. So ist es."

Gier. Ich begehre nicht mehr als ich gebrauchen kann. Ich bin nicht daran interessiert, Geld oder andere materielle Dinge unnötigerweise anzuhäufen. Ich habe alle guten Dinge im Überfluß und ich genieße sie freudig und voll Dankbarkeit. Ich versuche nicht, mich an äußere Dinge anzuklammern. Ich lobe und segne die Quelle, aus der alle Dinge kommen. Ich bin mir bewußt, daß Geld zum Ausgeben da ist, deshalb gebe ich es sinnvoll und weise aus. Ich weiß, daß alle Dinge zum Gebrauch da sind, deshalb gebrauche ich sie auch richtig. Ich weiß, daß Überfluß auch geteilt werden muß, deshalb gebe ich großzügig von meiner Substanz. Ich teile. Ich gebe. So ist es.„

Konkurrenzdenken. „Niemand ist gegen mich. Ich konkurriere mit

---

*Anm. d. Übers.: Wahre Demut besteht nach Emerson darin, „daß wir unser aufgeblasenes Nichts dem göttlichen Wirkungskreis aus dem Weg räumen".

niemandem. Es ist mehr als genug an allem Guten für alle da. Ich wünsche jedem Menschen Glück, Wohlstand und Erfolg. Niemand kann mein Gutes von mir nehmen. Ich glaube an ‚Alle für Einen und Einer für Alle'. Ich wirke mit dem Leben und das Leben wirkt mit mir. Ich bin für jeden, und jeder ist für mich. Ich kooperiere, ich teile, ich helfe. Ich sage Dank für das Gute, das heute allen zuteil wird. So ist es."

Egozentrik. „Ich erweitere jetzt meinen Interessenbereich. Ich vergesse mein kleines Selbst. Ich bin an allem und jedem echt interessiert. Ich gebe rückhaltlos von mir selbst. Alles, was um mich herum geschieht, wird mir bewußt. Ich verliere mich selbst völlig im Wunder und in der Schönheit des Lebens. Meine Aufmerksamkeit ist immer auf alles gerichtet, was größer ist als ich. Ich bin auf mein wahres Selbst konzentriert – die Gegenwart Gottes in mir. Diese Erkenntnis weckt in mir Gefühle wie Verständnis und Liebe. Indem ich mein kleines Selbst außer Acht lasse, finde ich mein wahres Selbst. Ich bin jetzt eins mit meinem wahren Selbst. So ist es."

Durch Ablegen dieser und anderer schädlicher Beschaffenheiten setzen wir unsere schöpferischen Energien frei und können sie zu konstruktiven Zwecken einsetzen. Um diesen Wirkungsgrad der Lebenskunst zu entwickeln, müssen wir unsere mentalen Werkzeuge kennen und gebrauchen lernen. Ihre richtige Anwendung führt zu wahrem und dauerndem Glück. Hier sind die fünf wichtigsten:

1. Denken
2. Imagination
3. Wille
4. Aufmerksamkeit
5. Konzentration

Denken. Ihr Verstand ist zum denken da – um Ideen zu empfangen und ihnen Form und Gestalt zu geben, um auszuwählen und zu arrangieren, um abzuwägen und Schlüsse zu ziehen, um Verfahrensweisen zu bestimmen und Handlungen einzuleiten. Bringen Sie Ihr Gemüt in Ordnung. Machen Sie Hausputz. Arrangieren Sie Ihre Gedanken. Lernen Sie es, Ideen zu examinieren und über sie nachzudenken. Bringen Sie dabei Logik und gesunden Menschenverstand ins Spiel. Vermeiden Sie Grundsätze jeglicher Art, festgefügte Meinungen und Vorurteile. Bewahren Sie sich eine offene Gemütshaltung. Lassen Sie sich von der höheren Intelligenz instruieren. Halten Sie Ihr Gemüt gewissermaßen scharfeingestellt auf das göttliche Gemüt – den einen Geist.

Imagination. Imagination – die Kraft der Verbildlichung – ist die schöpferische Veranlagung in Ihrem Innern. Machen Sie von diesem Potential einen großzügigen aber weisen Gebrauch. Geben Sie Ihren Zielsetzungen Form und Farbe. Visualisieren Sie – sehen Sie ihr Leben mit Ihrem inneren Auge so, wie Sie es haben wollen. Sehen Sie den erwünschten Zustand als vollendete Tatsache. Erschaffen Sie sich den Gesamtablauf dieses Geschehens in Ihrem Innern. Bringen Sie dabei alle inneren Sinne ins Spiel; sie sind realer als die äußeren. Sehen, hören, fühlen, schmecken und riechen Sie mit Ihrer Imagination. Fühlen Sie das, was Sie fühlen wollen. Versenken Sie sich in die Idee, die Sie verwirklichen wollen. Werden Sie zu dem, was Sie sein wollen – mental und emotionell – im Denken und Fühlen. Finden Sie Ihre Imagination; begreifen Sie sie und vertrauen Sie ihr. Beherrschen Sie Ihre Imagination und gehen Sie bei ihrer Anwendung sinnvoll und intelligent zu Werke.

Wille. Willenskraft ist auf jeden Fall bekömmlicher als „Unwillens-kraft*", aber es gibt noch eine weitaus größere Kraft als den menschli-chen Willen. Der menschliche Wille trifft Entscheidungen und Auswahl – er konzentriert die Aufmerksamkeit auf das begehrte Objekt. Die wichtigste Funktion des menschlichen Willens ist es jedoch, mit den schöpferischen Kräften im Innern zusammenzuwirken. Willenskraft allein ist nicht ausreichend, um Dinge geschehen zu lassen. Gebrauchen Sie Ihren Willen zur Auswahl Ihrer Ziele und Vorhaben, zur Anwen-dung Ihrer schöpferischen Imagination, um Ihre Aufmerksamkeit im erwünschten Brennpunkt zu halten und um Ihre Energien zu koordi-nieren. Machen Sie Ihren Willen zum Instrument des göttlichen Wil-lens, der Sie durchströmt und durch Sie wirksam wird.

---

*Anm. d. Übers.: Diese Bemerkung bezieht sich auf eine in den USA sehr populäre Anekdote aus den Südstaaten: Ein farbiger Farmarbeiter versuchte erfolglos, einen störrischen Esel in Gang zu bringen. Nach einigen nutzlosen Versuchen meinte der Farmer schließlich: „Sam, warum gebrauchst du nicht mal deine Willenskraft an ihm?" Worauf Sam erwiderte: „Das habe ich ja versucht, Sir, aber es hat nichts genützt. Er gebraucht nämlich seine Unwillenskraft!"

Aufmerksamkeit. „Die Macht strömt zum Brennpunkt der Aufmerksamkeit." Wir können buchstäblich alles tun, was wir vollbewußt und mit Überzeugung tun. Beobachtung, Wahrnehmung, Gewahrsein, Interesse, Begeisterung und Identifizierung – sie alle sind Bestandteile der Fähigkeit Ihres Gemüts, eine Idee zu erfassen, sich auf sie zu konzentrieren und ganz in ihr aufzugehen. Gebrauchen Sie also Ihren Willen, um ihre Aufmerksamkeit festzulegen. Bringen Sie alle Ihre mentalen Kräfte zum Tragen – fixieren Sie Ihre Aufmerksamkeit auf die Gedanken, Ideen und Situationen die eine Lösung des Problems beinhalten, mit dem Sie sich konfrontiert sehen. Halten Sie Ihre Aufmerksamkeit stabil, damit sich eine vollständige Impression formen kann. Dann können Sie Ihre Aufmerksamkeit abwenden und zu etwas anderem übergehen. Die unterbewußte Intelligenz (Ihr Unterbewußtsein) hat dann eine Aufgabe, an der sie arbeiten kann. Von Zeit zu Zeit können Sie dann gedanklich zu Ihrem Begehren zurückkehren und damit den Strom der schöpferischen Energie erneuern und verstärken. Ihre Aufmerksamkeit können Sie beherrschen. Tun Sie das, und Sie werden in bewußtem Kontakt mit der schöpferischen Kraft in Ihrem Innern sein.

Konzentration. Sich konzentrieren heißt wörtlich: „Das Zentrum bringen." Wenden Sie Ihren Willen an, um Ihre Aufmerksamkeit auf das Objekt Ihrer Imagination zu konzentrieren. Das bringt diese wunderbaren Mentalwerkzeuge in die richtige Relation zueinander. Richtig durchgeführte Konzentration geht keineswegs mit Anstrengung einher – mit zusammengezogenen Augenbrauen und einem verkniffenen Mund. Konzentration ist lediglich ein Festhalten an einer bestimmten Idee – ein Stabilhalten des Gemüts. Wahre Konzentration zieht alle Ihre Kräfte und Anlagen in den Brennpunkt dessen, was Ihrem Denken im Augenblick am wichtigsten ist. Konzentration bedeutet „zentrieren" – etwas im Mittelpunkt halten. Konzentration bereitet den Kanal für Stärke und Macht. Ein einziges Geschoß besitzt mehr Durchschlagskraft als eine ganze Ladung Schrot. Ein Brennglas vermag Lichtstrahlen zu bündeln, mit einer derartigen Intensität, daß ein Stück Papier davon entflammt werden kann. Wenn Sie den Versuch machen, ein Blatt Papier hochkant aufzustellen, dann fällt es zusammen. Es ist so nicht stark genug, um auch nur irgendetwas zu stützen. Zusammengerollt dagegen, kann es ein beträchtliches Gewicht tragen. Solche Illustrationen verdeutlichen die geballte Kraft des Gemüts. Wenn Sie sich richtig konzentrieren, steht Ihnen die gesamte Macht des Universums zur Verfügung.

Fünf Schritte zum Glück

Es gibt natürlich kein Patentrezept, daß man nur anzuwenden braucht, um glücklich zu werden. Nichtsdestoweniger können wir vieles dazu tun. Jedesmal, wenn Sie Ihrem Gemüt affirmative (bejahende) Gedanken eingeben und sich konstruktive Gewohnheiten und Handlungsweisen zu eigen machen, lösen Sie die Probleme, die dem Erlangen von Glück, Erfolg, Gesundheit, Wohlstand, und allen anderen wünschenswerten Zielen auf unserer Liste entgegenstehen.

Hier sind ein paar positive Vorschläge für Ihr Denken und Handeln:

1. *Agieren (handeln) Sie, aber re-agieren Sie nicht.* Das heißt: Bilden Sie ein kraftvolles Zentrum der Macht und des Vertrauens in Ihrem Innern und setzen Sie alles in Beziehung dazu. Dadurch sind Sie imstande, äußeren Schwierigkeiten jeglicher Art entgegen zu treten, ohne dabei die Fassung zu verlieren.

2. *Hören Sie auf, an Schwierigkeiten zu glauben.* Nichts und niemand ist gegen Sie, ausgenommen die falschen Annahmen in Ihrem Innern. Für den Menschen mit dem *Know How* ist nichts zu schwierig und nichts unerreichbar. Sie haben in sich die Befähigung, alles zu handhaben, was auf Sie zukommt. Seien Sie sich dessen bewußt.

3. *Lernen Sie, „Na und?" zu sagen.* Wenn Sie es sich erst einmal abgewöhnt haben, sich von äußeren Gegebenheiten belästigen zu lassen, können Sie die Dinge richtig einordnen, durch diese Einstellung des „Na und?".

4. *Trachten Sie immer nach dem größten Guten für die größte Anzahl Mitbeteiligter.* Es gibt kein persönliches Gutes, das nicht zugleich auch allgemein Gutes wäre. Tätigen wir zum Beispiel einen Geschäftsabschluß, dann muß dieser sich günstig für alle Beteiligten auswirken, anderenfalls wäre das Ganze schließlich zum Nachteil aller. Sagen Sie

31

sich: „Ich wünsche nur etwas, das für alle Beteiligten von Vorteil ist." Trachten Sie nach dem Guten und Sie werden das Beste erhalten.

5. *Durchleben Sie jeden Augenblick so, als wäre er sowohl Ihr erster als auch Ihr letzter.* Gerade dieser Augenblick ist der einzige Moment im ewigen Jetzt, der Sie etwas angeht. Die Vergangenheit und die Zukunft werden für sich selbst sorgen, wenn Sie sich ausschließlich um den gegenwärtigen Moment kümmern. Durchleben Sie jeden Augenblick vollbewußt. Es sind ja doch die einzelnen Augenblicke, die zusammengenommen Ihr Leben ausmachen.

Fünf Dinge, die zu beachten sind

Was Sie sind, bestimmt letztlich, was Ihnen widerfährt – ob Sie wohlhabend, erfolgreich und gesund sind, oder nicht. Wenn Sie glücklich sein wollen, dann versuchen Sie mal, die folgenden Eigenschaften auszudrücken, und stellen Sie den gewaltigen Unterschied fest:

1. *Seien Sie freundlich.* Verletzen Sie niemals ein anderes Lebewesen.

2. *Praktizieren Sie Gewahrsein.* Seien Sie sich bewußt, daß Gott die einzige Wirklichkeit ist. Verbringen Sie regelmäßig eine bestimmte Zeit in Kontakt mit dieser Wirklichkeit.

3. *Seien Sie interessiert.* Wachen Sie auf, und lernen Sie die wundervollen Dinge in Ihrem Wahrnehmungsbereich zu schätzen.

4. *Seien Sie wach.* Seien Sie sich Ihrer Fähigkeiten und Begabungen bewußt, und halten Sie den Kanal offen, damit der volle Strom des Lebens durch Sie hindurch fließt.

5. *Seien Sie dankbar.* Machen Sie es sich zur Gewohnheit, Lob auszuteilen, zu segnen, Wertschätzung auszudrücken, Komplimente zu machen, und positive Kommentare zu geben. „Danke Vater, für den Überfluß, der mir zuteil geworden ist."

Fünf grundlegende Erfordernisse für ein vollkommenes Leben

Es gibt fünf grundlegende Erfordernisse für ein vollkommenes und glückliches Leben. Entwickeln Sie diese, und Sie werden alle Probleme besiegen – innen und außen. Sie bewegen sich dann stetig vorwärts, Ihrem Ziel entgegen – dem Ziel, der Mensch zu werden, der Sie sein sollten und der Sie in Wahrheit sind.

1. *Vertrauen in eine höhere Macht.* Es gibt eine höchste Kraft, die das gesamte Universum durchwirkt. Ob Sie diese Kraft nun als Gott, als Lebensstrom, als Natur oder als schöpferisches Prinzip bezeichnen – auf jeden Fall ist sie existent. Hinter allem steht die eine Intelligenz. Die gesamte Natur beweist diese Tatsache. Diese Kraft ist keine Person, dennoch ist sie jedem von uns sehr persönlich. Absolutes Vertrauen in diese große Kraft ist der Ausgangspunkt für alles und jedes, das wir erreichen wollen. Ohne Vertrauen gibt es keine Hoffnung. Mit Vertrauen dagegen, gibt es keine Behinderungen. Vertrauen ist die grundlegende affirmative Einstellung. Nehmen Sie dieses Vertrauen als Ausgangspunkt: Vertrauen in Gott – das All-Gute.

2. *Selbstvertrauen.* Wenn Sie selbst nicht an sich glauben, dann tut es auch sonst niemand. Vertrauen setzt den Strom der lebenspendenden spirituellen Energie frei und läßt ihn voll durch uns hindurchfließen. Selbstvertrauen ist der Beweis, daß Sie Gott zu Ihrem Partner gemacht haben. Glauben Sie an sich! Seien Sie sich bewußt, daß Sie alles tun können, was Sie tun wollen oder zu tun haben. Erkennen Sie, daß Sie in Ihrem Innern über die Kapazität verfügen, jedes Problem zu lösen und jedes Vorhaben zu verwirklichen. Hier gibt es keine Grenzen. Sie können alles werden, was Sie werden wollen. Glauben Sie, daß Sie es können, und Sie werden es können. Wissen Sie, daß Sie „sind" und Sie werden sein. Erkennen Sie die gewaltige Kraft in Ihrem Innern. Loben und segnen Sie diese Kraft.

3. *Hingabe an das Vorhaben.* Nichts kann sich dem Menschen entgegenstellen, der weiß, wer er ist und wohin er geht. Der Wille zum Erfolg ist ein Ausdruck des Willens zum Leben – die gewaltigste Kraft, die es gibt. Oft genug werden Menschen allein von ihrer Entschlossenheit, ein Projekt zuende zu führen, oder ein Ziel zu erreichen, am Leben erhalten. Wenn wir uns einer Kraft anheimgeben, die größer ist als wir, dann werden wir zu einem Teil dieser Kraft. Wenn wir uns an Ziele, Vorhaben und Ideale verlieren, dann finden wir, daß unsere Seelen im Reich Gottes wohnen – dem Reich Gottes in unserem Innern.

4. *Lebhaftes Interesse an allem und jedem.* „Kein Mensch ist eine Insel." Wir sind ein Teil von allem was ist. Wir sind das ganz automatisch, bedingt allein durch den Umstand, daß wir am Leben sind. Wir geben und empfangen unentwegt. Ständig geben wir „Leben" ab an die uns umgebenden Mensch und Dinge, und wir empfangen das Gleiche von ihnen. „Unsere Atmosphären vermischen sich", wie Emerson es ausdrückte. Interesse ist der Schlüssel, der uns ergründen und entdecken läßt, und Ergründen bedeutet Wachstum. Wir wachsen durch Teilhaben an den Erfahrungen anderer. Wir lernen von den Herrlichkeiten der Natur und von dem Wunder, Mensch genannt. Interesse läßt den dynamischen Strom schöpferischer Energie frei. Interesse ist Anerkennung des Lebens. Leben erfüllt Leben. Tiefes antwortet tief. Interessieren Sie sich für das Leben – noch heute!

5. *Beherrschung eines Wirkungsfeldes.* Der Mensch ist von Natur aus universell, in seinem Ausdruck jedoch individuell. Wir alle sind Spezialisten, im großen, gemeinsamen Garten verwurzelt. Jeder von uns hat sein Dasein zu einem ganz besonderen Zweck. Diesen Zweck müssen wir erfüllen. Wir müssen dienen. Polonius sagt in Shakespares Hamlet:

„Sei dir selber treu.

Und daraus folgt, so wie die Nacht dem Tage,

Du kannst nicht falsch sein gegen irgendwen."

Seien Sie sich selber treu, indem Sie Ihrem Talent treu sind. Finden Sie Ihre Aufgabe und erfüllen Sie sie gut. Lernen Sie Ihr Handwerk. Vervollkommnen Sie sich in Ihrem Beruf. Beherrschen Sie Ihr Metier. Schärfen Sie Ihr Werkzeug. Lernen Sie, was gelernt werden muß. Stellen Sie sicher, daß Sie jederzeit wissen, was Sie tun. Meistern Sie Ihren Job. Meistern Sie sich selbst, und Sie werden alles meistern, was die Welt Ihnen entgegensetzen kann.

Leitgedanken für Glück

Ich erfülle alle Voraussetzungen für ein glückliches Leben. Ich erwerbe sie mir dadurch, daß ich mich ihnen zielbewußt und gekonnt widme. Ich weiß, daß ich so glücklich sein kann, wie ich sein will. Ich will vollkommen glücklich sein. Darauf habe ich ein Anrecht, und dieses Anrecht mache ich jetzt geltend. Ich weiß, daß sich das Reich des Glücks in meinem Innern befindet. Ich lasse es nicht zu, daß irgendetwas den vollkommenen Ausdruck meiner glücklichen Welt beeinträchtigt.

Alle unglücklichen Gedanken und Gefühle in meinem Gemüt lösen sich jetzt auf. Alle Sperren auf meiner Straße zum Glück entferne ich jetzt. Ich durchbreche die Barrieren konfusen Denkens. Mein Bewußtsein ist klar, denn ich habe es entrümpelt – von allem Unrat befreit. Ich habe keinen Platz und keine Verwendung für das Schäbige, das Billige, oder das Zweitbeste. Ich kontempliere stets die Tatsachen des Lebens vom höchsten Standpunkt aus. Ich bejahe die Pracht und Herrlichkeit des Lebens – das ist das wahre Beten ohne Unterlaß. Ich freue mich über die Wunder des Lebens. Ich bin glücklich, weil ich vollkommen bin. Ich bin vollkommen, weil ich der göttlichen Natur in mir Ausdruck gebe.

Alle Besorgnis wegen äußerer Angelegenheiten lasse ich jetzt los. Ich bin eingetaucht in die große Liebe und Intelligenz, die alle Dinge erschaffen hat. In ihr lebe ich, in ihr bewege ich mich und in ihr habe ich mein Sein. Ich schäume über vor Lebensfreude. Das Licht in meinem Innern strahlt aus mir heraus. Gott ist die Quelle meines Glücks. Dieses Glück teile ich bereitwillig mit anderen, indem ich mein Leben zu einem Beispiel werden lasse, dem andere folgen können. Ich verbreite Freude und Glück in meiner Welt. So ist es.

2. KAPITEL

Setzen Sie allen Schmerzen ein Ende

„Das verursacht mir Schmerzen."

„Ich kann es nicht aushalten."

„Oh mein armer Rücken."

„Ich kann nicht mehr."

„Das kann ich nicht sehen."

„Ich will nichts davon hören."

„Ich lasse nach."

„Ich lasse mir das nicht länger gefallen."

„Das Leben hat seinen Sinn für mich verloren."

„Ich bin schon halbtot."

„Davon bin ich todkrank."

„Ich möchte sterben."

„Ich habe genug davon."

„Ich kann das nicht verkraften."

„Das schafft mich."

„Das macht mich jedesmal fertig."

„Ich kann das nicht schlucken."

„Ich bin völlig durcheinander."

„Ich bin reingelegt worden."

„Er macht mich krank."

„Ich fühle mich hundsmiserabel."

„Ich bin vor Sorgen ganz krank."

„Alles ist durcheinander."

„Das ärgert mich."

„Das stört mich."

„Ich weiß nicht, welchen Weg ich einschlagen soll."

„Ich bin verwirrt."

„Ich kann das nicht verstehen."

„Ich weiß nicht, was ich tun soll."

„Das macht mich wahnsinnig."

„Ich kann das nicht hinnehmen."

„Ich halte diesen Druck nicht aus."

„Ich möchte alles stehen und liegen lassen."

„Ich koche vor Wut."

„Er ist wirklich eine Nervensäge."

„Ich ängstige mich zu Tode."

„Ich bewege mich im Kreis."

„Ich gehe nur noch auf dem Zahnfleisch."

„Ich bin fix und fertig."

„Ich bin müde."

„Ich bin ausgepumpt."

Kommen Ihnen einige dieser Aussprüche bekannt vor? Aller Wahrscheinlichkeit nach tun sie das, denn wir alle sagen oder hören so etwas, wo wir gehen und stehen – oftmals ganz unbewußt. Den Möglichkeiten, uns selbst krank zu machen, sind da keine Grenzen gesetzt. Jedesmal, wenn wir so etwas oder ähnliches sagen, denken oder fühlen, bestellen wir uns Krankheiten oder Schwierigkeiten der einen oder anderen Art. Ein negativer Gedanke, ein negatives Gefühl oder ein negatives Wort ist jeweils ein klarer Befehl an das Unterbewußtsein, ein Problem zu produzieren.

Solche Probleme machen sich zunächst als Symptome im Körper bemerkbar. Somit liegt es auf der Hand, daß wir uns als erstem Schritt zur Gesundheit von allen negativen Gedanken und Gefühlen befreien müssen. Der zweite Schritt besteht darin, gesund und positiv denken zu lernen. So einfach ist das. Zweck dieses Buches ist es, das zu lehren – zu lehren, wie auf diese Weise alle unsere Probleme gelöst werden können. Dieses Kapitel befaßt sich mit der Anwendung des Prinzips für körperliches Wohlergehen.

Genau genommen gibt es keine körperliche Gesundheit ohne mentale und emotionale Gesundheit als Grundlage. Gesundheit bedeutet „Ganzheit". Der „ganze Mensch" besteht aus Geist, Gemüt und Körper. Jedes Bestreben, den Körper zu heilen, muß sich zuerst auf das Bewußtsein – die innere Beschaffenheit – des Individuums richten. Der Körper wird gesund sein, wenn Gemüt und Emotionen auf natürliches spirituelles Heilsein eingestimmt sind – auf die Lebenskraft im Innern eines jeden von uns. Gesundheit ist unser Normalzustand. Jeder Glaube an das Gegenteil ist bereits wieder einer der vielen krankheitsverursachenden Faktoren. Sie sind Gesundheit. Verankern Sie diese Tatsachenfeststellung tief und fest in Ihrem Bewußtsein. Von dieser Überzeugung müssen Sie ausgehen und alles weitere zu ihr in Beziehung setzen. Weisen Sie Furchtgedanken, die Meinungen anderer, oder jeden gegenteiligen Anschein auf das entschiedenste zurück. Bejahen Sie unentwegt: „Ich bin gesund, ich bin stark, ich bin heil – ich bin Gesundheit!" Lenken Sie Ihr Bewußtsein entsprechend, nehmen Sie eine Umerziehung vor, sorgen Sie dafür, daß Ihr Gemüt diese Bejahung annimmt und Gesundheit produziert.

Für die Verwirklichung mentaler, emotionaler und physischer Ganzheit ist Gesundheit selbstverständlich mehr als nur eine Sache der Bejahung. Es ist ebensosehr eine Sache des völligen Verstehens der geistigen und physischen Prinzipien und ihrer ständigen Anwendung. Nur das kann Gesundheit bewirken und erhalten. Spirituelles Gewahrsein zusammen mit mentalem und emotionalem Gleichgewicht muß noch einhergehen mit der Beachtung bestimmter Regeln auf der physischen Ebene, etwa einer sinnvollen Ernährung sowie ausreichender Bewegung und Ruhe. Es hat wenig Sinn, eine spirituelle Behandlung für ein Magenleiden anzufangen, wenn der Patient sich währenddessen weiterhin frischfröhlich mit Hotdogs, Popcorn und Colagetränken vollstopft. Ein Gebet für Kraft und Stärke nützt absolut garnichts, wenn Sie sich die Nächte um die Ohren schlagen. Sie können sich keinen vitalen, wohlgeformten, gut funktionierenden Körper schaffen, wenn Sie ihn nicht richtig gebrauchen. Schlaffheit läßt sich nicht einfach so wegdenken. Das Ganze beginnt in Ihrem Denken und Fühlen. Dann jedoch müssen Sie es weiterführen. Es gibt viele ganz ausgezeichnete Bücher über Ernährung, Ruhe und Bewegungsübungen. Es lohnt sich auf jeden Fall, sie zu studieren. Und dann gibt es ja auch noch den gesunden Menschenverstand. Auch ihn sollten Sie walten lassen. Schließlich haben wir es hier mit dem spirituellen Prinzip zu tun, das aller Gesundheit zugrunde liegt.

Ihre Gesundheit ist für Sie ein echtes Anliegen. Beginnen Sie dort, wo Sie sind. Dabei ist Ihr derzeitiger Zustand völlig unerheblich, und auch Ihre früheren Krankheiten spielen keine Rolle. Sie können gesund sein, wenn Sie es sein wollen und wenn Sie gewillt sind, die erforderlichen Schritte zu tun, um Gesundheit zu erlangen und zu erhalten. Machen Sie es jedenfalls nicht so, wie jener Patient, der da sagte: „Ich will nicht gut sein, ich will nur, daß der Schmerz aufhört!" Sie werden gesund sein, wenn Sie gut sind – es liegt ganz bei Ihnen. Niemand kann das für Sie tun. Wenn Sie den Ball jedoch erst einmal ins Rollen gebracht haben, dann verfügen Sie über unbegrenzte Hilfe aus den reichen und natürlichen Quellen Ihres Gemüts und Ihres Körpers. Bedenken Sie: Was Sie krank macht, kann Sie auch gesund machen. Es hängt allein davon ab, welchen Gebrauch Sie davon machen. Setzen Sie diese Macht für Ihre Gesundheit ein. Harry Gaze, einer der frühen Neugeist-Pioniere pflegte zu sagen: „Natürlich werden Sie sterben müssen, aber dazu muß man nicht unbedingt krank werden!"

Übernehmen Sie die Führung und verursachen Sie jetzt Gesundheit

Wie steht es mit Ihrer Gesundheit – jetzt, in diesem Augenblick? Ist Ihr Gesundheitszustand so wie Sie ihn haben möchten? Beherrschen Sie Ihren Körper oder werden Sie von ihm beherrscht? Führen Sie das Kommando über sich oder sind Sie den Dingen ausgeliefert, die Ihnen widerfahren? Ist Ihr Verhalten – spirituell, mental, emotional, physisch, gesellschaftlich und beruflich Ihrer Gesundheit förderlich oder abträglich? Seien Sie offen und ehrlich mit sich. Jeder Mensch hat etwas zu korrigieren. Versuchen Sie nicht, Ihre Fehler und Unvollkommenheiten zu verbergen. Holen Sie sie ans Tageslicht und berichtigen Sie sie. Verdrängt bereiten sie Ihnen nur Schwierigkeiten. Seien Sie gewillt, sich zu ändern. Bedenken Sie: Wenn Sie krank sein sollten, dann liegt die Ursache dazu irgendwo in Ihrem Innern. Gehen wir also daran, Gesundheit zu verursachen.

Nehmen Sie sich die negativen Aussprüche vom Anfang dieses Kapitels jetzt noch einmal vor und ersetzen Sie jeden von ihnen durch sein konstruktives Gegenteil. Anstelle von „Das verursacht mir Schmerzen", sagen Sie jetzt „Das tut mir gut". Oder anstelle von „Oh mein armer Rücken" sagen Sie „Mein wunderbarer, starker Rücken". Bilden Sie sich neue Gewohnheiten, die Dinge zu betrachten. Wenn Ihr Gemüt konstruktiv reagiert, dann wird die dadurch freigesetzte innere Energie und Macht Sie heilen. Sollte einer der Aussprüche Ihnen möglicherweise Schwierigkeiten machen, dann widmen Sie ihm entsprechend mehr Aufmerksamkeit, bis sich Ihre mentale und emotionelle Haltung zum Positiven kehrt. Stellen Sie sich darüber hinaus noch eine Liste Ihrer eigenen negativen Ausdrücke und Gemütshaltungen zusammen und arbeiten Sie systematisch daran, sie zu eliminieren und an ihre Stelle konstruktive zu etablieren.

Nachstehend finden Sie eine Aufstellung häufig vorkommender Gemütshaltungen, die geeignet sind, einen schlechten Gesundheitszustand nach sich zu ziehen. Verändern wir sie folgendermaßen:

Negative Haltung oder falsche Überzeugung	Verändern in	Konstruktive Haltung und richtige Überzeugung
1. Furcht	--------→	Zuversicht
2. Feindseligkeit	--------→	Liebe
3. Anspannung	--------→	Ruhe
4. Sorge	--------→	Serenität
5. Eifersucht	--------→	Einvernehmen
6. Ausweichen	--------→	Verantwortung
7. Verwirrung	--------→	Ordnung
8. Ablehnung	--------→	Annahme
9. Widerstand	--------→	Kooperation
10. Druck	--------→	Loslassen

11. Anspannung	--------→	Entspannung
12. Selbstverurteilung	--------→	Selbstachtung
13. Enttäuschung	--------→	Verstehen
14. Verstimmung	--------→	Harmonie
15. Aufruhr	--------→	Gelassenheit
16. Groll	--------→	Zuneigung
17. Streit	--------→	Frieden
18. Torheit	--------→	Wissen
19. Neid	--------→	Dankbarkeit
20. Gedankenlosigkeit	--------→	Zuvorkommenheit
21. Begrenzung	--------→	Ausdehnung
22. Egoismus	--------→	Selbstlosigkeit
23. Gier	--------→	Großzügigkeit
24. Unentschlossenheit	--------→	Entschlußfreudigkeit
25. Mangel an Glauben	--------→	Glauben
26. Schuld	--------→	Vergebung
27. Nervosität	--------→	Stille
28. Unsicherheit	--------→	Sicherheit
29. Frustration	--------→	Selbstausdruck
30. Traurigkeit	--------→	Freude

So könnte es noch weiter gehen, aber ich glaube, damit dürften die hauptsächlichsten dieser Gemütshaltungen erfaßt sein. Arbeiten Sie an jedem dieser Punkte wie bei der folgenden Musterbehandlung aufgezeigt. Wir lösen „Widerstand" (9) auf und bejahen „Kooperation".

„Ich kooperiere mit dem Leben, und das Leben kooperiert mit mir. Jeglicher Widerstand ist aufgelöst und ich fließe mit dem Hauptstrom des Lebens. Es gibt keine Schwierigkeiten – es gibt nur Unbeschwertheit, Ordnung und rechtes Handeln. Es gibt nichts Unbewegliches – es gibt nur Freiheit und Fluß. Die einzig unüberwindliche Kraft ist der Strom des Geistes durch mich. Alle Hindernisse und Blockierungen sind entfernt, weil ich mit dem Leben wirke und mich ihm nicht entgegenstelle. Nichts ist zu schwierig für die Macht, die weiß, wie die Dinge zu tun sind. Das „Etwas" in mir weiß, wie alles getan werden muß. *Denn mein Joch ist sanft und meine Last ist leicht*

(Matth. 11:30). Ich bin jetzt angefüllt mit dynamischer und vitaler Energie. Und so ist es. "

Es ist eine unumstößliche Tatsache, daß negative Gemütshaltungen ungesunde Zustände im Körper hervorrufen. Hinter jeder Krankheit, jedem Leiden steckt ein mehr oder weniger verworrener Gemütszustand. Der menschliche Körper ist eine Projektion des Bewußtseins und somit den Einwirkungen unseres Gemüts (Gedanken, Gefühle, Glauben, Einstellungen) ausgesetzt. Daher ist es hilfreich, zu wissen, welche mentale Beschaffenheit den betreffenden Zustand bewirkt hat. Obgleich diese Übereinstimmung nicht in jedem Fall vorausgesetzt werden kann, ist es einem versierten Behandlungspraktiker dennoch ein leichtes, die dem negativen Zustand zugrunde liegende Ursache zu orten. Er gewinnt wertvolle Erkenntnisse durch Analyse der Gemütshaltung des Patienten. Aber selbstverständlich können Sie das auch selbst tun. Ihr Körper ist eine Anzeigetafel. Ihre Leiden stellen Minuspunkte dar, die es zu korrigieren gilt. Die Art des Leidens zeigt die Gemütshaltung an, die der Korrektur bedarf. Also, dann mal los, korrigieren Sie! Wenn Sie Klarheit darüber gewonnen haben, daß Sie zu bestimmten negativen und damit destruktiven Haltungen oder Denkweisen neigen, dann lösen Sie diese Denkweisen auf. Damit eliminieren Sie die gegenwärtigen Schwierigkeiten und beugen gleichzeitig möglichen späteren Leiden vor. *Alle destruktiven Mentalzustände wirken sich auch zerstörerisch auf den Körper aus. Konstruktive Gemütshaltungen dagegen, sind allesamt heilsam. Sie heilen den Körper und erhalten ihn gesund.*

Jedesmal, wenn eine mentale oder emotionale Fehlhaltung korrigiert wird, bewirkt das nicht nur eine sofort einsetzende Heilungstendenz für die betreffende Krankheit, sondern macht sich auch ansonsten vorteilhaft bemerkbar – vorteilhaft für Körper und Belange.

John Stanton: Ein Musterbeispiel

John Stanton litt seit Jahren unter heftigen Magenbeschwerden und Verdauungsstörungen. Er wurde zeitweilig von unerträglichen Kopfschmerzen geplagt, und sein Energiepegel war extrem niedrig. Er war ständig in finanziellen Schwierigkeiten und der geschäftliche Ärger ließ niemals nach. Seine zwei Ehescheidungen brachten auch eine Entfremdung von seinen Kindern mit sich, und er konnte eigentlich mit niemandem so recht auskommen. John Stanton hatte die Disposition eines verwundeten Bären.

Es war nicht weiter schwierig, die Ursache von Mr. Stantons Leiden und Schwierigkeiten festzustellen. Er war nämlich ganz und gar negativ. Denken Sie sich eine negative Eigenschaft aus und Sie können sicher sein – er hatte sie! Zunächst einmal war er voller Furchtgefühle – er fürchtete sich vor Fehlschlägen, vor anderen Menschen, vor sich selbst und vor dem Leben ganz allgemein. Er fürchtete sich praktisch vor allem und jedem. Er war voller Ressentiments, nachtragend, geldgierig, und geradezu brutal und erbarmungslos in geschäftlichen Belangen.

Das hört sich furchtbar an, nicht wahr? John Stanton schien auch ein furchtbarer Mensch zu sein, sogar sich selbst gegenüber – aber in Wirklichkeit war er das garnicht. Er hatte sich eben nur in einige Probleme verstrickt, die er nicht verstand. Vor allem war er sich über die Wechselbeziehung dieser Probleme mit seiner persönlichen Beschaffenheit nicht im Klaren. Seine schlechte Disposition verursachte seine Kopfschmerzen, und seine Kopfschmerzen bewirkten seine schlechte Disposition. Seine Geldgier und seine Furchtgefühle riefen seine Verdauungsstörungen hervor, und die damit einhergehende Toxidität wiederum seine Schwierigkeiten im Bereich zwischenmenschlicher Beziehungen. Er bewegte sich in mehreren Teufelskreisen zu gleicher Zeit.

Als Mr. Stanton mich zur spirituellen Behandlung aufsuchte, da gab er allen anderen die Schuld für seine Schwierigkeiten, nur nicht sich selbst. Die Neigung dazu ist allerdings nichts ungewöhnliches. Wir alle haben sie mehr oder weniger – jedoch wird ein intelligenter Ansatz zur Lösung unserer Probleme, die Dinge bald zurechtrücken.

„Können Sie sich selbst leiden?" fragte ich ihn.

„Nein", antwortete er.

„Weshalb nicht?"

Er sagte es mir und erbrachte damit eine Meisterleistung im Aufzählen der bereits genannten negativen Gemütshaltungen.

„Tja, und was wollen wir denn nun damit machen?" fragte ich ihn.

„Wir wollen sie natürlich loswerden, Dr. Curtis. Wollen Sie mir dabei helfen?"

Ich stimmte selbstverständlich zu, denn schließlich gehört eine solche Therapie zu meinen Aufgaben. Gemeinsam nahmen wir John Stanton auseinander, und mit Gottes Hilfe und wissenschaftlichen Gebetsbehandlungen setzten wir ihn wieder zusammen. John Stanton hatte es satt, krank zu sein – der erste Schritt zur Heilung. Und er machte sich zielbewußt daran, die krankmachenden inneren Haltungen zu korrigieren. Nachdem das geschehen war, konnte er bereits eine bemerkenswerte Besserung verzeichnen. Sein Körper funktionierte wieder normal, seine zwischenmenschlichen Beziehungen gestalteten sich erfreulicher, zum ersten Mal in seinem Leben war er völlig frei von Geldsorgen, und er söhnte sich mit seiner Familie aus. Gesundheit – Vollkommenheit – wurde nicht nur in seinem Körper wiedererrichtet, sondern auch in allen übrigen der angesprochenen Bereiche. Sehen Sie, es ist eben nicht möglich, auch nur den kleinen Zeh zu heilen, ohne damit nicht auch gleichzeitig alles andere im Leben zu verbessern. Das ist nämlich das zugrundeliegende Prinzip bei der wissenschaftlich spirituellen Handhabung aller menschlichen Probleme. Der Mensch ist seiner Natur nach darauf angelegt, glücklich, gesund, erfolgreich und frei zu sein. Nur wenn er sich selbst in die Quere kommt, entstehen Schwierigkeiten. Wenn wir das ändern, dann stellen wir den Kontakt mit der heilenden Kraft wieder her.

Die spirituelle Behandlung für John Stanton war etwa wie folgt:

„Dies ist eine persönliche Behandlung für John Stanton aus Los Angeles, California. John Stanton ist vollkommen, spirituell, mental und körperlich. Er ist eins mit der einen Quelle, aus der er hervorging. Er ist eins mit der Macht, die ihn erschaffen hat. Diese eine Macht und Gegenwart ist in jeder Weise heil, vollkommen und absolut. Dieses göttliche Potential ist in John Stanton jetzt gegenwärtig und wirksam. Alles der göttlichen Natur nicht gemäße ist jetzt aus seinem Bewußtsein entfernt. Er ist vollkommen – so, wie sein Vater im Himmel vollkommen ist.

Alle Furcht ist aufgelöst und durch umfassenden Glauben und

völliges Vertrauen ersetzt. Er hat die Gewißheit, daß alles gut ist. Er vertraut auf Gott und er traut auch den Menschen. Er hat Vertrauen in das Leben und in sich selbst. Er ist jederzeit ruhig und zuversichtlich. Anderen ist er ein angenehmer, freundlicher und nachsichtiger Mitmensch. Er versteht sie und mag sie – er liebt seine Familie und alle Menschen. John Stanton ist fair und gerecht in seinen zwischenmenschlichen Beziehungen. Sein Geschäft ist konstruktiv und auf Fairness gegründet. Er ist ständig bestrebt, einen guten Service zu bieten. Gott ist die Quelle seiner Versorgung, deshalb lebt er in Fülle und Überfluß. Alle guten Dinge strömen jetzt in seinen Erfahrungsbereich.

Diese Feststellungen sind jetzt die Wahrheit über John Stanton. Sie haben sich dem Unterbewußtsein fest aufgeprägt. Von dort aus kommen sie zum Vorschein als vollkommener Ausdruck. Es ist getan. Es ist ein bereits bestehender Zustand. Und so ist es."

Sie werden bemerkt haben, daß diese spirituelle Behandlung sich auf jeden Bereich erstreckte, der ein Problem aufwies. Durch ein systematisches Auflösen aller negativen Haltungen und Überzeugungen machten wir den Weg frei für das natürliche Wirken der Vollkommenheit, die sich jetzt lückenlos etablieren konnte. Durch Bejahung definitiver und spezifischer Gemütshaltungen konstruktiver Art, leisteten wir den wesentlichen Beitrag zum Heilungsprozeß.

Psychologische Ursachen für körperliche Leiden

Die folgende Tabelle zeigt die möglichen Ursachen auf, die den am häufigsten vorkommenden körperlichen Gebrechen zugrunde liegen. Machen wir uns noch einmal bewußt: Eine wirkliche und dauerhafte Heilung kann nur dann erfolgen, wenn die dem Zustand zugrunde liegende Ursache beseitigt ist. Diese Darstellungen – obgleich nicht bis zum Letzten genau – werden Ihnen helfen, bei Ihren spirituellen Behandlungen spezifischer vorzugehen.

Beschwerden	Naheliegende psychologische Ursache	Behandlung
1. Alkoholismus	Minderwertigkeitsgefühle, Selbstablehnung, Sehnsucht nach Liebe	Vertrauen, Liebe, Disziplin
2. Anaemie	mangelndes Interesse am Leben	Freude, Begeisterung, Interesse
3. Appetitmangel	Ablehnung, Gefühlsumschlag	Annahme, Assimilation
4. Arterienverkalkung	Widerstand, Verkrampfung	Entspannung, Kooperation
5. Arthritis	Bitterkeit, Ressentiments	Vergebung, Wohlwollen
6. Asthma	Übersensibilität, Furcht vor Verletzung	Freiheit, Ausdrucksfreudigkeit
7. Augenleiden	Mangel an Erkenntnis, haften am Detail, kein spirituelles Sehvermögen	Wahrnehmung, Unterscheidung, Vision
8. Blasenleiden	Verkrampfung, Minderwertigkeitsgefühle	Gelassenheit, Vertrauen
9. Blutdruck (hoher)	Ängste, emotionale Störung	Frieden, Ordnung
10. Blutdruck (niedriger)	Depression, Kummer	Freude, Aufmunterung
11. Colitis	Beklemmung, schwere Verzagtheit	Freiheit, Frieden
12. Diabetes	Mangel an Liebe, emotionaler Aufruhr	Liebe, Individualität, Zugehörigkeit
13. Drüsenstörungen	Ungleichgewicht, Mangel an Ordnung, schlechter Ausgleich	Gleichgewicht, Harmonie, Ordnung, richtiges Funktionieren
14. Epilepsie	Aufruhr, Ablehnung, Rebellion	Frieden, Sicherheit, Liebe

Beschwerden	Naheliegende psychologische Ursache	Behandlung
15. Erkältungen	Verwirrung, Launen-haftigkeit	Ordnung, Klärung, perfekte Zirkulation
16. Erschöpfung	Widerstand, Anstren-gung, Arbeitsunlust	Kooperation, Ent-spannung, Aufladen mit spiritueller Energie
17. Fieber	Furcht, Haß, Aufregung, Unstabilität	Vertrauen, Liebe, Gelassenheit
18. Fußkrank-heiten	Mangel an Stabilität, Überlastung, Unsicher-heit, Mangel an Ver-ständnis	Stabilität, Anpas-sung, Gewißheit, Verständnis
19. Gewächse	falsche Werteinschät-zung, falsche Ideen, Schock, Verletzungen	Wahrheit, rechter Platz, Integration
20. Grippe	Unruhe, Reaktion auf Negativität der Masse, Reaktion auf allgemeine Weltprobleme	Stärke, spirituelles Verständnis, Schutz
21. Haarausfall	Minderwertigkeitsge-fühle, Zurückgewiesen-heit, Verkrampfung, Schwäche	Stärke, Vertrauen, neue Ideen
22. Hämorr-hoiden	Last, Druck, Anspan-nung, Ängste	Leichtigkeit, Los-lassen, Vertrauen
23. Halitosis	Furcht, unreine Gedanken, gestörte Emotionen, unlautere Motive	Gelassenheit, Rein-heit, Nützlichkeit
24. Halsbe-schwerden	Mangel an Ausdruck, emotionales Verletzt-sein, Verlustgefühl, Traurigkeit, Anpassung	Ausdruck, Freude, Frohlocken, Fröhlichkeit

Beschwerden	Naheliegende psychologische Ursache	Behandlung
25. Hautkrank-heiten	Überempfindlichkeit, Mangel an Selbstidenti-fikation, Sehnen nach Liebe, Gerührtsein, Rebellion	Schutz, richtiges Selbstimage, Liebe
26. Hernia	Streß, Belastungen, Schwere, Selbst-bestrafung	Kooperation, Team-work, Leichtigkeit, Selbstannahme
27. Herzleiden	Streß, Druck, Anspan-nung, Verletztsein, Mangel an emotionaler Erfüllung	Vertrauen, Liebe, Stärke, Sicherheit, Ermutigung
28. Husten	Nervosität, Unwillig-keit, Kritiksucht	Serenität, Verständnis
29. Krampfadern	Negativität, Wider-stand, Entmutigung, Enttäuschung	Loslassen, Freiheit, Freude, sinnvolles Tun
30. Krebs	starke emotionale Ver-letzung, tiefe Ent-täuschung	Ganzheit, Kontrolle, Liebe
31. Kopf-schmerzen	Konfusion, emotionale Störungen, sexuelle Probleme	Frieden, Ruhe, Anpassung
32. Leberleiden	Melancholie, Verzagt-heit, Depressionen, emotionale Störungen	Freude, Aspiration, Zirkulation, Teilnahme
33. Lungenent-zündung	Lebensüberdruß, Man-gel an spirituellem Ver-ständnis, emotionelle Wunden, Verzweiflung	spirituelles Erwa-chen, Lebensfreude, Interesse, Annahme
34. Magenge-schwüre	Verkrampfung, Anspannung, Druck, Aufregung	Frieden, Vertrauen, Entspannung, Humor

Beschwerden	Naheliegende psychologische Ursache	Behandlung
35. Magenverstimmung	Furcht, Besorgnis, Abscheu, Anspannung	Frieden, Vertrauen, Verständnis, Assimilation
36. Nervosität	Anstrengung, Eile, falsches Denken, Verwirrung	Frieden, richtiges Timing, Ordnung, Liebe
37. Nierenleiden	Frustration, Sensitivität, Eifersucht, Konfusion, Unreinheit	Erfüllung, Frieden, Reinheit, Anpassung
38. Paralyse	Furcht, Flucht, Widerstand, Schock	Glaube, Ansporn, Mitarbeit, rechtes Handeln
39. Prostataleiden	Aufgeben, Gleichgültigkeit, Lebensverneinung	Energie, Leben, Freiheit, Ansporn
40. Rheuma	Entrüstung, chronische Unfreundlichkeit, Bitterkeit, Rachsucht	Freundlichkeit, nettes Wesen, Güte, Vergebung
41. Rückenschmerzen	Gefühl von Bürde, Geldsorgen	Loslassen
42. Schlaganfall	Widerstand, Aufruhr, Druck, Todessehnsucht	Leichtigkeit, göttliche Energie, Lebenswillen
43. Schmerzen	Stauungen, Blockierungen, Gebundenheit	Freiheit, Zirkulation, spiritueller Kontakt
44. Sinusitis	Frustration, Aufruhr, Schmerz, Übersensivität	Frieden, Schutz, Anpassung, Stille
45. Taubheit	Zurückweisung, Isolation, Dickköpfigkeit	Glaube, Ausgeglichenheit, Teilnahme
46. Tuberkulose	Selbstbezogenheit, Selbstzufriedenheit	Demut, Einssein, Freiheit, Freundlichkeit

50

Beschwerden	Naheliegende psychologische Ursache	Behandlung
47. Übergewicht	Besitzgier, Herrschsucht, Grausamkeit	Selbstannahme, Kontrolle, Erfüllung
48. Verstopfung	Gier, Begrenzung, Anklammern an die Vergangenheit	Großzügigkeit, Loslassen, Freiheit
49. Wahnsinn	Hysterie, Eskapismus, gestörte Verhältnisse, Trennung	Glaube an den einen Geist, Vollkommenheit, Gleichgewicht
50. Zahnkrankheiten	Vernachlässigung von Einzelheiten, Unvermögen Ideen zu analysieren und zu assimilieren	Sorgfalt, Hingabe, Wahrnehmung, Aufmerksamkeit

Diese Tabelle soll, wie gesagt, eine Art Leitfaden für Sie sein, damit Sie bei der Behandlung Ihres eigenen Problems oder dem anderer Menschen genauer und spezifischer vorgehen und das Übel an der Wurzel packen können. Selbstverständlich ist hier eine letzte Genauigkeit nicht zu erzielen, weil die Tendenzen und Ursachen immer entsprechend der jeweiligen Beschaffenheit des Individuums variieren. Auf jeden Fall wird sie Ihnen aber aufzeigen, welche körperlichen Leiden von welchem Gedanken- und Gefühlstypus hervorgerufen werden können. In späteren Kapiteln werden wir für andere Probleme noch weitere Entsprechungen geben. Rufen wir uns den Lehrsatz nochmals ins Gedächtnis: *Die ursprüngliche Ursache aller Ihrer Probleme liegt in Ihrem Innern.* Gewiß gibt es viele sekundäre Ursachen, die es oft schwierig erscheinen lassen, die eigentliche Ursache aufzuspüren, das kann an der obigen Feststellung jedoch nichts ändern.

Sie können sich zum Beispiel nasse Füße holen und als Folge davon eine Erkältung. Dann werden Sie wahrscheinlich sagen: „Ich habe eine Erkältung bekommen, weil ich nasse Füße hatte." Ihre nassen Füße waren jedoch nur die sekundäre Ursache. Dem Ganzen liegt die falsche Annahme zugrunde, daß nasse Füße Erkältungen nach sich ziehen. Das tun sie eben nicht! Erkältungen werden samt und sonders hervorgerufen durch konfuse Gemütszustände, die emotionale Störungen zurückgehen. Zusammen mit der Vernachlässigung des Körpers mindert das die Widerstandskraft, bewirkt die Ansammlung von Giftstoffen, verändert die chemische Zusammensetzung des Blutes, und schafft damit erst ein günstiges Klima für das Wachstum von Erkältungsbazillen. Alle diese Faktoren – nasse Füße, die negative Suggestion, daß nasse Füße Erkältungen verursachen, mentale Verwirrungen, emotionelle Störungen, Vernachlässigung des Körpers, geminderte Widerstandskraft und toxische Beschaffenheit – verursachten die Erkältung. Der mentale und emotionelle Zustand war die primäre Ursache. Die anderen sind lediglich sekundär.

Wir befassen uns hier mit primären Ursachen. Sie mögen nicht immer leicht zu finden sein, aber unsere Tabelle ist dabei gewiß hilfreich und von Nutzen. Ich möchte jedoch nochmals mit aller Eindringlichkeit klarstellen: *Es gibt kein Gesetz des Leidens.* Manch einer mag mit einem Leiden behaftet sein, das mit der aufgezeigten Ursache nicht übereinstimmt, oder auf der anderen Seite bei sich bestimmte Emotionen und Mentalzustände entdecken, jedoch keine offensichtliche Beeinträchtigung seiner Gesundheit. Das alles ändert jedoch nichts an dem Prinzip, daß es für jede Wirkung eine Ursache geben muß und daß jede Ursache eine Wirkung produziert. Eine Krankheit ist immer eine Wirkung. Die der Krankheit zugrundeliegende Ursache wiederum, ist immer ein gestörter mentaler oder emotionaler Zustand – ob Sie sich dessen nun bewußt sind oder nicht. Ursachen arbeiten immer auf der unterbewußten Ebene. Unsere Aufgabe ist es, uns dieser verborgenen krankheits- und problemverursachenden destruktiven Mentalzustände bewußt zu werden, damit wir sie beseitigen können, um an ihrer Statt gesundheitsspendende Ursachen schöpferisch in Gang zu setzen. Verneinen Sie deshalb bei Ihren Treatments (Ihren spirituellen Behandlungen) die dem Zustand zugrundeliegende Verursachung und bejahen Sie: *Alles, was der Natur Gottes nicht gemäß ist, schwindet jetzt aus meinem Bewußtsein. Ich bin frei von allen negativen und destruktiven Tenden-*

52

zen. Ich bin vollkommen – in Geist, Gemüt und Körper. Ausschließlich konstruktive Ursachen werden jetzt durch mich wirksam."

Auf eines können Sie sich felsenfest verlassen: Es gibt etwas, das negative Zustände verursacht, und dieses „Etwas" befindet sich immer in unserem Innern. Obgleich wir mit unserer Analyse einer bestimmten Ursache manchmal falsch liegen mögen, können wir immer und in jedem Fall eine wirksame mentale und spirituelle Behandlung durchführen. Nichts Gutes ist jemals verloren. Wenn Sie affirmative (bejahende) spirituelle Gedanken, Gefühle und Erklärungen in Ihr Bewußtsein strömen lassen, dann leisten Sie damit eine unermeßliche Hilfe und fördern den Heilungsprozeß. Machen Sie sich eine solche spirituelle Gemütsbehandlung zur ständigen Gewohnheit. Es geht hier ganz einfach darum, das „Negative zu eliminieren und das Positive zu betonen".* Positive, konstruktive Gemütszustände produzieren Gesundheit.

Die vorausgegangene Tabelle wurde von mir im Verlauf vieler Jahre erstellt – Jahre praktischer Berufserfahrung. Während dieser Zeit hatte ich Gelegenheit, unzählige Menschen zu beraten und ihnen geistige Behandlung angedeihen zu lassen. Es waren Menschen mit allen möglichen Leiden, Krankheiten und Problemen. Die aufgeführten Ursachen mit ihren Entsprechungen basieren auf den dabei gesammelten Erfahrungen. Sie werden Ihnen bei Ihren Treatments von Nutzen sein, wenn Sie sich in die konstruktiven Gemütszustände „hineinbehandeln", die Ihnen die ersehnte Heilung bringen. Seien Sie Ihr eigener Arzt, Psychiater oder Heilpraktiker. Wachen Sie auf und lernen Sie mehr über sich – über Ihre Beschaffenheit. Fangen Sie an, Gesundheit und Glück zu fabrizieren, und nicht irgendwelche Krankheiten und Probleme. Dieses Buch zeigt Ihnen, wie es gemacht wird, aber tun müssen Sie es selbst! Folgen Sie den gegebenen Empfehlungen und Sie werden erstaunt sein!

---

*Anm. d. Übers.: Diese Bemerkung bezieht sich auf den von Bing Crosby gesungenen populären Evergreen „Accentuate the positive, eliminate the negative (Betone das Positive, eliminiere das Negative)".

Die grundlegenden affirmativen Haltungen sind Liebe, Vertrauen, Frieden und Verständnis. Entwickeln Sie diese Eigenschaften, und sie praktizieren damit die beste Präventivtherapie, die es gibt. Erwerben Sie spirituelle Herrschaft in Herz und Gemüt. Stimmen Sie sich ein auf die gewaltigen Kräfte des Universums – schalten Sie sich gleich mit ihnen. Übernehmen Sie das Kommando in Ihrem Leben. Lernen Sie zu leben!

Wenn Sie sich strahlender Gesundheit erfreuen wollen, dann sollten Sie:

1. Jederzeit konstruktiv denken und reden.
2. Gefühle der Liebe, des Friedens, des Vertrauens und des Verständnisses entwickeln.
3. Richtig beten lernen und als „ganzer Mensch" leben, in Geist, Gemüt und Körper.
4. Auf richtige Ernährung, Ruhe und Bewegung achten.

Ihre Gesundheit ist eine direkte Reflektion Ihrer Lebensführung. Tun Sie es den tausenden gleich, die gesunden Menschenverstand walten lassen, in ihrem täglichen Leben. Sehen Sie sich als vollkommenes Wesen. Alles, was Sie sagen, denken, fühlen und tun trägt zu Ihrem totalen Wohlbefinden bei. Bleiben Sie auf das Leben eingestimmt durch:

> Serenität
> Ordnung
> Mäßigkeit
> Bewegung
> Ruhe

Gehen Sie bewußt daran, ein gesundheitsverursachendes Programm zu entwickeln:

1. Bringen Sie Ihr Gemüt zur Ruhe.
2. Halten Sie Ihre Emotionen im Gleichgewicht.
3. Verjüngen Sie Ihren Körper.
4. Harmonisieren Sie Ihre Welt.
5. Entwickeln Sie Ihre Seele.

Beachten Sie die folgenden Regeln:

1. *Schlafen Sie, wann immer sich Gelegenheit dazu bietet.* Lernen Sie von Ihren Haustieren. Wenn ein Hund oder eine Katze nichts zu tun haben, dann schlafen sie. Sie sind jederzeit einsatzbereit, weil sie immer ausgeruht und frisch sind. Machen Sie ruhig mehrmals am Tag ein kleines „Nickerchen". Die natürlichen Heilkräfte werden tätig, wenn Sie schlafen und ihnen keinen Widerstand entgegensetzen. Stellen Sie fest, wieviel Schlaf Sie benötigen, und sorgen Sie dann dafür, daß Sie ihn bekommen. Schlaf ist der große Restaurator.

2. *Zügeln Sie Ihr Temperament.* Zorn zerstört. Beherrschen Sie deshalb Ihre Gefühle. Gefühlsausbrüche sind destruktiv. Regen Sie sich nicht auf. Machen Sie sich zu dem Menschen, mit dem man leben kann. Vergeben Sie auch sich selbst. Legen Sie Grollgefühle ab. Berichtigen Sie begangene Fehler. Üben Sie Toleranz gegenüber den Schwächen anderer. Lösen Sie Grollgefühle auf, reinigen Sie sich von Erbitterung. Sagen Sie sich mit Bestimmtheit: „Es macht nichts, weil es eben nichts macht."

3. *Sorgen Sie sich niemals.* Ihre schlimmsten Befürchtungen sind niemals eingetroffen – also hören Sie auf, sich darüber den Kopf zu zerbrechen. Sie werden sich niemals einer Situation gegenüber sehen, mit der Sie nicht fertig werden könnten. Sorge ist nichts anderes, als ein sich Anketten an die Vergangenheit oder die Zukunft. Vergessen Sie die Vergangenheit. Planen Sie für die Zukunft, aber sorgen Sie sich nicht um sie. Leben Sie in der Gegenwart und fangen Sie mit allem, was an Sie herantritt, das Beste an. Gebrauchen Sie Ihren Verstand für sinnvolles schöpferisches Planen. Nichts kann geschehen, das Sie – vereint mit Gott – nicht bewältigen könnten. Weshalb also sich sorgen?

4. *Lernen Sie herzhaft zu lachen.* Lachen ist das Lied der Seele. *Ein fröhliches Herz ist die beste Arznei; aber ein bedrücktes Gemüt läßt die Gebeine verdorren* (Spr. 17:22). Werden Sie im Innern glücklich und lassen Sie Ihr Lachen heraussprudeln. Lachen setzt in Ihrem Körper den Fluß der Heilungssäfte in Gang. Warum sollte man leben, ohne es auch zu genießen? Machen Sie sich einen guten Tag und stecken Sie andere mit Ihrem Lachen an. Lachen ist der beste Abfluß für aufgestaute Gefühle.

Ihr Lachen kann Sie heilen. Deshalb lachen Sie so oft wie möglich!

5. *Gehen Sie mit Ihrer Zeit vernünftig um und geben Sie immer Ihr Bestes.* Hören Sie auf, im Kreis herum zu rennen. Entscheiden Sie, was Sie tun wollen, setzen Sie eine Zeit dafür an, und tun Sie es dann. Verschwendete Zeit ist verschwendetes Leben. Machen Sie von Ihrer Zeit einen konstruktiven Gebrauch. Lernen Sie auch, einmal mit voller Absicht nichts zu tun. Das, was Sie mit jedem Augenblick anfangen, hat einen Einfluß auf Ihre Gesundheit. Widmen Sie sich dem Augenblick voll und ganz. Wenn Sie etwas tun, dann tun Sie es gut. Sie sind es sich und allen anderen schuldig, stets Ihr Bestes zu geben. Es wird Ihnen von Mal zu Mal besser gelingen.

6. *Eliminieren Sie schädliche Gewohnheiten.* Und das bedeutet schlicht und ergreifend alle schädlichen Gewohnheiten – mentale, emotionale und physische. Es betrifft die Sünden der Unterlassung ebenso wie die des Handelns. Jedermann weiß zum Beispiel, daß Rauchen und Trinken – gleich in welchem Maße – wohl kaum Gutes bewirken kann, daß es exessiv betrieben sogar ernste Schäden verursacht. Maßhalten ist jedenfalls der Schlüssel in allen Dingen. Wenn wir jedoch etwas bereits als schädlich erkannt haben, weshalb wollen wir es dann überhaupt noch tun? Befreien Sie sich von zersetzenden Gewohnheiten, wie Reizbarkeit, Kritiksucht und Launenhaftigkeit.

7. *Ernähren Sie sich vernünftig.* Um es nochmals eindringlich klar zu machen: Maßhalten ist der Schlüssel zum Wohlbefinden. Überessen ist ganz einfach selbstmörderisch. Ganz im Ernst: Es ist wirklich und wahrhaftig eine Art Selbstmord. Es mag vielleicht ein langsamer Vorgang sein, sich sein Grab mit den Zähnen zu schaufeln, nichtsdestoweniger ist es eine „tod"-sichere Sache. Essen Sie um zu leben, leben Sie nicht, um zu essen. Sie sind doch kein menschlicher Abfalleimer. Informieren Sie sich über richtige Ernährungsweisen. Zum weitaus größten Teil ist das Zeug, mit dem wir unsere Mägen füllen ohnehin nicht wert, gegessen zu werden. Helfen Sie Ihrem Körper bei seiner Erhaltung, indem sie seine Bedürfnisse ausfindig machen. Befriedigen Sie dann diese Bedürfnisse in angemessener Quantität und der bestmöglichen Qualität. Denken Sie schon beim nächsten Bissen einer Mahlzeit daran, daß Sie in gewisser Weise „das sind, was Sie essen".

8. *Sorgen Sie regelmäßig für ausreichend Bewegung.* Ihr Körper ist zum Gebrauch bestimmt, also gebrauchen Sie ihn. Sie werden sich dann auf jeden Fall besser fühlen. Davon hängt nämlich Ihre Gesundheit ab. Ihr Leben hängt von einem gut funktionierenden Kreislauf ab. Und das wird durch Bewegung bewirkt. Ihre Beine sind zum Laufen da. Hören Sie also auf, um sich zu treten und benutzen Sie Ihre Beine wieder so wie es ihrem ursprünglichen Zweck entspricht. Klettern Sie auf Berge. Gehen Sie schwimmen. Wählen Sie eine Sportart – spielen Sie. Werden Sie Ihre inneren Aggressionen los durch intensive körperliche Aktivität. Führen Sie ein reges Leben. Es wird Ihnen gut tun.

9. *Lieben Sie die Menschen.* Menschen sind wunderbar. Lernen Sie sie kennen; entwickeln Sie Zuneigung zu ihnen. Niemand kann ohne Liebe leben. Wir alle haben mehr Liebe in uns, als wir jemals verwenden können. Deshalb sollten wir es versuchen. Je mehr Liebe wir geben, desto mehr kehrt zu uns zurück. Verständnis, Interesse, Nachsicht und Einfühlungsvermögen – alles das bewirkt Gesundheit. Reden Sie mit Menschen; geben Sie Ihnen Ermutigung. Geben Sie ihnen von Ihrem Selbst. Helfen Sie ihnen, dann wird auch immer jemand da sein, der Ihnen hilft. Liebe ist Leben in Aktion. Lieben Sie die Menschen.

10. *Lernen Sie, richtig zu beten.* Gebet ist Bejahung. Das Gebet setzt Sie in Verbindung mit der Quelle – dem Ursprung – des Lebens. Gebet ist Teilhaben am schöpferischen Prozeß. Gebet ist ein konstruktiver Vorgang, der uns größer und besser macht, als wir zu sein meinten. Gebet ist Erneuerung. Das Gebet stimuliert den Strom des Lebens durch uns. Das Gebet bringt unser ganzes Wesen in Einklang mit dem Ursprung allen Lebens. Gebet transformiert Sie durch Erneuerung Ihres Bewußtseins. Beten erneuert Ihren Körper. Beten produziert Gesundheit.

Spezielles Treatment für Gesundheit und Heilung

Ob es nun Ihr Bestreben ist, den Körper in strahlender Gesundheit zu erhalten, oder die heilende Kraft auf einen bestimmten Zustand zu richten: Der Ausgangspunkt ist jeweils die bejahende spirituelle

Behandlung des Gemüts – Treatment genannt. Nehmen Sie sich jeden Tag Zeit für die geistige Behandlung – für Ihr Gesundheits-Treatment. Wir werden in späteren Kapiteln noch sehr viel zu sagen haben über das Treatment und wie es praktiziert wird. Jetzt wollen wir jedoch sogleich eine Treatments-Technik für Gesundheit anwenden. Zu beachten sind dabei fünf grundlegende Schritte:

1. Entspannen Sie Ihren Körper.
2. Beruhigen Sie das Gemüt.
3. Reinigen Sie Ihr Bewußtsein von allen Grollgefühlen, Ängsten und Anspannungen.
4. Visualisieren (erblicken) Sie Vollkommenheit in jedem Teil Ihres Körpers.
5. Danken Sie Gott, daß die Heilung jetzt vor sich geht und Gesundheit etabliert ist.

Treatment für Gesundheit

Entspannen Sie Gemüt und Körper, und sprechen Sie die folgenden Bejahungen laut und mit Überzeugung. Später werden Sie dann Ihre eigenen Formulierungen anwenden wollen. Beginnen Sie mit diesen Bejahungen:

(1) Ich bin jetzt ruhig und entspannt und lasse Gott wirken. Durch Stillwerden in Gemüt und Körper werde ich eins mit der großen Quelle allen Lebens. Ich stimme mich auf Vollkommenheit ein. Ich wirke zusammen mit Gott, der ersten Ursache aller Dinge. Gottes Gesundheit ist jetzt meine Gesundheit. Ich spüre den Strom des Lebens in jedem Teil meines Körpers. Ich bin entspannt und bereit für große Erfahrungen.
(2) Mein Gemüt ist ruhig und empfänglich. Ich richte jetzt meine Aufmerksamkeit auf das, was größer ist als ich. Ich bin im Frieden. Ich sage Dank für die Segnungen des Lebens. Gutes strömt in mich ein. Die heilende Wirksamkeit des Geistes reinigt mein Gemüt von allen negativen Gedanken, Gefühlen und Einstellungen.
(3) Ich bin jetzt frei von Groll und Feindseligkeit jeglicher Art. Ich bin

von Liebe erfüllt. Vollkommene Liebe treibt alle Furcht aus. Ich bin mit Glauben und Vertrauen erfüllt. Ich bin ruhig und gelassen. Alle Anspannung und Verkrampfung löst sich auf und ich erfahre „den Frieden Gottes, der jede Vernunft übersteigt" (Phil. 4:7). Ich verspüre einen tief inneren Frieden – ich bin vollkommen.

(4) Ich bin innerlich vollkommen. Jede Zelle meines Körpers bringt diese Vollkommenheit zum Ausdruck. Ich bin ein vollkommener Mensch. Ich erfreue mich vollkommener Gesundheit. Ich bin organisch und funktionell vollkommen. Ich bin ein ganzheitliches Wesen. Gottes Gesundheit ist jetzt meine Gesundheit.

(5) Die heilende Aktion des Lebens vollzieht sich jetzt durch jeden Teil von mir. Jede negative Verursachung ist aufgelöst, denn ich gebe nur dem Guten Ausdruck, auf allen Wegen und zu jeder Zeit. Das Denkmuster für Gesundheit – Vollkommenheit – ist jetzt fest verankert, in Herz und Gemüt. Deshalb zeigt sich in meinem Körper vollkommene Gesundheit. Und dafür bin ich dankbar. So ist es.

Treatment für ein bestimmtes Leiden

Greifen Sie auf die Ursachentabelle von Seite 15 zurück. Ermitteln Sie die dem unerwünschten Zustand zugrunde liegende Ursache und geben Sie sich ein definitives Heilungstreatment. Bejahen Sie dabei die angezeigten konstruktiven Gemütshaltungen. Seien Sie bei Ihren Verneinungen und Affirmationen definitiv und spezifisch. Lösen Sie die negative, krankheitsverursachende Haltung auf, und festigen Sie die affirmative, heilungbringende. Hier ist ein Heilungstreatment für Kopfschmerzen. Verwenden Sie es als Modell – als Musterbeispiel – für die Behandlung eines jeden anderen Zustands. Selbstverständlich werden Ihre Bejahungen und Verneinungen sich dann auf solchen gründen, die auf den betreffenden Zustand anwendbar sind.

„Ich bin erfüllt vom Bewußtsein des Friedens und der Güte. Der volle, freie Strom des reichen Lebens zirkuliert jetzt in mir. Ich bin frei von aller Verwirrung. Ich bin ruhig, gelassen und friedvoll. Meine

Gefühle, Wünsche und Antriebe habe ich sämtlich unter Kontrolle. Ich habe die volle Befehlsgewalt über mein Bewußtsein. Ich bin ausgeglichen, frei und vollkommen. Ich bin mein höchstes und bestes Selbst. Mir widerfährt nur Gutes – jetzt und immer. Und so ist es."

Sie werden bemerkt haben, daß der zu beseitigende Zustand mit keiner Silbe erwähnt wurde – lediglich seine Ursache. Wenn die negative Ursache durch systematisches Treatment aufgelöst worden ist, vollzieht sich die Heilung automatisch.

In diesem Kapitel habe ich Ihnen spezielle Techniken an die Hand gegeben, um Ihr spirituelles, mentales, emotionales, physisches und materielles Makeup zu vervollständigen, damit Sie allen Schmerzen ein Ende setzen können und anfangen zu leben.

In den Sprüchen 4:23 wird uns gesagt: *Behüte dein Herz* (Unterbewußtsein) *mit allem Fleiß, denn daraus geht das Leben.* Hier ist dafür die praktische Anleitung:

1. Bewahren Sie kühlen Kopf (mental).
2. Halten Sie Ihr Herz warm (emotional).
3. Sprechen Sie nur Freundliches (spirituell).
4. Halten Sie Ihren Körper rein (physisch).
5. Bewahren Sie Kontrolle über Ihre Handlungen (materiell).

Leitgedanken für Gesundheit

Ich bin Gesundheit. Ich bin ein gesunder Mensch auf jeder Ebene. Ich bin in jeder Weise heil und vollkommen. Ich bin ein ausgeglichenes, vollständiges Individuum. Ich bin ständig auf die Quelle eingestimmt, die mich erschaffen hat und die mich in vollkommener Gesundheit erhält. Ich werde von der reichen Substanz des Geistes genährt. Ich bin vital, wach und voller Energie. Ich bin vollkommen.

„Die Worte meines Mundes und die Meditationen meines Herzens" sind frei von jedem Vorwurf. Mein Denken ist klar und rein. Meine Gedanken sind nobel und konstruktiv. Mein Kopf repräsentiert die Herrlichkeit der Intelligenz Gottes in meinem Innern. Ich bin mir meiner Göttlichkeit bewußt, wie auch meiner spirituellen Identität. Ich

bin auf den herrlichen Strom göttlicher Energie und Inspiration eingestimmt. Dieser Strom durchdringt jetzt mein ganzes Wesen. Ich bin mit
Licht erfüllt.

Ich fühle mich großartig. Ich bin vom Wunder und der Herrlichkeit
des Lebens überwältigt. Ich bin eins mit allem Guten. Es gibt für mich
keinen Punkt, an dem ich aufhöre und Gott beginnt. Ich bin ein
Ausdruck der göttlichen Fakten. Alles, was Gott ist, bin auch ich. Alles,
was über Gott wahr ist, das ist auch die Wahrheit über mich. Ich bin
vollkommen, so wie mein Vater im Himmel vollkommen ist.

Ich singe den Lobgesang des Höchsten. Ich lobe die Vollkommenheit
und die Einheit allen Lebens. Ich staune über die Wunder, die Gott
vollbracht hat. Meine Worte sind freundlich und liebevoll. Mein Wort
verfügt über die Macht zu erschaffen. Es geht aus meinem Munde und
vollbringt alles Gute. Mein Wort kehrt zu mir zurück als Gesundheit auf
jeder Ebene. Meine Gesundheit kommt von innen. Ich bin der Ausdruck vollkommener Gesundheit.

Ich sage Dank für meine strahlende Gesundheit. Ich lebe und bewege
mich in der Herrlichkeit völliger Harmonie und völligen Gleichgewichts. Dynamisches Leben pulsiert durch meine Adern. Erhobenen
Geistes proklamiere ich das Königreich der Gesundheit. Ich sage Dank
für vollkommene Gesundheit. Und so ist es."

3. KAPITEL

Der reichste Mensch der Welt

„Ich weiß keinen Ausweg mehr, Dr. Curtis. Wir haben noch genau einen Dollar und dreiunddreißig Cents in der Tasche. Ich weiß nicht einmal, was wir heute abend essen sollen. Es ist nichts – aber auch garnichts mehr – im Kühlschrank, und die Speisekammer ist auch leer."

Die attraktive Frau mittleren Alters, die mir in meinem Arbeitszimmer gegenübersaß, brach in Tränen aus, während ihr Mann fürsorglich seinen Arm um sie legte. Beide boten ein Bild völliger Verzweiflung und Trostlosigkeit. Soweit es sie betraf, waren sie am Ende. Sie waren arbeitslos, einsam, hungrig und mittellos. Sie fühlen sich besiegt und völlig am Boden – und das konnte man ihnen nachfühlen.

Diese beiden Menschen waren hilfesuchend zu mir gekommen. Nachdem sie jede andere Möglichkeit ausgeschöpft hatten, waren sie schließlich bei mir gelandet, weil sie an dem Tag mein Rundfunkprogramm gehört hatten. In dieser Sendung hatte ich das Gesetz des Wohlstands und Erfolgs behandelt.

„Uns fehlt nichts, das nicht mit ein paar Dollar zu heilen wäre", platzte der Mann heraus. „Alles, was wir brauchen, ist etwas, das uns über die Runden bringt, bis ich wieder einen Job gefunden habe."

„Aber George, es sind jetzt schon vier Monate! Dr. Curtis, ich glaube, er wird wohl niemals wieder einen Job bekommen, wenn er so weitermacht. Gibt es denn garnichts, das uns helfen kann?" Die junge Frau war der Ausdruck tiefster Verzweiflung.

„Ja, es gibt da etwas, und es gibt jemanden, der Ihnen helfen kann", antwortete ich. „Dann wollen wir mal ausführlich darüber reden. Dieser Jemand, der Ihnen helfen kann, sind Sie selbst, und das Etwas ist die schöpferische Kraft des Lebens in Ihrem Innern. Sie brauchen Geld, Sie brauchen einen Job. Das ist jedoch nur das Vordergründige – das an der Oberfläche sichtbare Erfordernis. Dem wird entsprochen werden, dessen können Sie sicher sein. Da ist jedoch eines, das Sie dabei zuerst wissen sollten: *Gott ist die Quelle Ihrer Versorgung.*"

Ich verlor keine Zeit und erklärte dem Ehepaar das spirituelle Prinzip, das mit ihrem Problem ursächlich verbunden war. Ganz ohne Zweifel befanden sie sich in einer extremen Notsituation. Ihre Versorgung – ihre „Nachschublinie" war zusammengebrochen. Sie waren von der Quelle abgeschnitten. Es war demnach dringend Geld erforderlich, um ihren täglichen Bedarf zu decken, dennoch war Geldmangel nicht ihr eigentliches Problem. Ihre Mittellosigkeit war vielmehr das Symptom eines weitaus größeren Problems, das in ihrem Bewußtsein zu suchen war.

Eine seltsame Art von Armut

Nach einiger Zeit stiller Gebetsbehandlung erklärte ich den beiden, inwieweit negative Einstellungen und falsche Annahmen für alle unsere Schwierigkeiten verantwortlich sind – die finanziellen eingeschlossen.

Wie in jedem anderen Fall, erwies sich das auch für dieses Ehepaar als zutreffend. Die Ursachen ihres Problems lagen tief und gingen weit zurück. Sie umfaßten gescheiterte Ehen auf beiden Seiten, ein Alkoholproblem, ständige Fehlschläge, häufigen Stellenwechsel, einen Bankrott, und ein ständiges Unvermögen, mit anderen Menschen einigermaßen auszukommen. Der Mann hatte nacheinander eine Reihe guter Verkaufspositionen innegehabt, wurde aber jedesmal nach kurzer Zeit unzufrieden, und nahm etwas anderes an. Seine letzte Position in einem anderen US Staat hatte er vier Monate zuvor aufgegeben und war mit seiner Frau nach Kalifornien gekommen, dem „Land der goldenen Möglichkeiten". Er konnte sich auch sofort wieder eine gute Position verschaffen, wurde jedoch schon bald darauf wieder entlassen, nach einem schweren Zusammenstoß mit seinem Chef. Seither waren Monate vergangen, ohne daß er imstande gewesen wäre, etwas passendes zu finden. Nachdem ihre Geldreserven aufgebraucht, alle Kreditmöglichkeiten aufgeschöpft und sie zudem noch zwangsweise ausquartiert worden waren, blieb ihnen keine andere Möglichkeit, als einen Hausmeister-Job anzunehmen, als Gegenleistung für freies Wohnen. Alles das widerfuhr einem Mann, der zu Zeiten mehr als 25.000 Dollar jährlich verdient hatte. Ganz offensichtlich stimmte da etwas nicht.

Schätze – wertvoller als Gold

Beide gaben das auch unumwunden zu. Sie waren bereit, alles zu tun, um diese Situation zu überwinden. „Des Menschen Betrübnis ist Gottes Gelegenheit", machte ich den beiden klar. Ich hätte ihnen natürlich auch Geld geben können; sie hätten es wahrhaftig nötig gehabt. Ich entschloß mich, gerade das nicht zu tun. Wenn ich diesen beiden Menschen wirklich helfen wollte, dann mußte ich ihnen etwas wertvolleres geben als Geld. Das setzte ich ihnen auseinander. Wir kamen überein, ausschließlich mit dem Prinzip zu arbeiten. Unser Treatment war:
„Dies ist ein spezifisches Treatment für Jean und George Wilson aus Los Angeles, California. Beide haben die festgegründete Überzeugung, daß Gott die Quelle ihrer Versorgung ist. Göttliche Ordnung und göttliches rechtes Handeln greift jetzt Platz in ihrem Leben. Das unendliche Gesetz der Fülle durchströmt jeden Teil ihres Bewußtseins und Erfahrungsbereichs. Jeder Bedarf wird auf der Stelle voll und ganz gedeckt. Jean und George Wilson stehen auf ihrem richtigen Platz; sie durchlaufen diese Erfahrungen, weil sie für Erfüllung und geistiges Wachstum unerläßlich sind. Es gibt keinen Mangel; es gibt nur die Fülle der Versorgung. Diese Fülle durchströmt sie jetzt. Sie verfügen über ausreichende Geldmittel, um allen Bedarf zu decken. Die Kanäle sind geöffnet und der Strom ist konstant. Jedes Gefühl der Entmutigung und des Unglücklichseins ist beseitigt, es gibt nur tiefe Dankbarkeit für die Reichtümer des Universums. Ihr Becher ist zum Überfließen angefüllt, und sie sagen Dank, weil es so ist.
Dieser sogenannten Zwangslage wird von innen heraus begegnet. Ihr geistiges Verständnis erfährt eine Wiedergeburt. Jean und George Wilson sind „erneuert durch Erneuerung ihres Sinnes." Es gibt

nichts, das sie nicht sein oder tun könnten. George Wilson bekleidet eine Position, die ihm Freude bereitet und Gewinn bringt, mit einem Einkommen, das allen Wünschen und Verpflichtungen gerecht wird. Dieser Job hält nach ihm Ausschau. Dieser Job verlangt nach George ebenso, wie er nach ihm verlangt. Das Gesetz der Anziehung bringt sie zusammen zu einer dauerhaften Vereinigung.

Diese bejahenden Ideen akzeptieren wir jetzt gemeinsam. Wir nehmen sie ohne jeden Vorbehalt an. Sie sind dem Gesetz des Geistes einverleibt, und für das Gesetz sind sie bereits vollendete Tatsache. Somit sind sie auch im Erfahrungsbereich von Jean und George Wilson ein bereits vollendetes Geschehen. Wir sagen Dank, daß es so ist. Und so ist es."

Nachdem wir dieses Treatment beendet hatten, legte ich meinen Arm um das verstörte Paar. „Gott segne Sie", sagte ich. „Alles wird gut werden." Und damit entließ ich sie auf den Weg, den sie jetzt gehen mußten. Obgleich ihre Barschaft auch jetzt noch nicht mehr als $ 1.33 betrug, blickten sie doch mit einem Mal ganz anders in die Zukunft – erhobenen Hauptes, mit leuchtenden Augen und federnden Schritten. Sie fühlten sich jetzt völlig verändert.

Noch am gleichen Abend riefen sie mich an, um mir zwei gute Neuigkeiten mitzuteilen. Zuerst einmal fanden sie bei ihrer Heimkehr einen Eilbrief mit einem Scheck über 50 Dollar vor. Eine Verwandte hatte ihn geschickt, mit der Bemerkung, sie hätte das Gefühl, das Geld könnte dringend gebraucht werden. Dann war da ein Anruf von einer Firma, bei der George sich vor einigen Monaten anscheinend vergeblich beworben hatte, mit der Aufforderung zu einem Gespräch mit dem Personalchef in den nächsten Tagen. Gemeinsam sagten wir daraufhin Dank am Telefon. Wir bejahten:

„Wir sagen Dank für das erhaltene Gute. Wir sagen Dank für das Geld, das jetzt sinnvolle Verwendung findet. Jegliches Gefühl einer Notlage ist jetzt aufgelöst. Allen Situationen wird mit Mut, Vertrauen und Verständnis begegnet.

Wir sagen Dank für das Einstellungsinterview. Wenn es die richtige Position für George ist, dann gehört sie ihm automatisch. Wir akzeptieren diesen Job, etwas ihm gleiches, oder etwas besseres.

Diese Stelle wird von dem richtigen Mann bekleidet. George Wilson ist der richtige Mann. Alles hat sich in göttlicher Ordnung und rechtem Handeln vollzogen. Und so ist es. "

War es nun das erste Treatment, das den Scheck und das Einstellungsinterview produziert hatte? Was meinen Sie? Wie in so vielen gleichartigen Fällen, so verwandelte sich auch hier das Gefühl tiefster Verzweiflung in eines der vertrauenden Hoffnung. Und nachdem sich dieser innere Wandel erst einmal vollzogen hatte, war auch das äußere Problem gelöst. Es mag auch hier wieder einmal nach „Zufall" aussehen, nichtsdestoweniger ist es erwiesene Tatsache, daß der Not wirksam begegnet wurde. Es ist unfehlbares Gesetz, daß eine Veränderung des Denkens und Fühlens automatisch auch eine Veränderung der Erfahrungen und Gegebenheiten bewirkt. Die Dinge geschehen nicht *für* uns – sie geschehen *durch* uns. Ein Gebets-Treatment, wie wir es zusammen mit Jean und George Wilson durchführten, etabliert neue Ursachen. Neue Ursachen wiederum produzieren neue Wirkungen. In diesem Fall verwandelte sich Verzweiflung in Hoffnung, Vertrauen und Erwartung, mit dem Resultat, daß alleräußerste Not sich in Erfüllung verwandelte, Mangel in Fülle. Das geschieht jedes Mal. Details sind dabei völlig unwichtig. Wir müssen uns lediglich das mentale Äquivalent für alles das schaffen, was wir erwarten. Das Gesetz dieses mentalen Äquivalents werden wir später noch ausführlich behandeln.

Gutes aus jeder Richtung

George Wilson bekam die Stelle. Genau genommen bekam er eigentlich zwei Stellen. Denn unmittelbar nach dem Einstellungsgespräch trat er die Stelle an. Die Position war genau das, was er sich vorgestellt hatte und auch das Gehalt war angemessen. Eine Woche später jedoch, nachdem er sich gerade etwas eingewöhnt hatte, erhielt er ein noch besseres Angebot von einer anderen Firma. Hin und hergerissen zwischen dem Wunsch die neu offerierte Stelle anzunehmen und der Loyalität seiner gegenwärtigen Firma gegenüber, fand er wieder seinen Weg in meine Sprechstunde.

„Was soll ich tun, Dr. Curtis", fragte er.

„Das weiß ich nicht, George."

„Ich dachte, Sie könnten mir bei der Entscheidung helfen."

„Das werde ich auch tun. Trotzdem kenne ich die richtige Antwort ebensowenig wie Sie. Ich weiß allerdings, daß es etwas gibt, dem die Antwort bekannt ist. Da sollten wir einhaken", schlug ich vor.

Wiederum nahmen wir eine geistige Behandlung vor. Diesmal bejahten wir Führung und das Vertrauen, daß George die Situation richtig handhaben und zu der richtigen Entscheidung kommen würde. Er verließ mein Arbeitszimmer mit der unerschütterlichen Zuversicht, daß er das Richtige tun und alles sich zum Guten auswirken würde.

Genau so kam es. Er entschloß sich, seine Firma von dem neuen Angebot in Kenntnis zu setzen. Was daraufhin geschah, das hatte er nun doch nicht erwartet – jedenfalls nicht mit seinem wachbewußten Verstand: Sein Chef war hocherfreut über diese schöne Gelegenheit, die sich George da bot. Nicht nur, daß er ihm keine Hindernisse in den Weg legte, er stellte ihm ein erstklassiges Zeugnis aus und rief darüber hinaus den Chef der anderen Firma noch persönlich an. Nunmehr bekleidete George Wilson die beste Position, die er jemals hatte. Und noch eine Woche vorher hatte er nicht mehr als einen Dollar dreiunddreißig in der Tasche gehabt. Jetzt – fast zwei Jahre später – ist er nach zwei Beförderungen in dieser Stelle glücklich, wohlhabend und erfolgreich.

George Wilson konnte also aus seiner Misere herausgewuchtet werden, aber das ist natürlich nicht alles. Sie dürfen nun nicht etwa glauben, ich hätte hier nur mit einem Zauberstab herumgewedelt und schon war alles in Ordnung. Auf diese Art wirkt die spirituelle Gebetstherapie nämlich nicht. Die spirituelle Gemütstherapie re-konditioniert das Unterbewußtsein, damit sich normale Aktionen vollziehen können. Mangel, Fehlschlag, Leiden, Schmerzen und Betrübnis sind kranke, abnorme Zustände, die wiederum von gestörten Emotionen und Mentalzuständen herrühren. Gebetsbehandlung löst die negativen Aspekte der Bewußtheit auf und stärkt die positiven. Und bei George Wilson gab es eine ganze Menge zu verändern.

Er hatte relativ schnell eingesehen, daß seine traurige Verfassung das Resultat seiner inneren Konflikte gewesen war, das überdies zur Wiederholung neigte, sofern er nicht etwas grundlegendes dagegen unternehmen würde. Von da an besuchte er auch mehrere meiner Vorträge und Lehrgänge, und kam darüber hinaus einmal wöchentlich zu einer persönlichen Beratung. Außerdem wurde er ein aktives Mitglied der Science of Mind Kirche.*

George nahm eine persönliche Inventur vor und stellte bei sich die wirksamen Mängel fest, die der Veränderung bedurften, damit er erfolgreich sein konnte.

Er lernte sich selber besser kennen, und damit kam die Einsicht, daß er bestimmte Haltungen ändern mußte. Mit den folgenden Schritten übernahm George Wilson zum erstenmal die volle Befehlsgewalt über sein Leben. Sie werden auch Ihnen helfen, die volle Herrschaft über Ihr Leben zu erlangen:

1. Verschaffen Sie sich ein klares Bild von sich. Sehen Sie sich so wie Sie sein wollen.
2. Unterziehen Sie sich einer genauen Selbstprüfung und stellen Sie fest, inwieweit Sie sich von diesem Wunschbild unterscheiden.
3. Werden Sie sich klar darüber, daß die Ursache dafür in Ihrem eigenen Innern zu suchen ist. Daselbst befindet sich aber auch die Kraft der Veränderung. Seien Sie bereit und willens, sich zu ändern.
4. Legen Sie alle Gewohnheiten ab, die Sie bislang daran gehindert haben, das zu sein, was Sie sein wollen.
5. Tun Sie alles, was Sie zu dem Menschen werden läßt, der Sie sein wollen.

Kein Zweifel, daß George Wilson aus dem Holz war, aus dem erfolgreiche Menschen geschnitzt werden. Weshalb aber war er dann nicht erfolgreich? Weshalb war er dann arbeits- und mittellos, noch dazu in einem Alter, in dem die meisten Männer auf dem Höhepunkt ihrer Produktivität stehen? Nun, man brauchte hier nur ein wenig nachzugraben, um die Ursache für George Wilsons Fehlschläge zutage zu fördern. Ihre restlose Beseitigung wiederum stärkte sein Erfolgsbewußtsein und bewirkte Erfolg und Wohlstand auf der ganzen Linie.

*Anm. d. Übers.: Neugeistige Institutionen wie Science of Mind, Unity, CSA, Divine Science etc. haben in den USA zumeist den Status von Kirchen. In den deutschsprachigen Ländern existieren sie als Centren oder Studiengruppen.

Wenn Sie die im Folgenden aufgeführten inneren Schäden beseitigt haben, werden Sie sich neuen erfreulichen Umständen und Gegebenheiten gegenübersehen – so, wie es George Wilson erlebte:

1. *Begrenzung.* Denken Sie groß und Sie werden groß sein – denken Sie dagegen klein und begrenzt, dann zeigt das Leben die entsprechende Reaktion. Werfen Sie alle kleinkarierten Denk- und Verhaltensweisen über Bord. Lassen Sie sich nicht von Details und Trivialitäten niederdrücken. Befreien Sie sich von den Fesseln Ihrer Umgebung, den Fesseln früherer Erfahrungen, und den Fesseln in der Kindheit eingeimpfter Vorurteile. Sie können alles sein, was Sie sein und alles haben, was Sie haben wollen, wenn Sie das Bewußtsein dafür entwickeln und fest überzeugt sind, daß es für Sie wahr sein kann. Erweitern Sie Ihr Bewußtsein, schaffen Sie sich ein größeres Bild von allem. Akzeptieren Sie neue Erfahrungen und größeren Selbstausdruck.

2. *Minderwertigkeitsgefühle.* Die Welt akzeptiert Sie zum „Nennwert". Die anderen nehmen Sie so, wie Sie selbst sich auch nehmen – nicht mehr und nicht weniger. Selbsterniedrigung ist eine Sammelbestellung für Mangel und Fehlschläge. Wer da meint, nicht zu können, der kann selbstverständlich auch nicht. Selbstablehnung hindert Sie am Weiterkommen. Wenn Sie selbst sich ablehnen, dann werden alle anderen das auch tun. Selbstverurteilung ist die schnellste und sicherste Methode, von allen für alles verantwortlich gemacht zu werden – zu einer erstklassigen Fußmatte, auf der dann alle nach Herzenslust herumtrampeln. Schätzen Sie sich höher ein – loben und preisen Sie sich selbst. Damit setzen Sie gewaltige Kräfte frei, die unverzüglich ans Werk gehen, um Sie erfolgreich und wohlhabend zu machen.

3. *Gier.* Dieser Begriff schließt mehrere negative Eigenschaften in sich ein – Eigenschaften wie Egoismus, Pfennigfuchserei, Geiz, Habsucht, und die Liebe zum Geld um des Geldes willen. Gier bewirkt mit unfehlbarer Sicherheit Armut auf der ganzen Linie, weil sie den Strom des Guten zum Stillstand bringt. Jesus sagte: *Sammelt euch*

nicht Schätze auf Erden, wo Motten und Rost sie zunichte machen und wo Diebe einbrechen und stehlen! Sammelt euch vielmehr Schätze im Himmel, wo Motten und Rost sie nicht zunichte machen und wo Diebe nicht einbrechen und stehlen! Denn wo dein Schatz ist, da wird auch dein Herz sein (Matth. 6:19–21). Entschließen Sie sich, wertvoll und nützlich zu sein und der Welt etwas zu geben, dann werden Sie Ihr Teil bekommen. Wir mögen vielleicht nicht immer genau das bekommen, was wir haben wollen – auf jeden Fall aber das, was wir auf die eine oder andere Weise benötigen. Lassen Sie los. . . . *denn euer Vater weiß, wessen ihr bedürft, ehe ihr ihn bittet* (Matth. 6:8).

4. *Furcht.* Furcht ist immer Mangel an Vertrauen. Keines Ihrer Vorhaben kann von Erfolg gekrönt sein, wenn Sie kein Vertrauen in Ihr Erfolgsvermögen haben. Vertrauen ist die Substanz von Versorgung und Wohlstand. Wer glaubt, er kann, der kann. Furcht ist negativer Glaube. Entfernen Sie die Furcht aus Ihrem Gemüt. Seien Sie darin unbeirrt. Lösen Sie die Furcht auf, bejahen Sie Glauben und Vertrauen. Wenn wir uns Furchtgefühle leisten wollen, dann gibt es allerdings die vielfältigsten Möglichkeiten, etwas zu fürchten. Furcht vor Versagen, Furcht vor Krankheit, Furcht vor dem Tod – alles das muß verschwinden. Chronische Furchtgefühle sind zerstörerisch. Sie führen unweigerlich zu Armut und Krankheit. Ein wahrhaft wohlhabender, erfolgreicher Mensch fürchtet nichts und niemanden.

5. *Überempfindlichkeit.* Der Jammerlappen, der Dulder, der Dünnhäuter – sie alle haben eines gemeinsam: Sie haben immer und ewig irgendwelche Finanzprobleme. Und mit ihrem Erfolg ist es auch nicht weit her. Viele von uns sind fördernde Mitglieder des „IBM (Ich bedauernswerter Mensch)-Clubs", die unentwegt unter allem nur möglichen Ungemach zu leiden haben – tatsächlichem oder nur eingebildetem. Selbstverständlich ist es gut und segensreich, sensitiv zu sein, das hält uns auf das Unendliche eingestimmt. Hypersensibilität – Überempfindlichkeit – jedoch schwächt uns, weil unsere Energie sich dann völlig unnötigerweise in Reaktionen und Abwehrhandlungen verbraucht. Niemand will Ihnen Böses antun. Befreien

Sie sich von allem Argwohn und fangen Sie an zu leben. Das Leben macht sich für den bezahlt, der viel zu sehr mit konstruktiven Vorhaben beschäftigt ist, als daß ihm da Zeit zum Leiden bliebe.

6. *Ablehnung jeglicher Autorität.* Wir alle müssen erst einmal Anweisungen entgegennehmen, bevor wir lernen können, sie zu erteilen. Ein sinnvolles Einstufen von Autorität ist ein unentbehrliches Erfordernis einer gut funktionierenden Organisation. Es muß schließlich jemand da sein, der Pläne entwirft und Anweisungen gibt. Wer da sagt: „Niemand kann mir erzählen, was ich zu tun habe", der neigt zumeist dazu, den anderen zu sagen, was sie tun sollen. Grollgefühle, Ressentiments sind weitere Kraftzehrer. Sie verbrauchen Ihre erfolg- und wohlstandverursachenden Kräfte. Es gibt nur einen Weg, um zu einer höheren Position mit Weisungsbefugnis zu kommen: Erbringen Sie gute Leistungen genau da, wo Sie jetzt sind und tun Sie das völlig selbstvergessen, eingedenk des größeren erwünschten Bildes. Im Grunde ist niemand wichtiger als der andere. Wir haben lediglich verschiedene Aufgaben zu erfüllen. Helfen Sie dem anderen bei der seinen.

7. *Unvermögen, mit anderen auszukommen.* Eine vor kurzem vorgenommene Untersuchung ergab, daß 70 % aller Fälle von Arbeitsplatzwechsel auf diese Ursache zurückzuführen waren. Obgleich eingeräumt werden muß, daß mit manchen Menschen schwer auszukommen ist, müssen wir es dennoch aufrichtig versuchen. „Es ist so viel Gutes im Schlechtesten von uns, und so viel Schlechtes im Besten von uns, daß es niemandem von uns zukommt, über die anderen zu reden." In anderen Worten: Wir alle sitzen im gleichen Boot. Aufregung und Unfreundlichkeit verursachen Armut und Fehlschlag. Wenn wir andere bekämpfen, dann bekämpfen wir uns in Wahrheit selbst. Wir lassen es nur an ihnen aus. Der erfolgreiche Mensch liebt die Menschen – er kommt mit ihnen aus. Deshalb ist er erfolgreich.

Eine gute Anlage nach der anderen

George Wilson machte gute Fortschritte, nachdem wir jedem dieser Bereiche konzentrierte Behandlungsarbeit widmeten. Dabei beseitigten wir tonnenweise negatives Material, das als Sand in seinem Getriebe wirkte. Eine gründliche, gewissenhafte Inventur zeigte George, weshalb er ein Versager war – weshalb er einer sein mußte. Nunmehr begann er mit einer Generalüberholung. Allmählich verwandelte er sich in den Menschen, der er sein wollte. Er gewann sein Selbstvertrauen zurück und war nun nicht mehr aufzuhalten. Seine Frau unterstützte ihn dabei in jeder Weise. Ihrer Ehe war das nur zuträglich, sie wurde dadurch noch gefestigter, denn jetzt waren sie wirkliche Partner und nicht nur Eheleute. Jetzt kamen sie voran, so wie auch Sie vorankommen werden, wenn Sie sich die folgenden Vorzüge zu eigen machen:

1. Vertrauen in das Leben
2. Glaube an das Gute
3. Selbstvertrauen
4. Vertrauen in andere Menschen
5. Vertrauen in Ihre Tätigkeit (alles was Sie tun)

O. A. Harris, Servicedirektor des „Tail O'The Cock Restaurants" an der berühmten „Restaurant Row" am La Cienega Boulevard in Los Angeles, wendet diese Prinzipien an, bei der Führung seines ausgedehnten Mitarbeiterstabes. Er überreicht jedem Kellner und jedem Pagen bei Arbeitsbeginn eine Karte mit einer Tagesmeditation. Darauf steht: „Ich werde keine meiner Aufgaben absichtlich vernachlässigen. Ich werde zu allen Gästen und Mitarbeitern in jeder Weise höflich und zuvorkommend sein, ungeachtet möglicher Provokationen. Ich liebe meine Arbeit und biete gute Leistungen, Gewissenhaftigkeit, Zuvorkommenheit und ein Lächeln als Beweis."

Jeder Mitarbeiter ist angehalten, die Karte ständig bei sich zu führen. Sobald Schwierigkeiten entstehen oder ein Angestellter sich nachlässig zeigt, fragt Mr. Harris ihn nur: „Haben Sie Ihre Karte bei sich?" Mehr ist nicht nötig. Man begreift, liest seine Karte wieder und unternimmt jede Anstrengung um ihren Forderungen gerecht zu werden. So konnte es denn auch nicht ausbleiben, daß „The Tail O'The Cock" über einen erstklassigen Mitarbeiterstab verfügte, bei sehr seltenem Personalwechsel. Der große Erfolg kommt letztlich allen Beteiligten zugute. Wir gedeihen unweigerlich, wenn wir unsere Aufgaben so erfüllen, wie sie erfüllt werden sollten.

Wesentliche Bestandteile des Geschäftserfolgs

Vor Kurzem führte ich bei einem Festbankett ein interessantes Gespräch mit dem Generalmanager einer der größten Herstellerfirmen an der Westküste der USA. Dabei fragte ich ihn, welches seiner Meinung nach die wirksamsten Mängel darstellten, die den Erfolg im Geschäftsleben vereiteln. Daraufhin nannte er die folgenden fünf:
1. Mangel an Zielstrebigkeit
2. Mangel an Initiative
3. Mangel an Imagination
4. Mangel an Disziplin
5. Mangel an Wagemut

„Den Möglichkeiten eines Könners sind in unserer Organisation keine Grenzen gesetzt", meinte er. „An der Spitze ist immer Platz. Wenn bei uns beispielsweise für einen Mitarbeiter, der reif für eine Beförderung ist, keine entsprechende Stelle zur Verfügung steht, dann schaffen wir eben eine für ihn. Unsere Spitzenkräfte sind alle aus unseren Reihen hervorgegangen, und jeder einzelne von ihnen hat diese fünf Charakteristiken bis zum höchsten Grad entwickelt. Sie sind zielstrebig, beweisen Initiative, verfügen über eine gut entwickelte Imagination und zeigen Disziplin und Wagemut. Ohne diese Eigenschaften gibt es meiner Erfahrung nach kein Vorwärtskommen.

Wer bei uns arbeitet, der muß wissen, weshalb er für uns tätig ist und was er dabei zu erreichen hofft. Wer nur seine Zeit absitzen und dafür ein Gehalt beziehen will, der wird nicht alt bei uns. Wir sind uns im Klaren, daß unsere Organisation nur so stark und leistungsfähig sein kann, wie die Leute, die für uns arbeiten. Alle Zielsetzungen unserer Gesellschaft sind das Ergebnis klaren Denkens und hingebungsvoller Planung der Menschen, auf die sich das Unternehmen stützt – die im Grunde das

Unternehmen selbst darstellen. Erfolg beruht nicht auf Zufall, das wissen wir alle. Erfolg ist das direkte Ergebnis von Zielstrebigkeit und Tatkraft. Unsere Firma wächst und gedeiht, und mit ihr alle unsere Mitarbeiter. Und so werden wir es auch weiterhin halten."

„Und was ist mit den anderen Punkten?" fragte ich.

„Betrachten wir zunächst mal den Begriff Initiative. Man muß ein Selbst-Starter sein. Wer da nur wartet, bis einer kommt und ihm sagt, was er tun soll, der wird nicht allzuweit kommen. Nehmen wir doch mal Sie selbst. Wie ist es denn mit Ihnen? Sie sind ein erfolgreicher Mann, das sieht man Ihnen an. Warum? Weil Sie Ihre Arbeitsweise selbst bestimmen. Nehmen Sie Weisungen entgegen? Wer sagt Ihnen zum Beispiel, daß Sie vor Tagesanbruch aufstehen sollen, um Ihre Bücher zu schreiben? Wer ordnet an, daß Sie einen Lehrgang abhalten oder auf Vortragsreise gehen sollen? Wer sagt Ihnen, was Sie wann, und wo zu tun haben?"

„Niemand", lachte ich, „wenn das einer versuchen sollte, dann würde ich wahrscheinlich dagegen rebellieren".

„Natürlich würden Sie das. Und ich selbstverständlich auch. Sie und ich – wir sind das, was wir sind, weil unsere Arbeit uns Freude macht und weil wir sie tun wollen. Mein Job ist mein größtes Vergnügen. Für mich gibt es kein größeres."

„Mir geht es genau so", stimmte ich zu.

„Natürlich. Es kann ja auch garnicht anders sein. Das ist Initiative. Wir halten immer Ausschau nach jemandem, der uns den Ball abnimmt und mit ihm losrennt. Wir ermutigen ihn dazu und lassen ihm freien Lauf. Gewiß wird er dabei noch so manchen Fehler begehen, aber was macht das schon? Die lassen sich immer korrigieren. Geben Sie mir einen ausgeschlafenen Selbststarter und ich mache was aus ihm. Der kann bei mir etwas lernen. Mit einer Niete jedoch, einem Versager, der sich zu nichts aufraffen kann, mit dem kann auch ich nichts anfangen."

„Nun dürfte aber das Losrennen mit dem Ball allein noch keine Garantie für Wohlstand und Erfolg bieten", gab ich zu bedenken. „Da müßte man doch wohl etwas mehr an sich haben, nicht wahr?"

„Das versteht sich von selbst. Aber Sie wissen schließlich auch, wo das herkommt. Von einer fruchtbaren Imagination nämlich. Wir fördern bei unseren Leuten ganz besonders Initiative und Imagination. Wir haben uns da folgendes zur Regel gemacht: Bei unseren Planungsbesprechungen legen wir das Problem auf den Tisch, versuchen dabei jedoch niemals, die vollständige Lösung an Ort und Stelle zu erzielen. Wir sagen dann für gewöhnlich: ‚Kochen Sie das eine Zeitlang auf kleiner Flamme und lassen Sie uns mal sehen, was dabei herauskommt.'

Jede Idee – jedes Schema wird in Erwägung gezogen, mag es auch noch so abwegig erscheinen. Einige unserer erfolgreichsten Produktionsmethoden und Verfahrensweisen im Management haben sich aus Vorschlägen entwickelt, die auf den ersten Blick als – na, sagen wir – recht eigenwillig erschienen. Es erforderte lediglich etwas mehr Imagination, um sie nutzbar zu machen. Ja, wir hätten sogar beinahe einen unserer Top-Mitarbeiter gefeuert, als er in der ersten Zeit mit recht eigenartigen Ideen aufwartete. Jeder glaubte, einen Spinner vor sich zu haben. Ich bekomme jetzt noch einen Schreck bei dem Gedanken, daß wir den beinahe los geworden wären! Seine Imagination ist eine regelrechte Goldgrube! Wir bezahlen ihn allein dafür, daß er dasitzt und sich etwas Neues ausdenkt."

„Aber reine Imagination als solche kann doch zuweilen außer Kontrolle geraten"? meinte ich.

„Gewiß, das kann schon mal der Fall sein. Aber dann kommt Punkt vier ins Spiel – Disziplin, und die ist eine Sache für sich. Erst muß das Rohmaterial Zielstrebigkeit, Initiative und Imagination verarbeitet werden – das ist meine Devise. Dann kommt Disziplin als Kontrolle hinzu, um dem Ganzen Form zu geben. Ein Mensch, der wohlhabend und erfolgreich sein will, muß schließlich zu jeder Zeit wissen, was er tut. Er muß sich voll und ganz unter Kontrolle haben – auf jeder Ebene: spirituell, mental, emotionell, physisch und materiell. Der Geschäftsmann muß ebenso im Training bleiben wie der Sportler. Die Fähigkeit, erforderlichenfalls die letzte Kraftreserve mobilisieren zu können, kann hier von ausschlaggebender Bedeutung sein. Weder das Leben an sich, noch das Geschäftsleben hat Verwendung für Nervenbündel und Schlappschwänze, die mit ihrem Potential nichts anzufangen wissen. Wir müssen uns in Form bringen und diese Form erhalten. Jeder verfügt über Willenskraft; wir müssen sie nur anwenden. Und das fängt mit

Disziplin an. Ich sage meinen Mitarbeitern: ,Seid hart gegen euch selbst. Erfüllt euch mit Saft und Kraft. Seid Kerle.' Das ist meine Auffassung von Disziplin."

„Das dürfte genügen", grinste ich. „Auch wenn Sie ein bißchen . . "

„Geradeheraus sind, wie? Warum nicht? Ich halte nichts vom Drumherumreden, wenn wichtige Dinge zur Debatte stehen. Die Leute sollten immer wissen, wo Sie stehen, dann wissen sie auch, wo sie selbst stehen. Lieben Sie die Menschen – seien Sie wirklich bemüht um sie, dann fühlen sie sich bei Ihnen sicher und gut aufgehoben. Dann können Sie auch jederzeit einen Standpunkt einnehmen und ihn vertreten. Auch wenn Sie dabei in verschiedene Fettnäpfchen treten sollten. Was macht das schon? Man kann es schließlich nicht jedem recht machen. Wenn Sie das nämlich versuchen, dann sind Sie wirklich in Schwierigkeiten. Das ist der schnellste Weg in die Pleite. Stehen Sie ein, für das, was Sie für richtig halten. Seien Sie ein Individuum. Die Welt braucht weiß Gott welche davon! Natürlich erfordert das Wagemut und nochmals Wagemut, aber auch das braucht die Welt dringend. Wir reden von Wohlstand und Erfolg, Geld, Ruhm, Macht, Anerkennung – alles Dinge, nach denen der Mensch strebt. Aber das sind schließlich keine Geschenke, die man unter dem Weihnachtsbaum vorfindet! Nein – verdammt nochmal – die müssen erworben werden! Erfolg fällt einem nicht in den Schoß. Man muß ihn erschaffen!

Da haben Sie's also. Das wäre zum Thema Wagemut zu sagen. Er bringt im Zusammenwirken mit den übrigen Eigenschaften das zum Vorschein, was man einen erfolgreichen Menschen nennt."

Mein Bekannter lachte jovial, als er sein kleines Referat über den Erfolg damit abschloß. Er vermittelte durchaus den Eindruck, daß er wußte, wovon er sprach. Außerdem lebte er vor, was er lehrt. Er „demonstriert seine Überzeugung". Er ist einer der ganz Großen in der Geschäftswelt, hat spektakuläre Erfolge aufzuweisen, verdient sehr viel Geld, ist glücklich und macht andere glücklich. Ich würde sagen, er ist erfolgreich. Sollten Sie da noch irgendwelche Zweifel haben, dann lesen Sie bitte noch einmal nach, was er über Zielstrebigkeit, Initiative, Imagination, Disziplin und Wagemut zu sagen hat, und betrachten Sie das Ganze im Lichte seiner Anwendbarkeit in Ihrem Leben. Es dürfte recht schwierig sein, gegen den Erfolg Einwände zu erheben, ihn „weg zu ideologisieren"; besonders dann, wenn er von einem Menschen zum Ausdruck gebracht wird, der weiß, was Erfolg ist und wie man ihn erlangt.

Das mentale Äquivalent für den Erfolg

In meinem Bekanntenkreis gibt es einen Mann mittleren Alters, der es bislang zu nichts gebracht hat. Er hätte eigentlich das Geschäfts seines Vaters übernehmen sollen, hatte aber von kleinauf einen starken Widerwillen gegen diese Aussicht entwickelt. Daher verschaffte er sich sofort nach Collegeabschluß einen guten Job und schien auf dem besten Weg, aus eigener Kraft zu einem Erfolgsmenschen zu werden. Aber irgendwie schien es nie so recht zu klappen. Er wechselte sein Tätigkeitsfeld recht häufig, und jetzt, nach zehn Jahren, hatte er so gut wie nichts erreicht.

Woran kann es Ihrer Meinung nach liegen? fragte ich ihn, als wir die Situation eines Tages besprechen. „Sie haben doch das Zeug zu einem Erfolgsmenschen. Wenn ich so geschäftstüchtig wäre wie Sie, dann hätte ich jetzt schon eine Million."

„Ich weiß auch nicht, woran es liegt, Don", meinte er, „aber jedesmal, wenn es schwierig wird, fange ich sofort an, mir Sorgen zu machen. Alles scheint bestens zu gehen, da bekomme ich kalte Füße. Und je härter ich mich dagegen stemme, desto schlimmer wird es. Am Ende kann ich mich davon befreien, aber dann sitzt zumeist schon ein anderer auf meinem Platz, und ich kann mich nach etwas anderem umsehen. Jedesmal, wenn ich einen neuen Job habe, denke ich, es sei nun endlich der richtige. Nun würde es alles ganz anders werden, dieses Mal würde ich es schaffen. Aber es ist jedesmal wieder dasselbe. Ich glaube, ich habe einfach nicht das Zeug zu einem Erfolgsmenschen."

Seine Augen füllten sich mit Tränen. Es war ihm anzumerken, daß er zutiefst verletzt und frustriert war.

„Erzählen Sie mir von Ihrer Kindheit, Bill", forderte ich ihn auf. „Wir werden den Beweggrund – den Schlüssel hierzu schon irgendwo finden."

78

Und selbstverständlich war es nicht allzu schwer, diesen Schlüssel ausfindig zu machen. Alles war auf seinen Vater zurückzuführen, der es nie verwunden hatte, daß sein Sohn nicht in seine Firma eingetreten war, und der keine Gelegenheit vorübergehen ließ, ihm klar und deutlich zu sagen: „Du wirst es nie zu etwas bringen. Warum kommst du nicht nach Hause, wo du hingehörst? Weshalb gibst du nicht auf? Du hast ohnehin nicht das richtige Kaliber!"

Unsicher, wie er war – denn sein Vater hatte ihn mit seiner dominierenden Persönlichkeit von jeher erdrückt und erniedrigt –, wurde Bill ein Opfer dieser negativen Suggestion. Er behinderte sich selbst, durch unterbewußtes Erwarten von Fehlschlägen. Sein Vater hatte da ganze Arbeit geleistet. Bill war ganz auf Versagen programmiert.

Schließlich hatte er aufgegeben und war nach Hause gekommen – besiegt und ohne Hoffnung. Widerwillig hatte er dann einige Jahre in untergeordneter Position in der Firma seines Vaters zugebracht, völlig unter dessen Fuchtel. Er hatte sich an eine „sichere Sache" angeklammert, so unbefriedigend und erniedrigend das auch sein mochte. Als es ihm jedoch unerträglich geworden war, zündete der alte Funke bei ihm wieder. Er gewann sein altes Selbstbewußtsein zurück und bot seinem Vater die Stirn. Dabei fand er volle Unterstützung bei seiner Frau. Sie hatte ihn in all den zurückliegenden Jahren ermutigt, indem sie ihm immer wieder sagte: „Du kannst es, ich glaube an dich, Bill. Ich liebe dich. Alles wird gut werden. Ich weiß es."

Bill schaffte es tatsächlich, weil das Vertrauen, welches seine Frau in ihn setzte, ihn ansporne, mehr von sich zu erwarten. Je mehr wir von uns erwarten, je größer die Ansprüche sind, die wir an uns selbst stellen, desto mehr werden wir leisten. Heute ist Bill Chef der Firma seines Vaters und leistet vorbildliche Arbeit. Er veränderte sein mentales Äquivalent von einem des Versagens in eines des Erfolgs – und er wurde erfolgreich.

Ein mir bekannter Immobilienmakler geht an jede Transaktion mit der unerschütterlichen Überzeugung heran, daß für jedes zum Verkauf stehende Haus auch ein Käufer vorhanden ist, und ebenso für jeden Käufer das passende Haus. Angesichts dieser Wahrheit ist es also erforderlich, die beiden zusammen zu bringen. Ein guter Verkäufer hat es überhaupt nicht nötig, irgendjemandem irgendetwas zu verkaufen. Er kann von der Tatsache ausgehen, daß die Leute das kaufen, was er anzubieten hat, weil es das ist, was sie haben wollen. Selbstverständlich muß er dann dafür sorgen, daß sie das haben wollen, was er zu verkaufen hat. Das Erzeugen eines Begehrens ist einer der hauptsächlichen Schritte guter Verkaufspraxis. Mein Freund „paart" seine Häuser und Grundstücke mit ihren potentiellen Käufern und umgekehrt. Er sammelt zunächst alle notwendigen Informationen. Er verschwendet keine Zeit damit, ein Haus besichtigen zu lassen, wenn er nicht überzeugt ist, der Familie das Richtige zu bieten. Manchmal geht er regelrecht auf die Suche nach einem Haus, wenn auf seiner Angebotsliste nichts zu finden ist, das den Wünschen eines bestimmten Interessenten nahekommt. Dann nimmt er manchmal Objekte in sein Verzeichnis auf, deren Besitzer eigentlich dem Gedanken an einen Verkauf noch garnicht nahegetreten waren. Es ist lediglich seine festgefügte Überzeugung, das richtige Haus für jeden finden zu können, wer es auch sein mag, und umgekehrt für jedes wie auch immer geartete Haus den passenden Käufer, die, zusammen mit harter Arbeit, seinen Erfolg ausmacht. Er schafft sich das mentale Äquivalent für einen abgeschlossenen Verkauf und macht sich dann an dessen Verwirklichung. Dieser Verkäufer hat einen Plusfaktor, der allezeit für ihn tätig ist. Warum sollten Sie das nicht können?

Wie man sich ein mentales Äquivalent aufbaut

1. Schaffen Sie sich ein klares Bild des begehrten Objekts.
2. Wenden Sie Bejahungen an, um Ihre Überzeugung zu stärken.
3. Repetieren Sie diese Bejahungen erforderlichenfalls laut, als Teil Ihrer täglichen spirituellen Behandlungsarbeit.
4. Identifizieren Sie sich völlig mit Ihrem Begehren. Werden Sie ganz eins mit ihm. Tun Sie so, als sei es bereits verwirklicht.
5. Sprechen Sie mit niemandem darüber. Arbeiten Sie still und im Geheimen daran, im festen Vertrauen auf seine Verwirklichung. Geben Sie Ihrem Begehren die Chance, zu wachsen und reif zur Ernte zu werden.

Sie vergrößern Ihr Einkommen durch Erweiterung Ihres mentalen Äquivalents, wie sonst? Machen Sie sich keine Gedanken über die Einzelheiten des Gesamtvorgangs oder auf welche Weise sich das Ganze vollzieht. Entwickeln Sie Ihre Denkweise anhand der folgenden Regeln, dann kommt es zustande:

1. Akzeptieren Sie geistig mehr als Sie jetzt haben.
2. Visualisieren Sie, wie Ihnen Geld zuströmt.
3. Entwickeln Sie Ideen unbegrenzten Reichtums.
4. Eliminieren Sie jeden Gedanken an Begrenzung und Armut.
5. Denken Sie „reichlich" statt „nicht genug".
6. Fühlen Sie sich innerlich reich.
7. Loben Sie die Kraft in Ihrem Innern und fühlen Sie, wie sie sich ausdehnt.
8 Tun Sie innerlich so, als verfügten Sie bereits über das erwünschte Einkommen.
9. Sorgen Sie für Harmonie in Ihrer Welt.
10. Glauben Sie fest an das spirituelle Gesetz „Gott ist die Quelle meiner Versorgung" und leben Sie danach.

Das mentale Äquivalent als Ausgangsposition

Ihr Erfolg im Leben und die Grundlage Ihres Gedeihens sind tief verwurzelt in Ihrem eigentlichen Selbst, in Ihrem ganzen Erscheinungsbild – innerlich und äußerlich. Beim Aufbau des mentalen Äquivalents von sich als wohlhabender und erfolgreicher Mensch, können Sie Ihren Fortschritt anhand der folgenden Checkliste messen:

1. Ambition
2. Überzeugung
3. Vision
4. Integrität
5. Loyalität
6. Beharrlichkeit

Leitgedanken für Wohlstand und Erfolg

Das unendliche Gesetz der Fülle durchströmt mich. Ich bin der Kanal der Liebe, durch den alles Gute zum Ausdruck kommt. Ich bin wohlhabend und erfolgreich. Alle guten Dinge strömen mir in reichem Maße zu, sie treten in Erscheinung. Ich bin auf innere Vollkommenheit eingestimmt, die Quelle aller Versorgung. Ich bin eins mit dem Reichtum des Lebens. Mein Bewußtsein dehnt sich aus, und ich bin ein produktiver, nützlicher Mensch. Ich widme mich voll und ganz dem Bestreben, gute Arbeit zu leisten. Ich gebe – ich gebe meiner Welt, und vielfältiges Gutes kehrt zu mir zurück.

„Ein Erfolg ist jener, der gut gelebt, oft gelacht, viel geliebt hat – dessen Leben eine Inspiration, dessen Erinnerung ein Dankgebet ist." Ich glaube an ein gutes Leben. Ich bin bestrebt, ein guter Mensch zu sein. Ich lege meine ganze Kraft in das Leben, alles was ich habe. Mein ganzes Bestreben geht dahin, mein höchstes und bestes Selbst zum Ausdruck zu bringen. Ich bin großzügig. Ich „gebe aus". Ich habe ein mentales Äquivalent für Wachstum und Ausdehnung. Ich lobe und segne die inneren Hilfsmittel des Geistes. Ich sage Dank für meine Talente und Fähigkeiten. Ich entwickle mich ständig, unaufhörlich. Mit jedem Tag komme ich meinem Ziel einen Schritt näher, dem Ziel der Erfüllung.

Das innere Königreich schüttet seine Schätze pausenlos in mein Herz und Gemüt. „Mein Becher fließt über." Alles, was der Vater hat, ist mein. Ich bin mit dem bereichernden Strom des Lebens verbunden – vollkommen und permanent. Ich bin erneuert, erquickt und aufgefüllt. Ich bin erneuert „durch Erneuerung meines Sinnes". Mein Vater weiß, wessen ich bedarf, noch ehe ich ihn bitte. Es ist des Vaters Wohlgefallen, mir das Reich zu geben. Ich nehme es an, gebrauche es mit Weisheit, vergrößere es und reiche es weiter.

Ich bin reich, im wahrsten Sinne des Wortes. Ich bin zum Überfließen angefüllt. Ich bin jetzt ein wohlhabender und erfolgreicher Mensch. Ich lobe Gott, von dem alle Segnungen herkommen. Ich sage Dank für unbegrenzten Überfluß. Und so ist es.

4. KAPITEL

Sie sitzen am Steuer

Nach einem meiner Vorträge in einer größeren Stadt an der Ostküste der Vereinigten Staaten, vor einigen Jahren, kam ein Mann zu mir und bat mich um Hilfe durch spirituelle Behandlung. Wir wollen ihn Paul Ardley nennen. Dies ist seine Geschichte:

Die Ardleys waren seit Generationen angesehene Geschäftsleute. Sie residierten in einem der vornehmen Villenvororte der Metropole und galten als einflußreich in Politik und Wirtschaft. Sie waren eine der tonangebenden Familien in der Stadt. Sie waren das, was man gemeinhin als Stützen der Gesellschaft bezeichnet. Unternehmen und Familie gründeten sich auf ein starkes Fundament, das sich im Laufe der Zeit in Tradition verwandelte. Jede Generation war bestrebt, Namen und Ansehen der Familie hoch zu halten.

Paul liebte seine Familie, und alles, was sie darstellte. Obgleich er seinen Vater und seine Brüder von kleinauf respektiert hatte, waren es doch die weiblichen Familienmitglieder, zu denen er sich mehr hingezogen fühlte. Daher lebte er auch nach dem Tod des Vaters weiter mit seiner Mutter und Schwester zusammen, nachdem seine Brüder das Elternhaus verlassen hatten. Er fühlte sich im Schoß der Familie nach wie vor sicher und geborgen.

Seine berufliche Tätigkeit hatte er dem häuslichen Leben völlig untergeordnet. Dabei entsprach der Beruf des Innenarchitekten voll und ganz seinem sensitiven künstlerischen Naturell. Man konnte ihn durchaus als erfolgreich bezeichnen, auch wenn er die Geborgenheit innerhalb der Familie der Hektik des Geschäftslebens vorzog. So schien dieses Arrangement für alle Beteiligten zufriedenstellend zu sein. Den anderen Brüdern war es eine Erleichterung, zu wissen, daß ein männliches Familienmitglied im Hause war, das sich um die betagte Mutter kümmerte. So gingen die Jahre dahin, in der leichten Selbsttäuschung, daß dieser Zustand für immer anhalten würde. Pauls Leben würde von Außenstehenden sicherlich nicht als ein erfülltes angesehen werden, als ein erfülltes Leben im eigentlichen Sinn. Aber Paul war zufrieden und wünschte es sich nicht anders.

Das Unvermeidliche tritt selbstverständlich immer ein, auch wenn wir das nicht wahrhaben wollen. Der Tod seiner Mutter traf Paul völlig unvorbereitet, obgleich sie bereits ein hohes Alter erreicht hatte. Es bereitete ihm große Schwierigkeiten, sich auf ein Leben ohne sie einzurichten. Seine zum Ausdruck gebrachte Trauer überstieg das übliche oder gesunde Maß bei weitem. Seine Schwester und er waren bemüht, sich gegenseitig Trost zu spenden. Sie zogen sich nun noch mehr von der geschäftigen Welt zurück. Die Außenwelt wiederum, nahm kaum mehr Notiz von ihnen. Das jedoch schien sie nicht weiter zu stören. Pauls berufliche Tätigkeit beschränkte sich nunmehr auf eine mehr oder weniger pro forma hafte Aktivität. Sein eigentliches Leben war mehr seiner Trauer gewidmet. Er lebte jetzt nur noch in der Vergangenheit, sodaß die zurückliegenden Jahre sich für ihn mehr und mehr verklärten. Obgleich erst in den Vierzigern, alterte er jetzt rapide. Und da er von Natur aus schmächtig war, bot er jetzt ein hageres und vertrocknetes Erscheinungsbild. Sein Blick war müde – es war kein Leuchten mehr in seinen Augen, er hatte eine ungesunde Hautfarbe, und sein anfälliger Körper wurde von einem beständigen Husten geschüttelt.

Einige Jahre vergingen, da starb seine Schwester ganz plötzlich, und Paul fand sich allein in dem großen alten Haus, in dem er sich buchstäblich vor der Welt vergraben hatte. Nun gab er jegliche Arbeit auf und verbrachte seine Tage in dumpfer Trauer. Er nahm keine geregelten Mahlzeiten mehr ein und öffnete niemals die Fensterläden, um etwas Sonnenlicht herein zu lassen. Auf diese wenig ansprechende Weise hätte Paul den Rest seiner Jahre verbringen können, wenn die Welt nicht auf ihre ureigenste Weise ihr Recht geltend gemacht hätte. Im Universum schwingt ein riesiges Pendel – immer bestrebt, einen Normalzustand herzustellen. Wir Sterblichen werden eben immer wieder in die Richtung gezwungen, die für uns den Normalzustand darstellt. Der arme Paul hatte jedoch noch niemals ein richtiges normales Leben geführt. Er wußte ja nicht einmal, was das überhaupt bedeutet. Die Intelligenz, die ihn erschaffen hatte, wußte es dafür um so besser. Und sie wurde jetzt tätig, um ihn aus dieser abnormen Furche heraus zu wuchten, in die er gefallen war – spirituell, emotional und physisch. Zunächst einmal wollten die Brüder das alte Haus verkaufen. Sie waren besorgt. Teils um Paul und teils um ihr Erbteil. Man hatte ihnen verlockende Angebote gemacht. In der Nachbarschaft wurden großangelegte industrielle Entwicklungsprojekte geplant und es bestand die Möglichkeit, das Haus mit erheblichem Gewinn zu verkaufen. Dagegen wehrte sich Paul mit Händen und Füßen. Nun sonderte er sich völlig von seiner Familie ab und führte ein wahres Eremitenleben. Alle Ansätze, ihm zu helfen, wurden von ihm im Keim erstickt. Auch der immerhin recht einträgliche Beruf des Innenarchitekten hatte nun für ihn keinen Reiz mehr.

Als besorgte Nachbarn dann eines Tages keinerlei Leben im Haus mehr zu bemerken meinten, drangen sie ein und fanden Paul bewußtlos auf dem Fußboden liegend. Auf der Intensivstation stellte man dann eine schwere Herzstörung fest und er verbrachte viele Monate in stationärer Behandlung. Schließlich wurde er auf eigenes Ersuchen entlassen, ohne daß sein Zustand eine sonderliche Besserung aufwies. Immerhin hatte der lange Klinikaufenthalt ihm Zeit und Gelegenheit zum Nachdenken gegeben, und so war er zu der Erkenntnis gelangt, daß er wohl doch in der einen oder anderen Form am Leben teilhaben müßte, daß er wieder anfangen sollte zu leben, aber er wußte nicht so recht, wie er das anstellen sollte. Jetzt war er im Grunde noch schlimmer dran als vorher. Jetzt hatte er den Wunsch zum Leben, aber nicht die geringste Ahnung, wie er das anzufangen hätte. Nach wie vor klammerte er sich an das alte Haus, für das er nun keine Verwendung mehr hatte. Er wußte eben nicht, wie er von ihm loskommen könnte.

Als er dann zu meinem Vortrag gekommen war und genügend Mut aufgebracht hatte, uns seine Geschichte zu erzählen, war das letztlich ein verzweifeltes Bemühen, sich dem Leben anzupassen.

Paul Ardley lernte, die Prinzipien der Science of Mind anzuwenden und er wendet sie noch heute an. Aber ich will nicht vorgreifen. An diesem ersten Abend nun, als er mit meiner Frau und mir sprach, klagte er über sehr intensive Schmerzen in der Brust, seiner Meinung nach die ersten Anzeichen eines Herzanfalls. Wir begannen daher unverzüglich mit unserer spirituellen Arbeit. Aber statt darauf anzusprechen, bekam unser Patient einen schweren Hustenanfall, der so intensiv war, daß er das Zimmer verlassen mußte. Nach einer halben Stunde kehrte er zurück und berichtete, daß die Schmerzen völlig verschwunden waren. Paul Ardley war mit einem Mal wie verwandelt. Freudestrahlend erklärte er, daß er jetzt ein großes Gefühl des Friedens in seinem Innern verspüre. Er beschrieb es als ein „warmes inneres Bad". In diesem Augenblick war es uns klar, daß wir hier Zeugen einer spontanen Heilung geworden waren.

Wenn wir es mit dem großen Heilungsprinzip zu tun haben, spielt das Zeitelement dabei überhaupt keine Rolle. Unser Gutes ist immer zur Hand und wartet nur darauf, entdeckt zu werden. Für manchen von uns mag das etwas mehr Zeit erfordern, aber für diesen Mann war die Heilung spontan. Eine am nächsten Tag von seinem Arzt vorgenommene gründliche Untersuchung bestätigte diese Tatsache. Es stellte sich heraus, daß die starken Schmerzen nicht auf einen Herzfehler zurückzuführen waren, sondern von einem Lungenabzeß verursacht wurden, der gegen die Herzgegend anpreßte. Während des Treatments hatte sich der Abzeß geöffnet und der Patient hatte das Gift ausgehustet. Und das hatte ihm das Leben gerettet, denn wenn das ganze Gift mit einem Mal in den Blutstrom gelangt wäre, hätte es größten Schaden angerichtet.

Der wesentliche Punkt, den es hier festzuhalten gilt, ist der Umstand, daß Mr. Ardley eine spontane physische Heilung zu verzeichnen hatte, als er innerhalb seines Gemüts die erforderlichen Schritte tätigte – als er sich wieder lebenwärts bewegte, statt sich von ihm zurück zu ziehen. Seine ausgedehnte und übertriebene Trauer hatte einen Stau in seinem Bewußtsein verursacht, der sich natürlich in seinem Körper manifestieren mußte. Wenn wir die Natur der Ursache verstehen, dann wird uns klar, daß dieser Stau sich in seiner Brust befinden mußte, denn das ganze respiratorische System dient der Luftzufuhr für unseren Körper. Luft repräsentiert den Geist, und Geist ist Leben. Ebenso interessant ist der

Umstand, daß der Abzeß sich in der Nähe des Herzens befand das die Liebe repräsentiert – daß es scheinbar das Herz war, das ihm Schmerzen bereitete. Paul liebte seine Mutter und seine Schwester, aber diese an sich normale und natürliche Emotion wurde – durch übertriebene Trauer pervertiert – zu einem Gift, das in seinem Körper stagnierte und den Abzeß bildete.

Wenn wir erst einmal den Schlüssel zu diesen Dingen besitzen, den wir durch größeres Verständnis bekommen, das mit der Behandlung einhergeht, dann werden Erklärung und Heilung zu einer wissenschaftlichen Tatsache, die mit mathematischer Sicherheit eintritt. In der Natur ist nichts dem Zufall überlassen. Alles geschieht den natürlichen Gesetzen gemäß. Es ist die Aufgabe der Science of Mind, diese natürlichsten aller natürlichen Gesetze zu entdecken.

Nun dauerte es nicht mehr lange, bis auch Paul Ardley imstande war, sein Leben wieder in Ordnung zu bringen, nachdem er erst einmal seine physische Kraft wiedererlangt hatte. Kurz darauf verkaufte er das alte Haus und entledigte sich damit der Last alter Erinnerungen in seinem Leben – der Last vieler Jahre falschen Denkens und unvollständigen Lebens. Die Unabhängigkeitserklärung – seine Unabhängigkeitserklärung befand sich in seinem Innern. Er unternahm sodann die erforderlichen Schritte, um seine neugewonnene Freiheit auch im äußeren Leben zu demonstrieren. Das wiederum gab ihm neue Kraft. Nun entwickelte sich alles normal. Paul Ardley wurde wieder aktiv im Leben und nahm seine berufliche Tätigkeit wieder auf. Er entwickelte neue Interessen, gewann einen neuen Freundeskreis, und sein Leben verlief wieder normal.

Heute ist Paul ein gesunder und glücklicher Mensch, der sich und sein Leben voll und ganz im Griff hat. Er sitzt jetzt am Steuer. Er führt ein ausgeglichenes Leben. Sie können das gleiche tun. Abgesehen von kleinen Abweichungen in den Einzelheiten, könnte dies Ihre Story oder meine sein. Wir alle haben Probleme zu überwinden im Leben und Korrekturen anzubringen. Wir alle haben eine Vielfalt von Erfahrungen zu bewältigen, bevor wir Ordnung und Gleichgewicht in unseren Belangen etablieren können. Solche Erfahrungen können zuweilen recht schmerzhaft, ja fast tödlich sein, wie im Falle von Paul Ardley.

Aber schließlich müssen wir ja nicht solange warten wie er und es bis zum Äußersten kommen lassen. Wir können jetzt unsere Schwierigkeiten überwinden. Wir können jetzt damit anfangen, Ordnung und Gleichgewicht in unserem Leben herzustellen.

Entdecken Sie den Zweck Ihres Lebens jetzt

Beginnen Sie da, wo Sie jetzt stehen – mit genau der Erfahrung, die Sie in diesem Augenblick durchmachen. Diese Erfahrung hat nämlich ihren Sinn und Ihren Platz im größeren Plan des Lebens. Das Leben ist eines. Es sind allein unsere falschen Annahmen, die Trennung und Begrenzung verursachen. Wenn wir unsere inneren Einstellungen ändern, verändert sich auch unser Leben. Ihnen bei der Änderung Ihrer inneren Einstellungen zu helfen ist der Zweck dieses Buches. Es ist ganz und gar nicht schwer, Erfolg im Leben zu haben, wenn unsere spirituellen, mentalen und emotionalen Werkzeuge ausgeglichen sind. Wir sind auf der Welt, um einen Zweck zu erfüllen. Es ist unsere Aufgabe, diesen Zweck zu erkennen, ihn zu erfüllen und uns voll mit ihm zu identifizieren. Bauen Sie in sich ein starkes Erfolgsbewußtsein auf – eine starke Überzeugung des Erfolgs. Fließen Sie mit dem „Hauptstrom". Alle Behinderungen treiben davon, wenn wir sie in unserem Geschäft auflösen. Wie William Shakespeare sagte:

„In den Belangen des Menschen sind Gezeiten,
die, mit der Flut genutzt, zum Glück führen."

Sie müssen entscheiden

Eines der wesentlichen Merkmale bei meinen persönlichen Beratungen ist es, die Entscheidungsfreiheit des Einzelnen zu stärken und ihn in keiner Weise zu beeinflussen. Die Entscheidung darüber, was er tun oder nicht tun sollte muß grundsätzlich dem Einzelnen überlassen bleiben. Und Entscheidungen, eine Film- oder Fernsehkarriere betreffend, treffe ich schon garnicht. Ich werde nämlich recht oft nach meiner

Meinung darüber gefragt. Nach mehr als zwanzigjähriger Film-, Büh-nen und Fernsehtätigkeit weiß ich am besten, was dazu gehört, um in diesem so hoch spezialisierten Bereich Erfolg zu haben. Erfolg im Showbusiness erfordert Hingabe und Erfolgswillen angesichts fast unüberwindlicher Hindernisse und Schwierigkeiten. Dabei überlebt nur der Tüchtigste. Und jeder Hollywood-Aspirant muß zusehen, daß er tüchtig ist, oder er ist bereits besiegt bevor er überhaupt angefangen hat.

In den vergangenen 25 Jahren drehte sich mein ganzes Leben um diese phantastische Stadt und ihre Filmindustrie. Ich hatte von außen hinein und von innen herausgeblickt. Und nunmehr bin ich glücklicherweise in einer Position, um den Menschen auf beiden Seiten helfen zu können. Meine persönlichen Erfahrungen sind dabei natürlich von unschätzba-rem Wert. Als ich meinen jetzigen Beruf damals in New York ergriff, sagte ich mir: „Jetzt gehe ich zurück nach Hollywood, aber nunmehr als Science of Mind Geistlicher für die Filmindustrie. Die Menschen in diesem Gewerbe brauchen diese affirmative spirituelle Lehre mehr als irgendjemand sonst. Diese Lebenslehre, die mir so viel bedeutet, möchte ich mit ihnen teilen. "

Es gibt einen richtigen Weg für Sie

Das war meine Absicht und so hat es sich auch ergeben. In der Gemeinde der Science of Mind Kirche, die ich damals leitete, befanden sich neben den tausenden aus allen Bevölkerungsschichten auch eine große Anzahl von Repräsentanten der Unterhaltungsindustrie: Schau-spieler, Autoren, Regisseure, Statisten, Produzenten, Atelierarbeiter, Beleuchter – und die allgegenwärtigen hoffnungsvollen Aspiranten. Bei meinen Beratungen habe ich es mit allem zu tun, was sie betrifft: ihren Hoffnungen und Träumen, ihren Erfolgen und Fehlschlägen, ihren Ehen und Scheidungen, ihren Skandalen und Vergehen, ihren Schmer-zen und Wehwehchen, ihren Triumphen und Tragödien, ihrem Alko-holismus und ihrer Rauschgiftsucht, ihren Enttäuschungen und Ver-wirrungen. Sie sind die großartigsten, liebenswertesten und zugleich unmöglichsten Menschen auf der Welt. Und ich liebe diese Menschen, so wie ich auch Menschen aus anderen Schichten liebe. Ich möchte mit niemandem auf der Welt tauschen. Ich liebe meine Arbeit. Es ist eine schöne und lohnende Arbeit. Es ist schön, zu sehen, wie mehr und mehr meiner Freunde den Kontakt mit ihrem wahren Selbst finden. Meine Vortragsreihen und Klassen, meine Sprechstunden, meine regelmäßigen Rundfunk- und Fernsehprogramme – sie alle lohnen sich, wenn man die phantastischen Veränderungen beobachten kann, die sich im Leben dieser Menschen ereignen, wenn sie die Wahrheitsprinzipien anwenden. Ich bin fest überzeugt, daß auch Sie mit Hilfe dieses Buches zur Verwirklichung Ihres wahren Selbstes kommen.

In Krishnamurti's kleinem Meisterwerk *Zu den Füßen des Meisters* findet sich eine Bejahung, die auch Ihnen helfen wird, innere Ordnung und Ausgeglichenheit zu finden:

„Was immer der Mensch getan hat, das kann der Mensch tun.
Ich bin Mensch, doch auch Gott im Menschen.
Ich kann es tun und ich werde."

Visieren Sie die Spitze an

Es waren immer die wagemutigen Menschen, die uns den Weg bereitet haben, auf dem wir ihnen folgen können. Im Innern eines jeden von uns befindet sich das Potential zu größeren Dingen als jemals vollbracht worden sind. Wenn ein Mensch erst einmal ein Hindernis überwunden hat, können andere das auch tun. Babe Ruth, der berühmte amerikanische Baseball Star hatte bekanntlich in einer einzigen Saison sechzig Spiele gewonnen. Dieser Rekord hatte jahrelang als unerreichbar gegolten. Als jedoch Roger Maris in einer Saison dann 61 Spiele gewann, hatte das eine gewaltige psychologische Wirkung auf jeden Baseballspieler in den USA. Man hatte den bis dahin einsamen Rekord von Babe Ruth als unerreichbar angesehen. Als er nun jedoch von Maris überboten wurde, sagte sich jeder Spieler: „Wenn Maris das kann, dann kann ich es auch!" Deshalb wird es auch nicht ausbleiben, daß es eines Tages getan wird. Das Gleiche trifft zu für die berühmte Vier-Minuten-

Meile und für viele andere athletische Höchstleistungen, die einstmals als unüberbietbar angesehen wurden. Das gleiche Prinzip ist auch in jedem anderen Bereich des Lebens anwendbar. Keine Behinderung ist permanent, kein Horizont begrenzt.

Organisieren Sie Ihre inneren Hilfsquellen

Wenn Sie sich etwas vorgenommen haben, dann packen Sie es an – tun Sie es. Wenn Sie wissen, daß Sie es können, dann können Sie es auch. So einfach ist das. Bringen Sie sich innerlich auf Vordermann. Errichten Sie Ordnung und Gleichgewicht und gehen Sie die Dinge an. Schließlich hätten Sie diesen Wunsch oder diese Idee nicht, wenn Sie nicht auch zu ihrer Durchführung imstande wären. Hier sind fünf Schritte, mit denen Sie die Grundlage für innere Ordnung und Ausgeglichenheit schaffen können, und sich damit in die Lage versetzen, das zu tun, was Sie tun wollen:

1. Schaffen Sie sich Klarheit über das, was Sie tun wollen.
2. Werden Sie sich bewußt, daß Sie es tun können.
3. Zählen Sie Ihre Segnungen.
4. Seien Sie sich bewußt, daß Gott sich in Ihrem Innern befindet, immer bereit, Ihnen zu helfen.
5. Handeln Sie vertrauensvoll.

Bedenken Sie: Sie sind weitaus mehr als nur ein Individuum. Sie sind ein individueller Ausdruck der universellen Kraft in Ihrem Innern. „Ich bin Mensch, doch auch Gott im Menschen." *Mit Gott sind alle Dinge möglich* (Matth. 19:26). *Wenn Gott für uns ist, wer mag wider uns sein?* (Röm. 8:31).

Die Kunst der Selbstprüfung

Um Ordnung und Ausgeglichenheit in Ihrem Leben herzustellen, ist die Beantwortung der folgenden Fragen hilfreich:

1. Was will ich tun?

2. Was will ich sein?
3. Wohin will ich gehen?
4. Was benötige ich, um diese Dinge zu erreichen?
5. Wofür will ich gelten, in meiner kleinen Ecke der Welt?

Denken Sie über diese Fragen nach und formulieren Sie die Antworten. Definieren Sie Ihre Ziele und verlieben Sie sich in sie. Entwickeln Sie eine starke Überzeugung, Ihr Ziel betreffend. Spannen Sie Ihre spirituelle, mentale, emotionale und physische Kraft ein und gehen Sie los! Wenden Sie die folgenden fünf Schritte an:

1. Träumen Sie Ihren Traum – ohne jede Einschränkung.
2. Richten Sie Ihr ganzes Streben und alle Energie auf die Erfüllung Ihres Traumes.
3. Lassen Sie sich von keinem Menschen entmutigen.
4. Lassen Sie auf dem Weg zu Ihrem Ziel keine Müdigkeit oder Unlustgefühle aufkommen. Rückschläge sind durchaus nicht ungewöhnlich. Es sind jedoch nur vorübergehende Perioden der Neueinstufung. Ein einmal gesetztes Ziel sollten Sie niemals aufgeben.
5. Gehen Sie eine lebendige Partnerschaft mit Gott ein. Jesus sagt: *„Ich und der Vater sind eins." „Wer mich gesehen hat, der hat den Vater gesehen."* (Joh. 10:30, 14:9).

Das Gewinnen innerer spiritueller, mentaler und emotionaler Ordnung und Ausgeglichenheit ist der erste Schritt beim schöpferischen Prozeß. Diese Disziplin ist ein unbedingtes Erfordernis. Sie ist unerläßlich. Wir kommen an ihr nicht vorbei. Es gibt einfach keinen anderen Weg. Und deshalb ist es ratsam, sich diese Gewohnheit jetzt anzueignen und sie niemals zu vernachlässigen. *Behüte dein Herz mit allem Fleiß, denn daraus geht das Leben* (Spr. 4:23).

Planen Sie Ihr Selbstentwicklungsprogramm

Die Zeit, die mit dieser inneren Arbeit verbracht wird, kann den Umständen entsprechend variieren. Als Norm sollte etwa 10 % der Gesamtzeit gelten. Sie werden zu Zeiten das Bedürfnis verspüren, allein zu sein, um „das Ganze mit dem Boß zu besprechen". Mohammed hatte sich bekanntlich ein Tagesprogramm zusammengestellt, das aus acht Stunden Arbeit, acht Stunden Ruhe, und acht Stunden spiritueller Entwicklung bestand. Wenn Sie eine gleiche Arbeitsweise anstreben, dann wird das Ihr Leben ausgleichen. Dann gibt es überhaupt keine verlorene Zeit mehr, die „totgeschlagen" werden muß. Eine solche verlorene Zeit ist mit einem gut vorbereiteten Programm der Selbstentwicklung viel nutzbringender zugebracht. Denken Sie daran: Sie bestehen aus Geist, Gemüt und Körper. Das sind Ihre drei Hauptbestandteile. Daraus sind Sie zusammengesetzt. Diese Zusammensetzung muß im Gleichgewicht gehalten werden, da wir auf allen drei Ebenen zu gleicher Zeit handeln und wachsen. Wenn wir die Entwicklung eines dieser drei Bestandteile vernachlässigen, werden wir einseitig. Dann sind wir nicht imstande, unser wahres Potential zur Geltung zu bringen.

Sinn und Zweck dieses Buches ist es, die Grundlagen der wissenschaftlich spirituellen Wahrheitslehren aufzuzeigen und Ihnen einige wirksame Verfahrensweisen für Ihre Arbeit an die Hand zu geben. Die Technik der Zielerreichung ruht auf einer wohlfundierten spirituellen Basis. Es gibt bestimmte spirituelle Gesetze, die alles Leben beherrschen, deshalb ist es für uns erforderlich, diese Gesetze zu verstehen und ihnen gemäß zu handeln. Vertrauen in eine höhere Macht und das Gewahrsein unserer individuellen Beziehung zu ihr, sind unerläßlich für unser Glück und Wohlergehen. Wir können die Möglichkeiten bewußten Lebens nur dann wirksam ausschöpfen, wenn wir von dieser Grundlage ausgehen und dabei Liebe und Vertrauen zum Gesetz unseres Handelns machen.

Wir selbst bestimmen unser Geschick durch Verständnis und persönliche Initiative. Es ist völlig abwegig und sinnlos, Gott um irgendwelche Dinge zu bitten, wie es nur allzu oft beim Beten praktiziert wird. Uns ist bereits alles gegeben worden. Unsere Aufgabe ist es vielmehr, die Dinge zu beanspruchen und so zu arrangieren, daß wir uns größtmöglichen Selbstausdruck schaffen und Gutes in unserem Leben bewirken. Ein besseres Verständnis der spirituellen und mentalen Ursachen ist uns dabei von Nutzen.

Ich mache hier nicht etwa den Versuch, Sie zu meiner Denkweise zu bekehren. Ich gebe Ihnen hier lediglich einen Satz Werkzeuge an die Hand, mit dem Sie arbeiten können. Dieses Werkzeug hat sich in meinem Leben als nützlich erwiesen und in dem Leben anderer. Wenn Sie ein religiöser Mensch sind, dann werden Sie feststellen, daß alles hier gesagte mit der grundlegenden Lehre aller Religionen übereinstimmt – der Lehre nämlich, daß das Leben des Menschen das Leben Gottes ist. Daß unser Gemüt das Instrument ist, mittels dessen wir das Eine Gemüt anwenden – das Eine Gemüt, das Gott ist. Und wenn die religiösen Aspekte Sie weniger interessieren sollten – wenn Sie das wissenschaftliche Gesetz von Ursache und Wirkung nur als solches interessiert, auch dann finden Sie in diesem Buch das, was Sie suchen. Es ist nämlich durchaus kein Unsinn. Es ist gesunder Menschenverstand. Es ist mehr an der ganzen Sache als manch einer glauben mag. Unsere Aufgabe ist es im Leben, so viel wie möglich von der Wahrheit zu lernen, sie nach bestem Können vor zu leben, und jedem anderen das Recht zu gewähren, das gleiche zu tun.

Allein die erzielten Resultate sind es, die zählen. Wir werden am Erreichten gemessen. Jeder von uns, der den spirituellen Weg – die spirituellen Problemlösungen lehrt, als Redner, als Lehrer, als Geistlicher oder als Behandlungspraktiker, jeder von uns kann auf diese Resultate hinweisen, die tausende auf diese Weise erzielt haben. Die Blinden sehen, die Lahmen gehen, die Kranken sind geheilt, die Armen sind wohlhabend geworden. Gemütshaltungen der Liebe, des Vertrauens, des Friedens und der Freude ersetzen Haß, Furcht, Anspannung und Depressionen. Die Zaghaften und Unterlegenen erlangen Stärke und Vertrauen. Frustrierte und ziellos sich treiben lassende finden Zielstrebigkeit und Sinnerfüllung im Abenteuer des Lebens. So war es mit mir, und so kann es auch mit Ihnen sein.

Auch ich muß am Beginn eines jeden Arbeitstages immer wieder feststellen, daß doch mehr Aufgaben anfallen, als im Grunde zu bewältigen sind. So geht es, glaube ich, jedem von uns. Das ist unvermeidlich. Aktion erzeugt Aktion. Deshalb müssen wir unbedingt lernen, das wichtige Prinzip der Selektion anzuwenden. Und das heißt im Klartext: Setzen Sie die wichtigsten Aufgaben an die erste Stelle und erledigen Sie sie zuerst. Es zeigt sich dann zumeist, daß die übrigen Aufgaben automatisch erledigt werden, wenn man erst einmal seine Handlungen auf das größere Bild dessen eingestimmt hat, was man erledigt sehen möchte. Behalten Sie Ihr Ziel und seinen Zweck immer im Bewußtsein. Und arbeiten Sie ihm ständig entgegen. Eliminieren Sie alles, was Sie nicht in dieser Richtung nach vorn bringt. Es kann nämlich nur zu leicht passieren, daß man den Wald vor lauter Bäumen nicht mehr sieht. Lassen Sie das niemals geschehen. Tun Sie niemals etwas überflüssiges. Eliminieren Sie alle unnötigen Handlungen. Ein recht beträchtlicher Prozentsatz Ihrer Energie wird nämlich üblicherweise mit inkonsequenter Detailarbeit verschwendet. Wenn etwas Sie aus dem Gleichgewicht bringt, dann wagen Sie es, zu sagen: „Es macht nichts, weil es nichts macht." Dann nehmen Sie die nächstliegende Aufgabe wieder vor und machen weiter.

Das Leben ist nicht darauf angelegt, schwierig zu sein. Und es ist auch nicht schwierig, wenn Sie es lernen, intelligent vorzugehen und in Ihrem Innern die Schablonen oder Denkmuster rechten Handelns fest zu etablieren. Die meisten von uns pfuschen nur herum, weil sie es nicht besser wissen. Sie sind niedergedrückt vom Gewicht ihrer eigenen Unordnung und hypnotisiert von ihren negativen Ansichten. So etwas müssen wir hier und jetzt richtigstellen.

Planen Sie intelligent. Beten Sie regelmäßig. Arbeiten Sie zielbewußt.

Behalten Sie Ihr Ziel und Ihre Aufgabe immer fest im Sinn, entwickeln Sie diesbezüglich feste Überzeugungen, und bleiben Sie am Ball. Nehmen Sie die Dinge so wie sie kommen und machen Sie sich keine Gedanken über die Resultate. Sie können immer gute Resultate erzielen, wenn Sie intelligentes und nutzbringendes Handeln auf soliden mentalen und spirituellen Prinzipien gründen. Halten Sie Ihre Arbeitsweise im Gleichgewicht, indem Sie die innere Kraft für sich tätig werden lassen. Sie hat nämlich keine andere Wahl – sie muß das tun, was Sie ihr auftragen. Die innere Kraft reagiert auf unser Denken. Entwickeln Sie die konstruktiven inneren Einstellungen, die in diesem Buch behandelt werden. Dann wird Ihr Leben einen erfreulichen Verlauf nehmen und von Erfolg gekrönt sein.

Erkennen Sie Ausflüchte und Entschuldigungen als das, was sie sind

Schon viele Jahre bevor mein Buch *Your Thoughts can change Your Life* im Jahre 1961 erschienen war, hatte ich den Versuch unternommen, ein Buch zu schreiben, aber es war immer und ewig etwas dazwischen gekommen. Ich glaubte immer, zuviel zu tun zu haben – ich hatte nie genügend Zeit, denn es gab da immer etwas, das angeblich Vorrang hatte. Dies waren alles scheinbar legitime Gründe, aber natürlich hielten sie einer genaueren Betrachtung niemals stand. Sie beinhalten nämlich einen deutlich zutagetretenden Mangel an Verständnis des Prinzips rechten Handelns. Wir sind die Handelnden – deshalb schaffen wir unsere eigenen Handlungen und Verantwortungen aus uns selbst heraus, aus unserem inneren Bewußtseinszustand. Es hat wenig Sinn, einen Tiger beim Schweif zu packen, wenn man ihn nicht ganz fest im Griff hat. Ausflüchte, Zaudern, Ausreden und Hinausschieben – alle diese Eigenschaften müssen im Individuum zur Ruhe kommen. Eine unerwünschte Situation läßt sich nur verändern, wenn wir selbst uns ändern.

Als ich mich nun endlich daran machte, mein erstes Buch zu schreiben, mußte ich feststellen, daß es eigentlich nur eine Möglichkeit gab, ein Buch zu schreiben, nämlich sich einfach hinzusetzen und es zu schreiben! Wenn der Wille, die Absicht, der Impuls etwas zu tun bei Ihnen stark genug ist, dann werden Sie es tun, ganz gleich, was sonst in diesem Augenblick anliegen mag. Seit Jahren hatte ich mich dazu bringen wollen, *Your Thoughts can change Your Life* zu schreiben, aber in all den Jahren hatte ich weniger als zwei abgeschlossene Kapitel zustande gebracht. Irgendwie schien es immer von anderen Aufgaben beiseite geschoben zu werden. Es war eine ständige Quelle der Frustration für mich. Ich versuchte mir einzureden, daß ich das Buch fertigstellen würde, sobald die übrige Arbeit nachgelassen hatte. Aber dazu war es selbstverständlich niemals gekommen. Im Gegenteil: Die anderen Aufgaben häuften sich – sie türmten sich zu Bergen!

Was sollte ich tun? Es sind immerhin fünf volle Ganztagsberufe, die ich auszufüllen habe: Pastor, Lehrer, Rundfunk- und Fernsehmoderator, Behandlungspraktiker, Berater und Administrator. Wie sollte ich da noch Zeit zum Schreiben finden? Und diese Zeit würde ich auch ganz sicher nicht gefunden haben, wenn ich da nicht eine sehr wichtige Entdeckung gemacht hätte – daß nämlich die Stunden, die ich damit verbracht hatte, mir über meinen Zeitmangel Sorgen zu machen, wesentlich nutzbringender für schöpferische Zwecke angewandt werden konnten. Also entschloß ich mich, etwas zu unternehmen. Ich sagte mir: „Ich weiß, was ich zu tun habe und ich weiß, wie es getan werden muß. Also werde ich das erforderliche tun – und zwar dann, wenn es getan werden muß." Dann gewöhnte ich mir an, immer nur eine bestimmte Aufgabe zur Zeit anzupacken, ohne mir dabei Gedanken über die nächste fällige Aufgabe zu machen. Ich organisierte die Dinge mit meinen Mitarbeitern, brachte System in deren Aufgabenbereich, erstellte mir einen Arbeitsplan, und nahm dann die Dinge so wie sie kamen. Ich setze mich hin zu einer kleinen Zwiesprache mit Gott über das zu schaffende Buch. Ich sagte: „Also Vater, du hast mir die Idee zu diesem Buch eingegeben, deshalb bin ich mir im Klaren darüber, daß du auch weißt, wie es zu schreiben ist. Ich werde alles tun, um ein williger Mitarbeiter zu sein. Ich bin bereit."

Glauben Sie es oder glauben Sie es nicht – die Dinge fingen an zu geschehen. Ich verspürte mehr Freiheit und mehr inneren Frieden, als ich in Jahren empfunden hatte. Damit ging ein Gefühl unerschöpflicher Kraft und Energie einher. Ich gewöhnte mir an, eine Stunde früher aufzustehen, verbrachte dann mehrere Stunden am Morgen an meinem Schreibtisch und widmete mich ausschließlich dem Buch. Das hielt ich so an sechs und manchmal an sieben Tagen in der Woche. Jeden Morgen, nach einer Periode stiller Meditation begann ich zu schreiben. Nach ein paar Monaten regelmäßiger Arbeit war das Buch fertig.

Sicherlich sind Sie jetzt mit mir einer Meinung, daß eine vernünftige Planung zusammen mit intelligentem und geregeltem Handeln unerläßlich sind. Eine Aktivität produziert die andere. Und ich kann Ihnen eins sagen: Mir sind seither alle möglichen wunderbaren Dinge widerfahren, seit ich regelmäßig schreibe. Neue Ausdrucksmöglichkeiten haben sich eröffnet. Alles, was ich anfange ist effektiver. Alles ist eine Sache von Ordnung und Ausgeglichenheit. Entscheiden Sie sich für etwas, planen Sie es, und tun Sie es dann.

Die Dinge sind auch nicht annähernd so schwer wie wir meinen. Unbegrenzte Kraft und das erforderliche Know-How befinden sich in Ihrem Innern. Es wartet nur darauf, angewandt zu werden. Ihr großartiges Potential weiß nichts von irgendwelchen Schwierigkeiten. Es tut nur das, was ihm aufgetragen wird. Befreien Sie Ihr Gemüt von Gedanken an Begrenzung, und lassen Sie die größere Kraft zum Durchbruch kommen. Das alte Sprichwort „Was du heute kannst besorgen, das verschiebe nicht auf Morgen" ist eine gute Faustregel.

Die innere Idee ist die Saat, aus der der Baum des Handelns hervorgeht. Denn alles Handeln wird erzeugt durch inneres Denken und Fühlen. Andererseits herrschen Verwirrung und Nutzlosigkeit immer dann vor, wenn wir diese Prozedur umkehren und uns zuerst auf das Äußere konzentrieren.

Ich erinnere mich, daß ich mich einmal darüber beschwerte, daß gewisse Zustände und Situationen mich von meinem Vorhaben abzuhalten schienen. Ich hatte das Gefühl, von Umständen, die ich nicht beeinflussen konnte, blockiert zu sein.

„Und was hat das mit Ihnen zu tun?" wurde ich daraufhin von einem weisen Berater gefragt. „Agieren Sie, aber re-agieren Sie niemals. Bilden Sie eine solide Grundlage des Handelns in Ihrem Innern, und dann führen Sie es durch. Kümmern Sie sich nicht darum, was die Welt und andere Menschen tun; achten Sie nur darauf, daß Sie wissen, was Sie tun. Und dann tun Sie es. Dann wird alles andere für sich selber sorgen."

Jesus sagte: *Richtet nicht nach den Erscheinungen, sondern richtet ein rechtes Gericht* (Joh. 7:24). *In der Welt habt ihr Anfechtungen: aber seid guten Mutes; ich habe die Welt überwunden* (Joh. 16:33). Dieser große Lehrer handelte immer von seinen inneren Überzeugungen ausgehend. Er hatte es immer abgelehnt, sich durch äußere Überlegungen beeinflussen und damit von seiner inneren Kraft abbringen zu lassen. Er lehrte und überzeugte durch das Beispiel. Er wies immer wieder darauf hin, wie wichtig es ist, an sich selbst zu glauben. Jesus ist der Prototyp des idealen Menschen. Ihn sollten wir als das ansehen, was er ist: Das große Beispiel und nicht die große Ausnahme. Er sagte: *Wer an mich glaubt* (Ihr höheres Selbst), *der wird die Werke, die ich tue, auch tun; und größere Werke als diese wird er tun* (Joh. 14:12). Alles das ist bei Licht betrachtet nichts anderes, als intelligentes und zweckbewußtes Tun.

Wenn wir bedenken, daß angesichts des wahren verfügbaren Potentials der ganzen Menschheit noch kaum wirklich sinnvolle Tätigkeiten ausgeführt worden sind, sollten wir unseren Tätigkeitsdrang auf ideale und edle Vorhaben richten und in jedem Augenblick unser Bestes geben. Jeder von uns ist hier für einen bestimmten Zweck. Unsere Aufgabe ist es, diesen Zweck herauszufinden und dann unser Bestes zu tun, um ihn zu erfüllen. Nichts als unser Bestes sollte uns gut genug sein. Widmen Sie sich voll und ganz der Aufgabe, immer nur Ihr Bestes zu geben, und die Schätze des inneren Königreichs werden Ihnen gehören. Paulus sagte: *Was immer ihr tut, daran arbeitet von Herzen als für den Herrn und nicht für Menschen* (Kol. 3:23). Das ist das Handlungsgesetz für wertvolle und fruchtbringende Arbeit.

Sie stehen auf eigenen Füßen

Schnappen Sie sich den Ball und rennen Sie mit ihm los. Er ist Ihnen zugeworfen worden! Er gehört Ihnen! Sie werden nämlich niemals wissen, wozu Sie imstande sind, wenn Sie es nicht ausprobieren! Und wenn Sie das, was Ihnen etwas bedeutet, nicht ausprobieren, dann werden Sie sich solange unbehaglich fühlen, bis Sie es endlich tun. Der schöpferische Prozeß kann nur dann wirksam in Gang gesetzt werden, wenn der Idee Klarheit und Überzeugung zugrunde liegen. Sie selbst müssen zu der lebendigen Verkörperung dieser Idee werden. Wenn Sie gewissermaßen zu dem werden, was Sie suchen, werden Sie alle benötigte Hilfe und Unterstützung zu sich heranziehen. Aber bis Sie da sicher sind, müssen Sie allein gehen. Weise Lehrer der spirituellen Wissenschaft erteilen niemals Ratschläge. Wir zeigen Ursachen auf, wir ermutigen, wir beten um Führung, wir helfen, wenn wir darum ersucht werden und wenn Hilfe nötig ist. Aber was vom Einzelnen getan werden muß, das muß von ihm ganz allein in eigener Verantwortung getan werden und darf nicht die Prägung unserer Personalität tragen. Der Einzelne darf nicht daran gehindert werden, sein eigenes Leben selbst zu leben. Durch Ratschläge sind schon „mehr Schiffe versenkt als flott gemacht worden". Treffen Sie Ihre eigenen Entscheidungen; entwerfen Sie Ihre eigenen Pläne. Lassen Sie dabei Klugheit walten und gehen Sie dem Prinzip gemäß vor. Das kann niemand anderer für Sie tun. Nur Sie selbst können das Königreich betreten. Nur Sie selbst können Gott finden, Erfolg finden, vollbringen, Wachstum, Erfüllung – in Ihrem eigenen Herzen. Nur Sie allein können die innere Stimme hören, die zu Ihnen spricht. Nur Sie allein können dem Leben das Bild vermitteln, das in Ihrem Gemüt und in Ihrem Herzen brennen wird.

Und obgleich Sie sich dabei vielleicht allein und einsam fühlen mögen, und Ihres Traumes durchaus nicht mehr so sicher, sollten Sie an diese Definition eines amerikanischen Kongreßabgeordneten denken: „Ein Kamel ist ein Pferd, das von einem Komitee entworfen wurde." Sie allein haben es mit dem Stoff zu tun, aus dem Ihre Träume sind. Suchen Sie Rat und Führung bei weisen Freunden und Lehrern, aber nehmen Sie diese Hilfe dann auch zu den Bedingungen an, zu denen sie gegeben werden. Verlassen Sie sich nicht darauf, daß sie Ihnen das geben werden, was Sie selbst sich nicht geben wollten.

Frischen Sie Ihre inneren Reserven auf

Stärken Sie Ihre innere Überzeugung immer wieder mit mentalen und spirituellen Disziplinen. Halten Sie sich Ihr Ziel ständig vor Augen. Unentwegte Bejahung führt zu Überzeugung und Annahme. Klares Denken begleitet von einem starken Gefühl bildet ein machtvolles subjektives Muster Ihres erwünschten Guten, mit dem das schöpferische Gesetz arbeiten kann. Es gibt da keine Abkürzungen. Nur Sie selbst können es tun.

Die in diesem Buch gegebenen Anleitungen sind spezifisch und definitiv. Wenn Sie ihnen folgen, wird Ihr Leben sich zum Besseren verändern und Sie werden dahin gelangen, wo Sie sein wollen. Ich erteile Ihnen Ratschläge, die spirituelle Arbeitsweise betreffend, ich zeige Ihnen einen Weg, Ihr Leben in den Griff zu bekommen, der Resultate erbringt, das konnte ich immer wieder beweisen – auch in meinem eigenen Leben.

Der Mensch ist zum Siegen geboren – und nicht für Niederlagen! Die Schlachten werden in unserem Gemüt geschlagen und gewonnen! Unsere Stärke erwächst aus der Erkenntnis heraus, daß die Tätigkeit unseres Gemüts nichts anderes ist als unsere individuelle Anwendung des Einen Gemüts, das „allen Menschen gemeinsam ist". In diesem Einen Gemüt finden sich die Antwort, der Weg und das Vollbringen – „das Reich, die Kraft und die Herrlichkeit" aller Dinge.

Leitgedanken für Ordnung und Gleichgewicht

Heute schaffe ich Ordnung in meinem Leben. Ich schaffe mir inneres Gleichgewicht. Ich bin gelassen und integriert. Ich arrangiere nach einem Muster von Ordnung und Harmonie. Ich denke klar, ich reagiere gelassen, ich handle bestimmt und zweckmäßig. Alle Verwirrung löst sich auf. In meinem Herzen ist Frieden. Mein Gemüt ist ruhig und unbelastet. Ich weiß, wer ich bin, weshalb ich hier bin, und wohin ich gehe. Nichts kann mich stören oder beeinträchtigen. Ich bin lebendig, aufmerksam und wach. Ich bin ruhig und ausgeglichen. Ich weiß, was ich tue und ich tue es gut.

Mein Leben bringt die Schönheit und Symmetrie des Universums zum Ausdruck. Ich bin eins mit allen wunderbaren Dingen. In der Einheit – in diesem Einssein liegt die Stärke. Ich bin jetzt eins mit der Quelle aller Dinge. Ich bin eingestimmt auf die himmlische Symphonie – auf die Sphärenklänge eines edlen Zwecks, eines edlen Ideals, und edlen Handelns. Ich singe mit den Engeln der Liebe, der Hoffnung und der Erwartung. Mein Gemüt ist eins mit dem göttlichen Gemüt. Meine Seele gibt der Einen Seele Ausdruck. Mein Körper ist ein Meisterwerk der Manifestation. Ich bin ein vollkommener Mensch. Alles ist in Ordnung. Ich bin völlig ausgeglichen. Ich halte alle Komponenten meines Seins in ihrem richtigen Verhältnis zueinander. Ich bin ständig mit der Quelle allen Lebens verbunden. Die Elemente der Natur sind in mir in perfekter Proportion zusammengesetzt. Ich bin ein lebendiger Ausdruck dessen, was der Mensch sein sollte.

Unendliche Intelligenz führt, leitet und instruiert mich. Ich bin in ständigem Kontakt mit der Quelle allen Wissens, aller Weisheit, und allen Verständnisses. Intuitiv nehme ich die Wunder und Schönheiten des Universums wahr. Ich betrachte seine Herrlichkeit und ich weiß, daß ich als Ebenbild Gottes geformt bin. Ich bin inspiriert vom Vorstellungsbild der Vollkommenheit, Gesundheit, Schönheit, Ordnung, Harmonie und Ausgeglichenheit. Alles das ist jetzt fest in meinem Unterbewußtsein verankert. Alle Dinge in meinem Leben befinden sich an ihrem richtigen Platz. Es herrscht vollkommene Ordnung und vollkommenes Gleichgewicht. Und so ist es.

5. KAPITEL

Machen Sie Ihr Leben zu einem Hit

„Alles auf die Bühne! Bitte die Plätze einnehmen! Alles auf die Bühne, bitte! Wir machen einen kompletten Durchlauf. Bitte die Positionen einnehmen!"

„Diese Worte waren Musik in meinen Ohren. Ich hatte sie schon hunderte von Malen gehört. Dieses Mal jedoch waren sie für mich ganz besonders aufregend. Es war mein erstes Broadway-Stück. Endlich hatte ich es geschafft! Nach langen Jahren in Schulproduktionen, Sommertheater, und Hollywood Billigproduktionen – den sogenannten B-Pictures – hatte ich schließlich meinen Weg in diese berühmte Theaterstraße gefunden. Mein kühnster Traum hatte sich verwirklicht. Ich hatte eine gute Rolle in einem New Yorker Bühnenstück. Mehr konnte mir der Himmel wirklich nicht gewähren.

Die Probe begann. Es war der fünfte Probentag und zum ersten Mal machten wir einen kompletten Durchlauf, was bedeutet, daß wir das ganze Stück ohne Unterbrechung von Anfang bis Ende durchspielten. Dabei war alles natürlich unfertig; die Charakterisationen waren unvollständig und der Text noch nicht endgültig – aber das Ganze war herrlich aufregend für mich!

„Das wäre alles für heute, meine Damen und Herren. Wir sehen uns wieder Morgen vormittag um elf Uhr. Gute Nacht allerseits." Mit diesen Worten entließ uns der Regisseur, nachdem wir das Stück einmal ganz durchgespielt hatten. Ich schwebte auf Wolken, als ich durch die Bühnentür trat. Welch ein wundervoller Beruf! Wie herrlich war es doch, Schauspieler zu sein!

„Oh, Mr. Curtis! Einen Augenblick bitte." Ich verhielt meinen

105

Schritt, damit der Inspizient mich einholen konnte.

„Ja?"

„Mr. Curtis – äh – ich habe etwas für Sie."

„Es tut mir ja so leid, ich würde mich lieber totschießen lassen, als Ihnen dies hier geben zu müssen – ich verstehe es auch nicht. Ich fand Sie großartig auf der Probe, aber man will umbesetzen. Es tut mir wirklich sehr leid, aber – tja, also hier bitte."

Und damit überreichte er mir einen rosa Zettel. Das so gefürchtete rosafarbene Stück Papier, auf dem einem Schauspieler mitgeteilt wird, daß er nicht die richtige Besetzung ist. Meine Dienste wurden also nicht länger benötigt und ich hatte nicht einmal die Chance gehabt, zu zeigen, was ich konnte!

„Aber. . ."

„Ich kann es nicht ändern, Junge. Es tut mir wirklich sehr leid. Ich wünschte, ich könnte dir helfen, aber ich kann es nicht. Und jetzt entschuldige mich bitte, ja? Ich werde auf der Bühne gebraucht. Kopf hoch, Junge! Schließlich ist das hier nicht das einzige Stück in dieser Saison! Alles Gute!"

Und damit war er verschwunden.

Der Schmerz der Ablehnung

Völlig benommen trat ich auf die Straße und ging mechanisch auf die Ecke Broadway – 46. Straße zu. Da stand ich nun und starrte auf die berühmte Straße mit der magischen Anziehungskraft, die ich zum ersten Mal fünfzehn Jahre vorher um die Weihnachtszeit betreten hatte. Solange hatte ich gebraucht, um hierher zurück zu kommen, mit dem Mut zum Wagnis und der Überzeugung, das Zeug zu einem Broadway-Schauspieler zu haben. Und jetzt. . .?

Ich steuerte die nächste Bar an, um mich langsam aber sicher vollaufen zu lassen. Dort mixte ich Bitterkeit, Enttäuschung und Selbstmitleid mit Whisky, bis der Laden dichtmachte. In den darauffolgenden Tagen schlich ich nur noch so herum. Ich war so weit unten, daß ich „nach oben langen mußte, um den Boden zu berühren".

106

„Was soll das Ganze überhaupt noch?" fragte ich mich. „Jetzt werde ich es überhaupt nicht mehr schaffen. Ich sollte es eigentlich aufgeben." Ich kostete mein Selbstmitleid aus, so inbrünstig, als sei ich der erste Schauspieler, der je gefeuert wurde – der erste Mensch, der jemals einen Rückschlag hinnehmen mußte, bevor er dorthin gelangte, wo er sein wollte. Ich war völlig durcheinander. Wenn ich damals schon etwas von der Science of Mind gewußt hätte, dann hätte ich mich zusammennehmen, und mit Sicherheit einige der nun folgenden bitteren Erfahrungen vermeiden können. Aber das war nun einmal nicht der Fall. Ich mußte es auf schmerzhafte Weise lernen. Erfahrung ist ein großartiger Lehrer, aber zuweilen auch ein sehr strenger. Das sollte ich noch feststellen.

Nach diesem meinem ersten Fiasko konnte ich mich nicht dazu aufraffen, mich um eine Rolle in einem anderen Stück zu bemühen, obgleich eine Broadwaykarriere der einzige Grund gewesen war, weshalb ich Hollywood verlassen hatte. Und als ich mich schließlich doch wieder einigermaßen im Griff hatte, waren alle Besetzungen für die Herbstsaison bereits komplett. Dieses Erlebnis war es auch, das letztlich zu meinem Klinikaufenthalt führte, von dem ich in meinem Buch *Your Thoughts Can Change Your Life** berichtet hatte. Nachdem ich mich wieder so recht und schlecht erholt hatte, ging ich zurück nach Hollywood, mit hängendem Kopf und eingefallenen Schultern.

Es dauerte dann immerhin zwei Jahre, bis ich wieder den Nerv hatte, an den Broadway zurückzukehren – und diese Zwischenzeit war auch notwendig. Ich hatte eine Menge Arbeit an mir selbst zu verrichten. Ich werde ewig dafür dankbar sein, daß ich die Science of Mind in dem Augenblick fand, als ich sie am nötigsten brauchte. Aber in all den Jahren seither, seit ich erstmals gelernt hatte diese Prinzipien anzuwenden, konnte ich immer wieder feststellen, daß wir immer genau das finden, was wir brauchen – und auch zum richtigen Zeitpunkt. Ganz offensichtlich ist es so, daß wir das Mißgeschick brauchen um zur Vernunft zu kommen. Sehen Sie, die Natur besteht darauf, daß wir wachsen. Und wenn wir ihr dabei nicht willig zur Hand gehen, dann

*Erscheint demnächst. Deutscher Titel steht noch nicht fest.

werden wir eben vom Schicksal in die Mangel genommen und mitgeschleift, ganz gleich, wohin es uns führt. Das geschieht dann solange, bis wir wieder imstande sind, uns ans Steuer zu setzen. Und genau darum geht es: Das ganze Leben erfordert, daß man sich ans Steuer setzt und dort verbleibt. Selbstverständlich ist damit immer etwas Arbeit verbunden, aber es gibt einen Weg. Dieser Weg tut sich auf, wenn wir die konstruktiven spirituellen und mentalen Prinzipien in unserem Leben anwenden.

Als ich die tiefe Enttäuschung über den Hinauswurf aus dem Stück erst einmal überwunden hatte, dämmerte es mir auch, warum das alles geschehen mußte. Es war nämlich allein meine Schuld. Obgleich ich bereits über einige Jahre der Erfahrung im Showgeschäft verfügte, hatte ich noch nicht begriffen, daß Disziplin und Selbstkontrolle für den Erfolg unerläßlich sind. Der Wunsch, am Broadway zu spielen war zweifellos stark und übermächtig, was mir jedoch fehlte, war das wahre innere Erfolgsimage. In anderen Worten: Ich hatte mich selbst noch nicht als erfolgreichen Broadwayschauspieler akzeptiert. Gewiß war ich angefüllt mit positiven Gedanken und dem Willen zu zweckbestimmtem Handeln, da es mir jedoch an innerer Überzeugung mangelte, projektierte ich Unsicherheit und Anspannung nach außen, die in subtilen Merkmalen meiner Persönlichkeit und meines Verhaltens für die Umwelt spürbar wurden. Das machte die Produzenten des Stückes unsicher. Sie zweifelten an meinen Fähigkeiten, obgleich sie sich nicht genau bewußt waren, aus welchem Grunde sie sich entschlossen, das Risiko nicht einzugehen. Dieses Ereignis war damals für mich ein ganz und gar niederschmetterndes. Wenn ich jedoch heute daran zurückdenke, bin ich dankbar für die Lehre, denn anderenfalls würde ich wohl nicht zu dieser wichtigen Erkenntnis gekommen sein. Jedenfalls nicht so bald. Sehen Sie, das Leben präsentiert uns immer die erforderlichen Lektionen. Wenn wir sie dann nicht von selbst lernen, dann greift die Erfahrung ein und lehrt sie uns auf ihre Weise – oftmals durch Schmerzen und Leid.

Eine Rückkehr mit Entschlossenheit

Als ich dann zwei Jahre später nach New York zurückkam, war ich für das, was ich tun wollte, bestens vorbereitet. Offensichtlich machte ich jetzt einen völlig anderen Eindruck als damals. Ich hatte fleißig daran gearbeitet, gesündere innere Einstellungen zu entwickeln, und hatte mich auch um zusätzliche Erfahrungen und mehr Festigkeit in meinem Beruf bemüht. Jetzt hatte ich nicht die geringsten Schwierigkeiten, die passenden Rollen zu bekommen und ich erfreute mich einiger beachtlicher Erfolge, bevor ich in meinen jetzigen Aufgabenbereich überwechselte.

Wenn Sie innerlich stark und überzeugt sind, dann projektieren Sie einen völlig anderen Eindruck nach außen. Sogar Entmutigungen, Fehlschläge und Enttäuschungen aller Art können Ihnen dann nichts anhaben. Sie sind imstande, einen unüberwindlichen Optimismus zur Schau zu tragen und von innen her auszustrahlen. Sogar angesichts von Katastrophen werden Sie den Mut behalten. Wenn das nicht wahr wäre, würde niemand in irgendeinem Bereich Erfolg haben können.

Und was Katastrophen anbelangt, so habe ich in den darauffolgenden Jahren schon einige miterlebt. Denn Dutzende von Bühnenstücken fallen erst einmal durch am Broadway, bevor eines wirklich einschlägt. Und diese „Flops" – die durchgefallenen Stücke – sind schon eine Erfahrung.

„Ich denke, ich mixe mir einen Drink, Liebling", murmelte der Typ, den ich darzustellen hatte zum soundsovielten Mal im dritten Akt eines langweiligen Opus am Premierenabend vor einem immer leerer werdenden Zuschauerraum. Es war ein grauenvoller Abend, sowohl für das Publikum als auch für die Schauspieler. Wobei das Publikum besser dran war, als wir Schauspieler, denn es konnte sich entfernen, wenn es ihm zu bunt wurde, wogegen uns auf der Bühne keine andere Wahl blieb, als bis zum bitteren Ende auszuharren. Wir spielten also tapfer und unverdrossen weiter.

Als ich dann wieder einmal meinen stereotyp wiederkehrenden Satz zu sagen hatte: „Ich denke, ich mixe mir einen Drink, Liebling", kam die unvermeidliche Antwort von einem ungeduldigen Zuschauer: „Ach mixen Sie mir doch auch einen!" Brüllendes Gelächter folgte. Es hätte wohl keinen besseren Kommentar geben können. Der Premierenabend ging restlos in die Brüche. Drei Vorstellungen von diesem Kunstwerk hatten wir insgesamt zu spielen, bevor man uns von ihm erlöste und die Dekoration auf den Speicher schaffte. Ich weiß heute noch nicht, weshalb dieses Stück drei Vorstellungen überdauert hatte. Eine wäre schon zuviel gewesen.

Leistung bringt Gewinn

Ich hatte also den Broadway erobert, obgleich mein Debüt nicht gerade überwältigend war. Aber bald darauf folgte ein weiteres Stück und dann noch einige. Schließlich stellten sich auch die Erfolge ein. Das wird immer der Fall sein, wenn wir innerlich positiv ausgerichtet sind, am Ball bleiben, und unser Bestes geben, bis wir das angestrebte Ziel erreicht haben. Wie schon gesagt, es gibt da keine Umleitungen und Schleichwege, aber der Prozeß des Wachstums kann selbstverständlich gewaltig abgekürzt werden durch intelligentes und erleuchtetes Anwenden der Wahrheitsprinzipien und der damit einhergehenden richtigen Projektion unseres Selbstes.

Andere Menschen können nur das von uns sagen, was sie jeweils sehen und empfinden. Normalerweise haben Produzent, Autor, Regisseur, Bühnenbildner und Schauspieler in einem Stück niemals die Möglichkeit, zu erklären, was sie sich gedacht haben oder was sie zum Ausdruck bringen wollten. Sie können keine Erklärung abgeben, sondern müssen handeln. Sie müssen dabei ihr Bestes geben und alle Konsequenzen dafür in Kauf nehmen. Wenn sie dann noch nicht gut genug sind oder in ihren Leistungen versagen durch unzureichende Planung, unzureichende Probenarbeit, oder unzureichendes Teamwork, dann wird die Aufführung mit Sicherheit ein Reinfall sein. Dasselbe gilt für unser Leben ganz allgemein.

Nun gibt es beim Theater selbstverständlich immer noch die Möglichkeit des Unberechenbaren. Wenn nämlich alles gut gelungen ist, aber das Publikum die Inszenierung dennoch nicht akzeptiert. Das muß einkalkuliertes Risiko bleiben – beim Theater wie im Leben. Es hängt nämlich alles weitgehend von der Rangordnung ab. Es hängt davon ab, wie wichtig Ihnen die Dinge im Einzelnen sind. Oder besser gesagt, was für Sie wichtig ist. Deshalb bleiben Sie am Ball – versuchen Sie es immer wieder, unentwegt. Bis Sie schließlich das wahre Image dessen projektieren, was Sie sind. Wenn Ihnen das gelingt, dann ernten Sie die Früchte eines gut gelebten Daseins. Dann werden Sie auch die für Sie zunächst erstaunliche Feststellung machen, daß der Beifall der Menge oder das Ausmaß materieller Belohnung Sie nicht mehr vom Stuhl reißt. Sie verfügen dann nämlich über etwas größeres als all diese Dinge. Sie verfügen dann über Selbstrespekt und Selbsterfüllung. Sie haben dann das wahre Königreich in Ihrem Innern gefunden. Und alles, was Sie brauchen, um sich eines reichen, vollen Lebens zu erfreuen, wird Ihnen automatisch zukommen.

Ein gewisser Anteil an Schwierigkeiten, Leiden und Fehlschlägen ist unvermeidlich im Leben. Und zwar solange, bis wir es gelernt haben, uns über sie zu erheben. Jesus sagte: *In der Welt habt ihr Anfechtungen, aber seid guten Mutes; ich habe die Welt überwunden* (Joh. 16:33). Und das brachte er zustande, indem er das innere Image seiner Göttlichkeit in die Belange der äußeren Welt projektierte. Er bewies immer wieder, daß ein hohes spirituelles Gewahrsein, edle Ideale, und standhaftes Zweckstreben die Macht haben, äußere Zustände zu verändern. Er achtete stets darauf, seiner Welt immer nur das Beste von dem zu präsentieren, was er in sich trug. Das ständige Gewahrsein seines Einsseins mit Gott war sozusagen der Produzent seines Dramas. Und er selbst perfektionierte seine Leistungen als „Autor", „Regisseur", „Bühnenbildner" und „Darsteller" durch unentwegte „Probenarbeit" im Gebet. Er wurde dadurch zum vollkommen Handelnden – er wurde zum vollkommenen Darsteller des Lebens, durch Entwicklung der konstruktiven Faktoren in seinem Innern. Nichts weniger als das ist auch unsere Aufgabe im Leben. Jesus demonstrierte Vollkommenheit. Er wurde der vollkommene Mensch durch ständiges Gewahrsein der Vollkommenheit des Christus (des göttlichen Funkens) in seinem Innern, den er in die äußere Welt projektierte. Dazu sind auch wir herausgefordert.

In Amerika wird ein neu inszeniertes Bühnenstück erst einmal in der

Provinz ausprobiert. Dabei wird die Wirkung auf das Publikum sehr genau beobachtet und nach jeder Richtung hin analysiert. Währenddessen wird die Probenarbeit fortgesetzt, wobei Fehler eliminiert und Unebenheiten geglättet werden. Diese Methode ist auch auf das Leben an sich anwendbar: Wir müssen uns fortgesetzt examinieren – eine ehrliche Inventur vornehmen, um festzustellen, welche Gedanken, Einstellungen und Handlungen wir aufgeben, und welche wir auf der anderen Seite betonen sollten, um die erwünschten Resultate zu erzielen.

Beim Theater muß der Regisseur die gesamte Produktion im Auge behalten. Dabei muß er die verschiedenen Elemente koordinieren, zusammenfügen und zur Perfektion entwickeln, bis dann der angestrebte Gesamteffekt erreicht ist. Die erfolgshemmenden Elemente muß er unnachsichtig ausmerzen und durch konstruktive ersetzen. Er muß bereit sein, Dinge zu verändern, ganz gleich, wie hart das auch erscheinen mag. Dieses gleiche System – ich sage es nochmals – müssen wir auch im Leben anwenden, wenn wir uns selbst vervollkommnen wollen. Der negative Gedanke, die destruktive Emotion, das ziellose Handeln – alles das muß ausgemerzt werden, wenn wir vorwärtskommen wollen. Die großen Lehrer der Menschheit, sie alle haben dieses Prinzip praktiziert. Jesus verfluchte den Feigenbaum, der keine Früchte trug, und dieser verdorrte. Hier handelt es sich selbstverständlich um eine Allegorie, die beinhaltet, daß wir alle Ideen, Gedanken und Einstellungen, die keine affirmativen Resultate in unsere Welt produzieren, beseitigen müssen. Moses wanderte mit den Kindern Israels vierzig Jahre lang in der Wildnis umher, bis sie schließlich bereit waren, das gelobte Land zu betreten. Auch das bedeutet, daß wir lernen müssen, das geistige Gesetz zu verstehen und nach ihm zu leben – die Gebote des inneren und äußeren Verhaltens – bevor wir unser gelobtes Land des Seelenfriedens, der Gesundheit, des Glücks, der Freiheit und des Vollbringens betreten können.

112

Die Kinder Israels hätten es mit Sicherheit niemals geschafft, das gelobte Land zu betreten, ohne die Führungsqualitäten, die Moses bewies, ohne seine Disziplin und ohne das Beispiel, das er ihnen gab. Die kraftvolle, spirituelle Dynamik des Christentums wäre auch niemals zu der großen Macht geworden, die sie heute darstellt, wenn Jesus diese Prinzipien nicht als praktische Mittel der Lebensführung demonstriert und gelehrt hätte. Die gesamte Weltgeschichte ist eine Aufzeichnung des menschlichen Strebens nach Vollkommenheit. Es ist die Story von den inneren Kämpfen des Menschen – des Ringens im Innern. Es ist das Drama der Entfaltung der menschlichen Seele. Aber jeder von uns muß diesen Weg für sich allein gehen. Wir alle müssen den Sinn des Lebens begreifen lernen, und zugleich lernen, es wirksam zu leben. Das jedoch ist ein Prozeß, der sich in unserem Gemüt vollzieht. Irren und Fehlen, Prüfungen, Schmerzen und Leiden sind der eine Weg. Aber es gibt noch einen anderen – die Prachtstraße des Verständnisses, des Glaubens und der Liebe. Dort begreift der Mensch, daß Bewußtsein die einzige Realität ist – daß das große Gesetz von Ursache und Wirkung von innen nach außen wirkt – daß wir unser inneres Leben reinigen und kräftigen müssen, bevor wir etwas sinnvolles und dauerhaftes in unserer Welt vollbringen können. Das sind die Dinge, mit denen wir uns in diesem Buch befassen. Es ist nachweisbar der beste Weg – der einzig wahre Weg. Lernen wir daher, diesen Weg zu beschreiten. Treffen wir definitive Maßnahmen, um das Beste in uns zum Ausdruck zu bringen. Die Meisterung der spirituellen Prinzipien wird das bewerkstelligen.

Beim Theater wie auch im Leben gibt es jene, die ausschließlich im äußeren Bereich wirken. Gewiß können auf diese Weise bestimmte Resultate erzielt werden, das volle Potential kann jedoch so niemals ausgeschöpft werden – nicht solange die innere Entwicklung dabei unberücksichtigt geblieben ist. Der gute Regisseur und der gute Schauspieler leisten zunächst eine beträchtliche Arbeit im Innern – sie entwickeln zuerst Verständnis und Gefühl für das Stück, resp. für die Rolle. Auf die gleiche Weise entwickeln wir Verständnis und Gefühl für den erwünschten Zustand durch Anwendung vernünftiger mentaler und spiritueller Techniken. Jedes Handeln ist bedeutungslos, solange es nicht auf intelligente Weise einem sinnvollen Ziel oder Zweck entgegenwirkt. Ein guter Regisseur muß zunächst volles Verständnis und tiefgreifendes Gefühl für alles haben, was der Autor zum Ausdruck bringen will. Der Schauspieler wiederum muß sich voll und ganz mit dem darzustellenden Charakter identifizieren, durch Verständnis und Liebe, bevor er seine Rolle wirklich spielen kann. Im tatsächlichen Leben ist jeder von uns sein eigener Autor, Regisseur, Bühnenbildner und Darsteller. Der Sinn des Lebens ist es in der Hauptsache, eine gute und lohnende Inszenierung auf die Bühne menschlichen Strebens zu bringen. Bei unserem Trachten in dieser Richtung helfen wir auch anderen, diese Welt zu einem besseren Aufenthaltsort zu machen und finden dabei Erfüllung. Es ist eine herrlich erregende Sache. Seien wir uns dessen bewußt und packen wir die Dinge an.

Die verfeinernde Kraft der Repetition

Eine gute Inszenierung erfordert beim Theater wie im Leben eine beträchtliche Probenarbeit – an dem Vorhandenen muß solange herumgefeilt werden, bis es die erwünschte Form annimmt. Der Autor geht sein Stück immer wieder durch, unter Umständen schreibt er es dutzende Male um. Der Regisseur wiederum liest dieses Stück mehrere Male. Er analysiert, interpretiert und plant, bis sein Konzept vom Ganzen in seinem Gemüt feste Formen angenommen hat. Der Bühnenbildner visualisiert, skizziert, testet Farbzusammenstellungen und baut die gesamte Dekoration in seinem Gemüt auf, solange, bis er sie tatsächlich vor sich sieht. Der Schauspieler identifiziert sich vollkommen mit dem Charakter, den er darzustellen hat, er lebt sich in ihn hinein und lernt ihn zu begreifen, indem er denkt und fühlt wie er. Das setzt er solange fort, bis er ganz „drin" ist. Dann projektiert er jede innere Nuance durch sein Gemüt, durch seine Emotionen und durch seinen Körper, bis der Charakter sichtbar zum Ausdruck kommt – in Erscheinung, Stimme, Gebärde, Gestik und Bewegung. Das muß dann in jeder Hinsicht aufrichtig und vollkommen sein, um überzeugen zu können.

114

Der Schauspieler wird zu dem Charakter, den er darstellt, so wie wir im wirklichen Leben zu dem Menschen werden, der wir sein wollen. Es gibt da keine Abkürzungen und auch keine Kompromisse. Wir müssen da gute Arbeit leisten, oder das Endresultat wird nicht zufriedenstellend sein.

Übung führt auch hier zu Vollkommenheit. Bedenken Sie: Sie sind alles in einer Person – Autor, Regisseur, Bühnenbildner und Darsteller. Alles das sind Sie zu gleicher Zeit. Die genannten Funktionen sind allesamt die verschiedenen Aspekte des vollkommenen Menschen. Beim Theater müssen sie alle unter der Leitung des Produzenten (in Europa: des Intendanten oder Direktors, d. Übers.) zusammenarbeiten, um eine gute Aufführung zustande zu bringen. Auf die gleiche Weise müssen wir diese verschiedenen Funktionen in unserem Innern koordinieren, um ein effektives Leben führen zu können. Denken, Fühlen, Imagination und Handeln wirken zusammen, um die Absichten des Regisseurs auszuführen – unser Verständnis der spirituellen Wahrheit – des Geistes Gottes, der jedem von uns innewohnt.

Kurz vor der Generalprobe gibt es bei jeder Inszenierung mehrere Durchläufe, bis das Stück schließlich bei der Premiere einem erwartungsvollen Publikum präsentiert wird. An den ersten Abenden lernen die Schauspieler dann, sich den Reaktionen des Publikums anzugleichen, wobei dann noch einige technische Details des Bildes, der Beleuchtung und der Kostüme perfektioniert werden, und das Ganze den letzten Tupfer bekommt. Wenn dann schließlich nach den Vorstellungen in der Provinz die New Yorker Premiere am Broadway näherrückt, ist jeder Aspekt der Präsentation so vollkommen wie nur möglich. Wenn das Stück gut ist und die Probenarbeit gründlich war, wenn die Schauspieler ihr Premierenfieber überwinden können und die Leistungen zeigen, deren sie fähig sind, dann ist die Aufführung ein Erfolg. Wenn jedoch einige dieser „Wenns" danebengehen, dann sind die Resultate zweifelhaft.

Das Theater repräsentiert das Leben. Man spricht von den „Brettern, die die Welt bedeuten". Wirkliche Leistungen kommen hier nur durch genaue Beobachtung und Anwendung der Lebensgesetze zustande. Auf gleiche Art können wir vom Theater lernen, effektiver zu leben. Erfolg in beiden Bereichen hängt grundsätzlich von der Entwicklung der zugrundeliegenden mentalen, emotionalen und spirituellen Einstellungen ab – Einstellungen, mit denen wir uns in diesem Buch befassen.

Das Leben ist ein Prozeß ständigen Wachstums und ständiger Verbesserung. Die zugrundeliegenden Prinzipien müssen ständig angewandt werden. Die Aufgabe des Schauspielers nimmt am Premierenabend erst ihren Anfang. Von da an muß er den Charakter, den er darstellt, immer wieder aufs Neue erschaffen. Und das solange, wie das Stück auf dem Spielplan steht. Er muß immer wieder – in jeder einzelnen Vorstellung – sein Bestes geben. Gewisse Aspekte werden dabei zu automatischen Handlungen. Die Grundlage der Schauspielkunst ist jedoch die Fähigkeit, Inspiration und Leben in den Charakter und das Stück einzubringen, ohne Rücksicht darauf, wie oft letzteres bereits gespielt worden sein mag. Der Schauspieler muß jeder Vorstellung die Illusion der „ersten Aufführung" vermitteln. Dabei kann man beobachten, daß einige Darsteller ihre Leistung von Vorstellung zu Vorstellung vervollkommnen, während andere zunehmend flacher und ausdrucksloser werden. Frische, Imagination, Einfallsreichtum und Inspiration, zusammen mit dem Gerüst der Disziplin, sind erforderlich – beim Theater und auch im Leben. Überwindung, Kontrolle und Hingabe unseres Selbst ist ein kontinuierlicher Prozeß.

Der Lernprozeß bei der Probenarbeit stützt sich auf die Werkzeuge der Repetition sowie deren Häufigkeit und Intensität. Der Schauspieler formt subjektive Schablonen des Handelns und Reagierens, die er dann beim Spiel unterbewußt anwendet. Er wird praktisch zu dem, was er bei den Proben unentwegt wiederholt hat – er lebt in seiner Rolle. Sein bewußt geplantes Denken, Sprechen und Agieren verwandelt sich in gewohnheitsmäßige Reaktionen, die er automatisch anwendet, ohne darüber nachzudenken. Dieses Prinzip kann auch im täglichen Leben

116

beobachtet werden. Wir alle wissen aus Erfahrung, um wieviel leichter es ist, eine Handlung zu vollführen, die von uns bereits mehrere Male vollführt worden ist. Wir alle können uns an unsere ersten zaghaften Bewegungen oder Handlungen erinnern, als wir Maschinenschreiben oder Autofahren lernten. Wenn wir einen Vorgang bewußt erlernen, dann wird das Unterbewußtsein damit in die Lage versetzt, am Ende automatisch zu reagieren. Das gleiche Prinzip, das uns befähigt, tausend und eine Sache ohne weiteres Nachdenken zu vollführen, kann auch nutzbar gemacht werden, um unser Denken, Fühlen und Leben auf das auszurichten, was wir wollen.

So, wie ein Bühnenstück geprobt wird, bis es perfekt ist, so können wir unser Gemüt, unsere Emotionen und unsere Handlungen einer intensiven „Probenarbeit" aussetzen, bis auch sie perfekt geworden sind. So wie auf der Bühne, so wird auch im Leben die Leistung belohnt. „Wer da hat, dem wird gegeben." Wir alle haben es. Es kommt allein darauf an, was wir damit anfangen. Erfolgreich leben erfordert Disziplin, Hingabe und Sorgfalt.

Wissen Sie, wie man zum Sieger wird? Wissen Sie, wie man Fehlschläge vermeidet und die Lebensshow zu einem Hit macht? Es gibt einen Weg dazu. Es ist ein bewußtes Erschaffen von Umständen und Begebenheiten durch richtige Denkmuster, richtiges Fühlen und richtiges Handeln – dem Unterbewußtsein eingegeben und aufgeprägt. Wie Curt Goetz es so schön ausdrückte:

„Man sollte die Dinge nehmen wie sie kommen,
aber man sollte dafür sorgen, daß die Dinge
so kommen, wie man sie nehmen möchte."

Der Schauspieler erreicht das durch seine Probenarbeit. Und wir, die wir im Grunde alle Schauspieler auf der Bühne des Lebens sind, können das Gleiche tun. Ebenfalls durch eine Art Probenarbeit – durch eine Technik, die uns als Treatment (geistige Behandlung) bekannt ist. Die verschiedenen Schritte und vorgeschlagenen Techniken sind alle geeignet, Ihr Gemüt und Ihr Unterbewußtsein zu behandeln – es instandzusetzen, damit es die Ideen von Glück, Gesundheit, Wohlstand, Erfolg, Freiheit und Harmonie akzeptieren und die entsprechenden Resultate produzieren können.

Unmittelbar vor der Premiere eines Stückes, in dem ich zum ersten Mal eine Hauptrolle spielte, war ich noch verzweifelt mit dem Textlernen beschäftigt – oder besser gesagt, ich war der Meinung, noch völlig textunsicher zu sein. „Offenbar kann ich nichts behalten", stöhnte ich. Diese Erfahrung hatten schon viele Schauspieler vor mir gemacht.

„Was ist denn los"? fragte mich der ältere Kollege, der die Garderobe mit mir teilte.

„Ich kann einfach nichts behalten," klagte ich, „ich habe nicht die geringste Ahnung, wie das heute abend werden soll. Ich weiß nicht, wie ich das Stück zuende spielen kann. Wie hast du das denn in all diesen Jahren geschafft?"

„Ganz einfach, mein Junge", antwortete der Kollege. „Hier ist mein Rezept, es hat noch niemals versagt: ‚Zieh das Kostüm an, das du hast, sag was du weißt, und 23 Uhr wird es schließlich an jedem Abend.'"

Diese Lektion habe ich niemals vergessen. Noch vor Ende der Spielzeit war ich imstande, fast den gleichen Grad der Entspannung zu erreichen, den dieser großartige alte Charakterspieler sich erworben hatte. Diese drei Schritte habe ich nun erweitert und präsentiere sie Ihnen hier als Leitgedanken zu rechtem Handeln:

1. Seien Sie was Sie sind.
2. Gebrauchen Sie was Sie wissen.
3. Geben Sie was Sie haben.
4. Lieben Sie so wie Sie geliebt sein wollen.
5. „Kennen Sie die Wahrheit", *und die Wahrheit wird euch frei machen* (Joh. 8:32).

Setzen Sie Ihr Bewußtsein instand, mit diesen fünf Schritten. Damit werden Sie jegliche Hast, Anspannung, Verwirrung, Anstrengung und Sorgen eliminieren – alles Feinde guter Leistungen und rechten Handelns. So wie „es an jedem Abend 23 Uhr wird", oder das Ende der Vorstellung jedesmal da ist, so erreichen wir alle unseren Bestimmungsort im Leben – den Bestimmungsort des Vollbringens und der Entfaltung. Wir erreichen ihn mit Sicherheit, wenn wir uns entspannen und unser Bestes geben. Blicken Sie auf die äußeren Verwirrungen und

Probleme des Lebens aus der Sicht Ihres stillen inneren Zentrums des Friedens und der Vollkommenheit. Behandeln Sie Ihr Gemüt entsprechend, und Sie werden sich ein für allemal von den negativen Einstellungen und Emotionen befreit haben, die Ihr rechtes Handeln jetzt noch blockieren.

Mein alter Schauspielerkollege hat mir noch viele Ratschläge gegeben, die sich auch in meinem jetzigen Beruf als wertvoll erwiesen haben. Auch als Behandlungspraktiker und Berater kann ich sie anwenden. Damals hatte er mich aufmerksam beobachtet, als ich beim Schminken so verzweifelt meinen Text repetierte.

„Weshalb tust du das überhaupt"? fragte er mich eines Abends, „du hast das Stück doch erst gestern abend gespielt und bist gut damit durchgekommen. Dein Text wird schon da sein, wenn du ihn brauchst, heute abend. Entspanne dich – werde innerlich ruhig und hör endlich auf, dir Sorgen zu machen. Leg das Textbuch weg! Du kannst immer noch extemporieren, falls das nötig sein sollte, aber du wirst es nicht nötig haben; ich werde immer da sein, um dich rauszuhauen."

Also: *Entspannen Sie sich. Werden Sie innerlich ruhig. Machen Sie sich keine Sorgen. Legen Sie „das Textbuch weg". Improvisieren Sie falls erforderlich.*

Weise Worte, nicht wahr? Wir alle wissen, wie gewinnbringend es ist, sich zu entspannen und ein Gefühl der Ruhe und des Friedens zu erlangen. Arbeiten Sie dem entgegen und „werfen Sie dann das Textbuch weg". Wenn Sie Ihr Bewußtsein richtig „konditioniert" haben, dann werden Sie auch wissen, was Sie im richtigen Moment zu sagen und zu tun haben. Jesus sagte: . . . *es wird euch in jeder Stunde gegeben werden, was ihr reden sollt* (Matth. 10:19).

Legen Sie sich die allgemeine Struktur Ihres Lebens zurecht, geben Sie das Ihrem Gemüt ein, durch unentwegte „Probenarbeit" – oder Treatment – und die Einzelheiten werden für sich selber sorgen. Verlassen Sie sich allein auf das Prinzip. Dabei brauchen Sie nicht jeden Augenblick und jede Handlung zu planen. Verankern Sie das Prinzip rechten Handelns tief in Ihrem Unterbewußtsein und Sie können niemals fehlgehen. Nehmen Sie sich Ihren Lebensplan erneut vor, klären Sie Ihre Ziele, Wünsche, Ideale, Hoffnungen, Träume und Aspirationen.

Durchleben Sie jeden Augenblick bewußt mit Freude, Ungezwungenheit und Freiheit.

Gute Schauspieler sind die hingebungsvollsten und diszipliniertesten Menschen auf der Welt. Keine Aufgabe ist zu groß oder zu klein für sie, wenn es dem Stück nützt. Das Gleiche trifft für uns zu, als Handelnde im Leben. Ihre Leistung im Leben wird genau das sein, was Sie aus ihr machen. Es liegt allein bei Ihnen, ob es ein Reinfall oder ein Hit wird. Ein wirksames Treatment – oder wirksame „Probenarbeit" – gründet sich auf:

1. *Definition.* Machen Sie einen Plan und halten Sie sich daran.
2. *Klarheit.* Seien Sie eindeutig und unkompliziert. Stellen Sie sicher, daß Sie Ihr Tun auch verstehen.
3. *Häufigkeit.* Beschäftigen Sie sich mit Ihren Zielsetzungen so oft wie möglich, bis sie zu einem lebendigen Teil Ihrer selbst werden.
4. *Repetition.* Wiederholen Sie Ihr Treatment, bis Sie zu automatischen Reaktionen kommen.
5. *Intensität.* Seien Sie überzeugt von dem, was Sie sagen. Fühlen Sie es. Das Unterbewußtsein reagiert wirksam auf starke Gefühle.

Das Muster rechten Handelns und guter Leistung, das Ihr Leben bestimmt, wird davon abhängen, wie vertrauensvoll und gründlich Sie die inneren Denkmuster geformt haben durch „Probenarbeit" – Treatment. Hier sind die fünf grundlegenden Erfordernisse für die richtigen Resultate in Ihrem Leben:

1. Klarheit der Visualisation.
2. Intensität des Gefühls.
3. Kraft der Imagination.
4. Aufrichtigkeit des Denkens.
5. Vollkommenheit des Ausdrucks.

Treatment (geistige Behandlung) besteht aus klarem Denken und einem harmonischen Verhältnis zum Leben. Treatment ist der Prozeß, mit dem wir unsere affirmative (bejahende) Haltung stärken.

Ein affirmativer Mensch verfügt über die Kraft der Liebe, die für ihn tätig ist, denn Liebe ist die bejahende Einstellung – das affirmative Verhältnis zum Leben. Lernen Sie:

1. Mit sich selbst auszukommen.

2. Mit anderen auszukommen.
3. Mit der Welt auszukommen.
4. Mit Gott auszukommen.
5. Mit dem Leben auszukommen.

Gehen Sie vertrauensvoll vorwärts. Lassen Sie niemals nach, bleiben Sie aufmerksam. Steigen Sie weiter auf. Die Show muß weitergehen. Das universelle Prinzip rechten Handelns ist immer zu Ihrer Verfügung, um Ihnen zu helfen. Wenden Sie es an. Entschließen Sie sich:

1. Am vorteilhaftesten auszusehen.
2. Das Beste zu denken.
3. Sich am besten zu fühlen.
4. Das Beste zu sagen.
5. Das Beste zu tun.

Rechtes Handeln geschieht allein durch Sie. Es wartet nur darauf, durch Sie geschehen zu dürfen. Glauben Sie daran, und es wird immer so sein. Seien Sie vertrauensvoll, standfest und beständig bei Ihrer Behandlungsarbeit, damit Ihr Unterbewußtsein die Ideen der Ordnung, der Harmonie, der Ausgeglichenheit und des rechten Handelns akzeptieren kann.

Gehen Sie unentwegt vorwärts im Leben und folgen Sie diesen Empfehlungen:

1. Sehen Sie sich so wie Sie sein wollen.
2. Bereiten Sie sich auf diese Erfahrung vor.
3. Halten Sie an Ihrem Ziel fest.
4. Führen Sie angefangenes zuende.
5. Behalten Sie Ihre Pläne für sich.

Damit haben Sie das Werkzeug in der Hand. Nun gehen Sie an die Dinge heran und machen Sie Ihr Leben zu einem Hit!

Leitgedanken zu rechtem Handeln

Nichts als Gutes kann in meinem Leben geschehen – jetzt und immer. Etwas wie eine falsche Handlung kann es nicht geben. Es gibt nur rechtes Handeln. Es gibt keine Fehler. Alles, was geschieht hat seinen

Grund. Das Gesetz von Ursache und Wirkung schafft absolute Gerechtigkeit in meinem Leben. Ich beschwere mich nicht, ich klage nicht, ich jammere nicht und ich kämpfe nicht. Ich befinde mich jetzt im Gleichschritt mit dem Leben. Ich „räume mein aufgeblasenes Nichts dem göttlichen Wirkungskreis aus dem Wege" und lasse rechtes Handeln durchkommen.

Ich erteile Gott keine Anweisungen. Ich sage ihm nicht, was er zu tun hat. Ich bin mir bewußt, daß Gott seine Aufgaben viel besser kennt als ich. Deshalb kümmere ich mich um meine Aufgaben. Ich konzentriere mich darauf, meine Aufgaben zu lernen. Wenn ich mein Inneres geglättet habe, dann ist auch mein äußeres Leben in Ordnung, und ich „segle richtig". Ich habe die Gabe der Vollkommenheit und des rechten Handelns in mir. Ich bin entschlossen, dieser Befähigung vollen Ausdruck zu geben – bei allem, was ich tue.

Mein Denken und Fühlen ist synchron – es läuft zusammen in einer vollkommenen Überzeugung rechten Handelns. Nichts kann mich von meinem Ziel abbringen. Ich habe mein Ziel ständig im Visier und bewege mich freudig vorwärts, dem Ziel entgegen: Vervollkommnung und Erfüllung. Es gibt nichts, das ich nicht sein oder tun könnte, wenn ich mich dem Prinzip rechten Handelns voll und ganz hingebe und ihm treu bleibe.

Es gibt da keine Umleitungen. Alle Straßen, alle Wege führen auf die Höhe. Ich finde den richtigen Weg für mich, und folge ihm zu meinem Bestimmungsort – zu Frieden und Erfüllung. Jeder Schritt dieses Weges wird von rechtem Handeln beherrscht – jederzeit, während meines ganzen Lebens. Ich weiß, daß sich alles ordnungsgemäß und in höchster Wirksamkeit gestaltet. Ich glaube an die innere Kraft und Solidarität. Ich bin in Harmonie mit dem universellen Gesetz des rechten Handelns. Ich sage Dank, daß rechtes Handeln sich in meinem Leben auswirkt – heute, morgen und immer. Und so ist es.

6. KAPITEL

„Sei geheilt!"

Vor Jahren, in New York, hatte ich mich von meinen Problemen und Verantwortungen derart überwältigen lassen, daß ich völlig erschöpft war und keinerlei Enthusiasmus und Lebensfreude mehr verspüren konnte. Es gab da Tage, an denen ich einfach nicht in Gang kam. Ich beklagte mich ständig über die viele Arbeit und wühlte mich durch meine verschiedenen Pflichten mit einem Maximum an Widerwillen. Durch diese Gemütshaltung verursacht, entwickelten sich zwangsläufig die verschiedensten finanziellen und gesundheitlichen Probleme, welche die Situation nur noch verschlimmerten.

Wir waren gerade mit der Einrichtung einer neuen Wohnung beschäftigt, und ich stellte mit gelindem Schrecken fest, daß da einige handwerkliche Aufgaben auf mich zu kamen, an die ich sehr zögernd und mit größter Unlust heranging. Als ich gerade dabei war, den Fußboden auszubessern, gab es plötzlich ein Geräusch wie ein Gewehrschuß, und mein linkes Knie war ausgerenkt. Ich war unfähig, mich zu erheben. Mit vereinten Kräften konnte das Knie wieder in die richtige Position gebracht werden und ich machte mich wieder an meine Arbeit. Nach kurzer Zeit jedoch passierte das Gleiche erneut, aber diesmal blieb das Knie verkrampft. Was wir auch taten, nichts schien zu helfen. Bei einem Vortrag, den ich am nächsten Tag zu halten hatte, zwang ich mich, auf dem verletzten Bein zu stehen, eine Anstrengung, die den Zustand nur noch verschlimmerte und die Schmerzen bis zur Unerträglichkeit steigerten. Meine mentalen und emotionellen Reaktionen darauf taten dann noch das ihrige. Der Unfall war nämlich zu einer Zeit passiert, als sehr viel zu tun war, und ich benahm mich, als hätte Gott eine persönliche

Abneigung gegen mich. Volle drei Monate lang humpelte ich durch die Gegend bis es meiner Frau zu bunt wurde. Eines Morgens, beim Frühstück, sagte sie kategorisch: „Wenn du nichts gegen dein Knie unternehmen willst, dann werde ich es eben tun!"

„Ach ja, es wäre schön, wenn du das tun würdest", antwortete ich. „So allmählich habe ich nämlich genug davon." Schließlich ist nichts frustrierender als ein Krankheitszustand, der auf eine geistige Behandlung nicht anspricht. Da unsere Behandlungsarbeit bis dahin keinerlei Wirkung erkennen ließ, hatte ich meine Bemühungen in dieser Richtung verstärkt, jedoch nach wie vor keine greifbaren Resultate erhalten. Auch die Ärzte, die ich hinzugezogen hatte, waren mehr oder weniger hilflos. Wie hätten sie mir auch helfen können? Denn schließlich befand sich das Problem nicht in meinem Bein, sondern ausschließlich in meinem Gemüt. Der Zustand meines Körpers war lediglich die Projektion meiner inneren Einstellung – die Projektion von Anstrengung, Ringen und Widerstand. Gleichzeitig hatte ich meine Beine gezwungen, sich zu bewegen – koste es was es wolle, und ihnen damit zahllose psychologische Behinderungen zugemutet.

Unsere inneren Konflikte

Dies ist eine nur allzu häufig vorzufindende menschliche Situation: Unsere krampfhaften Anstrengungen, um jeden Preis weiter zu machen, werden von inneren Konflikten blockiert – von Unsicherheit, Unentschlossenheit und Ängsten. Daraus entwickelt sich dann immer eine Stress-Situation. Es kann garnicht anders sein: Jedesmal, wenn wir uns unbedingt in zwei verschiedenen Richtungen zu gleicher Zeit bewegen wollen, dann muß es einen Knacks geben. In diesem Fall war es mein Knie, das rebellierte. In ähnlichen Fällen können innere Konflikte und Widerstände dieser Art alle möglichen Fußbeschwerden, sowie Gelenk-, Rücken- und Muskelschmerzen hervorrufen. Der menschliche Körper kann solchen Belastungen nicht unbegrenzt standhalten. Genau genommen jedoch, wirken körperliche Schwierigkeiten sich als Segnungen aus. Durch sie wird nämlich unsere Aufmerksamkeit auf die unbedingte Notwendigkeit eines inneren Wandels gerichtet. Hat dieser Wandel sich vollzogen, erfolgt die Heilung automatisch. Deshalb sollten wir das dem Ganzen zugrundeliegende Prinzip verstehen, statt ihm Widerstand zu leisten. Wir müssen uns dazu bringen, mit dem betreffenden Zustand zu kooperieren, um die Lektion lernen zu können, die uns hier vermittelt wird. Denn um eine Lektion handelt es sich jedesmal mit Sicherheit.

Nichts geschieht „einfach so" ganz von selbst. Für jeden Zustand – für jede Wirkung gibt es eine Ursache. Körperliche Leiden, besonders funktionelle Störungen, sind immer eine Projektion des Bewußtseins. Auf diese Weise will die Natur uns die dringende Notwendigkeit eines inneren Wandels aufzeigen.

Aber nur allzu oft zeigen wir uns diesen Warnungen gegenüber störrisch und blind. Wir weigern uns, ihre Botschaft zur Kenntnis zu nehmen und unsere Lektion zu lernen. Es scheint uns in der Tat lieber zu sein, die Schmerzen zu ertragen und dabei weiter zu kämpfen.

Mit dem Prinzip und seiner Wirkungsweise war ich als Wahrheitslehrer selbstverständlich bestens vertraut, muß jedoch gestehen, daß ich mich in dieser Situation mit meinem verrenkten Knie nicht gerade sonderlich bemüht hatte, es auch ernsthaft anzuwenden. Es schien für mich naheliegender, das Problem zu bekämpfen, als es auf die einzig richtige Weise zu lösen. Probleme sind jedoch nur Äußerlichkeiten; die Antworten kommen immer aus dem Innern. Plagen Sie sich niemals mit einem Problem herum – versuchen Sie niemals, ein Problem auf seiner eigenen Ebene zu lösen. Probleme hören zu existieren auf, wenn wir ihre ursächliche Lösung finden.

Als ich nun daranging, meine Schwierigkeit gründlich und lückenlos zu analysieren, konnte ich klar erkennen, daß mein schlimmes Knie eine direkte Projektion negativer Einstellungen war – Gemütshaltungen, die Druck, Widerstand und eine falsche Einstellung bezüglich anfallender Arbeiten im Haushalt beinhalteten. Was ich dringend brauchte, war eine Re-Orientierung meines Bewußtseins. Und das kann nur auf eine Weise geschehen: Durch eine vernünftige Analyse der mentalen und emotionellen Faktoren, die dem Ganzen zugrunde liegen, um dadurch zu einem Verständnis der Situation zu kommen, gefolgt von einer

125

intensiven geistigen Behandlung. Analyse oder Gebet jeweils für sich allein sind unzureichend. Sie müssen zu einer wissenschaftlichen Gebetstherapie kombiniert werden – basierend auf psychologischem und spirituellem Verständnis.

Schließlich war ich imstande, mein Problem klar zu verstehen. Als ich mir über die zugrundeliegende Ursache im Klaren war, wußte ich, daß der Zustand geheilt werden konnte. Metaphysisch gesehen repräsentiert das Bein die Befähigung zur Vorwärtsbewegung und das Knie die Fähigkeit zur freien Drehung in jede Richtung. Der physische Ausdruck korrespondiert mit der mentalen und spirituellen Befähigung. Spirituelle Gemütsbehandlung wirkt auf dieser Ebene.

Eines Morgens hatte ich zusammen mit meiner Frau gerade eine geistige Behandlung abgeschlossen, und ich beeilte mich, um pünktlich zur Probe zu kommen. Meine Frau versprach mir, im Laufe des Tages noch weiter geistig für mich zu arbeiten. Die Resultate sollten bemerkenswert sein, wie sich sehr bald herausstellte.

Am Nachmittag nämlich – mitten in einer Hörspielprobe – spürte ich plötzlich eine Welle von Hitze und Energie, die meinen ganzen Körper überschwemmte. Damit ging ein Gefühl tiefer Entspannung und unbeschreiblichen Wohlbefindens einher. Die Schmerzen in meinem Knie waren plötzlich weg – voll und ganz. Das Bein wurde beweglich, die Steifheit schwand, und zum erstenmal seit Monaten konnte ich gehen, ohne zu humpeln. Ich war vollkommen geheilt.

Wie es sich später erweisen sollte, hatte sich diese Heilung zu genau dem gleichen Zeitpunkt vollzogen, als meine Frau bei ihrem Treatment für mich eine sehr intensive spirituelle Wahrnehmung hatte. Sie hatte den größten Teil des Tages ruhig und entspannt mit Studium und Meditation zugebracht und dabei eine hohe Ebene des Gewahrseins erreicht.

„Mir war, als hätte ich mich auf einer ganz anderen Ebene befunden", berichtete meine Frau später. „Eine Stimme fragte ,Fürchtest du dich, hinüberzugehen'? ,Ja', sagte ich, ,aber ich möchte es schon'. Plötzlich glitt ich hinüber in eine größere Dimension. Alles war friedvoll, von unbeschreiblicher Schönheit und entspannt. Ich befand mich in einem Bereich reinen Lichtes und zum ersten Mal in meinem Leben gewann ich klare Erkenntnis. Ich konnte alles klar sehen und verstehen. In diesem Moment begriff ich mehr, als ich je zuvor – in meinem bisherigen Leben – begriffen hatte. Ich war mir bewußt, daß ich es war, und dennoch war ich mehr, als nur ich selbst. Ich schien im Raum zu schweben. Ich blickte nach unten und sah meinen Körper auf der Couch liegen, aber ich war von ihm befreit. Ich war frei – mein wahres Selbst. Ich war herrlich und vollkommen frei!

Nachdem ich mich an den neuen Zustand gewöhnt hatte, konnte ich die Dinge in ihrem Verhältnis zueinander erkennen. Ich begriff mit einem Mal das Warum, Wieso und Weshalb. Alle Ursachen wurden mir plötzlich klar. Ich war eins mit der Erde, der Sonne, dem Mond und den Sternen – dem Himmel und dem Meer, und ich konnte sie als das erkennen, was sie sind. Ich war eins mit Gott; die Begrenzungen von Zeit und Raum hatte ich überwunden. Weder Zeit und Raum, noch andere Maße oder Dimensionen hatten noch eine Bedeutung für mich. Ich wußte nur eines: Ich war ich, und alles war wunderbar und gut."

Wie meine Frau mir weiter erklärte, war sie in diesem Zustand befähigt, in das Innere der Dinge zu blicken, und somit die Ursache meines Beinleidens auszumachen. Sie hatte da etwas gesehen, das ihr wie ein häßlicher geschwollener Wurm erschien, ineinander verschlungen und entzündet. Mit einem Mal wurde ihr klar, daß es sich hier um eine Embolie handelte, die sich in meinem Knie entwickelt hatte. Ihr erhöhter Bewußtseinszustand befähigte sie, den sich darstellenden Krankheitszustand geistig zu durchdringen – durch ihn hindurch zu blicken – und an seiner Statt Freiheit, Gesundheit und Vollkommenheit zu sehen und anzuerkennen. Sie konnte daher mein Knie als vollkommen gesund visualisieren. Dadurch wurde das Gedankenbild der verschlungenen Blutgefäße aufgelöst, und sie erzielte die vollkommene Verwirklichung einer Geistheilung. Die Resultate, die zum gleichen Zeitpunkt in meinem Körper erzielt wurden, habe ich bereits beschrieben. Obgleich meine Frau nach diesem Erlebnis in ihren wachbewußten Zustand zurückkehrte, verblieb sie noch für einen Zeitraum von mehreren Stunden in einem schläfrigen Dämmerzustand, in dem sie ihre wunderbare Erfahrung noch nachempfinden und festigen konnte.

Die tiefgreifende Wirkung spiritueller Heilung

Dieses Erlebnis hatte mich selbstverständlich seinerzeit tief beeindruckt und übt auch jetzt noch einen spürbaren Einfluß auf mich aus. Seine Auswirkungen reichen über die damals erfolgte Heilung weit hinaus. Sie machen sich immer wieder bemerkbar. Mein Knie war spirituell geheilt worden, und eine spirituelle Heilung ist immer permanent. Heilungen dieser Art gehen immer mit einer spürbaren Veränderung im Leben des Betreffenden einher. Viele der Heilungswunder Jesu legen davon Zeugnis ab. Dieses Erlebnis und viele ähnlicher Art, die ich immer wieder beobachten kann – in meinem Leben und im Leben derer, denen ich helfen kann – haben mich zu der Überzeugung gebracht, daß das Geheimnis eines glücklichen, erfolgreichen und effektiven Lebens darin besteht, zu lernen, wie man mit dem Leben kooperiert, statt ihm zu widerstehen. Eine derartige Zusammenarbeit mit dem Leben erfordert Integration und Koordination – die Themen, mit denen wir uns in diesem Kapitel beschäftigen.

Wenden Sie dieses Verfahren an, ungeachtet der äußeren Maßnahmen, die sich als notwendig erweisen sollten. Auch im Fall einer intensiven medizinischen Behandlung können Sie dem Arzt mit Ihrer inneren spirituellen Arbeit sehr helfen. Alles wirkt zusammen, um den „vollkommenen Menschen" zu schaffen. Mit dem Wachsen Ihrer Wahrnehmung vollzieht sich auch die angestrebte Wandlung, so daß Sie schließlich äußerer Hilfen nicht mehr bedürfen.

Der Behandlungspraktiker und der Patient

Bei der Niederschrift dieser Seiten bin ich unzählige Male von Anrufen hilfesuchender Menschen unterbrochen worden. Wenn wir Schmerzen erleiden oder in Schwierigkeiten sind, brauchen wir nur zu der Einsicht und Wahrnehmung zu kommen, daß wir über die erforderliche Kraft verfügen, um diesen Zustand zu überwinden. Deshalb bin ich bestrebt, die Gedanken des Anrufers durch Liebe, Verständnis und beruhigende Worte der Erklärung und Ermutigung auf Kraft, Mut, Glauben und

Vertrauen in die sofortige Verfügbarkeit der unendlichen heilenden Gegenwart zu richten. Bereits die Tatsache, daß ein Mensch um Hilfe bittet, weist auf Empfänglichkeit und Annahmebereitschaft hin. Mit der Überwindung allen persönlichen Widerstandes erheben wir unser Bewußtsein zu der Wahrnehmung, daß die innere Kraft sich ganz natürlicher Hilfsmittel bedient, um die Schwierigkeit zu korrigieren. Viele Menschen rufen täglich bei uns an, um persönliches Treatment – persönliche spirituelle Behandlungsarbeit zu vereinbaren. Andere wieder – es sind viele hundert täglich – nehmen unseren automatischen Telefondienst, unser „Dial-a-Treatment", die anwählbare geistige Behandlung vom Tonband, in Anspruch. Viele bemerkenswerte Heilungserfolge sind als Resultat dieser Arbeit zu verzeichnen. Auch meine Rundfunk- und Fernsehprogramme pflege ich immer mit einem Treatment zu beschließen.

Menschen, die einen Behandlungspraktiker anrufen, brauchen die Gewißheit, daß irgendwo jemand ist, der „die Wahrheit kennt" – die Wahrheit über sie – und daher Vollkommenheit und rechtes Handeln für sie bejaht, ohne Rücksicht auf die äußerlich bestehende Schwierigkeit. Dabei ist es völlig unerheblich, wer hier „die Wahrheit kennt", Sie oder der Behandlungspraktiker. Die subjektive Macht des Universums wird in jedem Fall sofort tätig. Das Gesetz sieht die Person nicht an. Es ist nur wirksam – es kann nur erschaffen und es ist seiner Natur nach darauf angelegt, Gutes zu schaffen. Aus diesem Grunde haben Ihre konstruktiven Gemütshaltungen die Macht, die negativen aufzulösen. Deshalb ist auch das Treatment des Behandlungspraktikers durch Sie hindurch als Heilungswerk spürbar und wirksam. Wenn ein anderer Mensch Gutes für Sie bejaht – wenn er Gutes über Sie „weiß" –, dann ist das schon fast so wirksam wie eine eigene Bejahung. Wenn Sie rezeptiv – für die entsprechenden Schwingungen empfänglich – sind, dann haben Sie unterbewußt Kenntnis von allem, was der Behandlungspraktiker bei seiner Treatmentsarbeit für Sie bejaht hat. Die heilende Kraft – das universelle subjektive Gemüt – ist allen zugänglich. Das universelle subjektive Gemüt reagiert auf jede subjektive Vergegenwärtigung. Deshalb ist es unerheblich, wer diese Vergegenwärtigung herbeiführt. Das ist das zugrundeliegende Prinzip im Verhältnis zwischen Behandlungspraktiker und Patient. Das wollte auch Jesus zum Ausdruck bringen, als er sagte: *Wenn zwei von euch auf Erden darin übereinstimmen werden, irgendeine Sache zu erbitten, so wird sie ihnen zuteil werden von meinem Vater in den Himmeln.* (Matth. 18:19).

Wenn das Gemüt sich wandelt, dann verändern sich auch die Umstände und Begebenheiten. Das kann zuweilen in einem einzigen Augenblick geschehen. Da unsere Gemüter jedoch zumeist mit negativen Verursachungen programmiert sind, ist es naheliegender, daß diese Veränderung erst nach einer gewissen Zeit spürbar wird – einer Zeitspanne, die wir auf die Wiederinstandsetzung (Re-Konditionierung) des Unterbewußtseins verwandt haben. Zudem ist die Bereitschaft des Heilungssuchenden zur bedingungslosen Mitarbeit von entscheidender Bedeutung. Er muß bereit sein, alle destruktiven Gemütshaltungen aufzugeben und sie durch konstruktive zu ersetzen. Wir müssen zunächst geben, damit wir empfangen können. Das ist ein grundlegendes Gesetz des Lebens.

Unbedingtes Vertrauen in das Prinzip ist der erste Schritt. Der zweite Schritt läßt uns zu der Erkenntnis, Einsicht und Wahrnehmung kommen, daß unser wahres Selbst in unserem Innern heil und vollkommen ist, und daß ein natürliches schöpferisches Gesetz ständig am Werk ist, um diese Vollkommenheit in Ihrem Körper und Ihren Belangen zu manifestieren und aufrechtzuerhalten. Dabei kann die Mitarbeit eines versierten Behandlungspraktikers sehr von Nutzen sein. In welcher Gestalt sich Ihr Problem oder Ihre Krankheit auch präsentieren mag: Wenn Sie sich spirituell, mental und gefühlsmäßig mit Gesundheit und Vollkommenheit identifizieren können, in der restlosen Überzeugung, daß der Heilungsprozeß durch Sie in Gang gesetzt wurde, und Sie jetzt durchwirkt, und wenn Sie zu der Wahrnehmung kommen, daß Ihr erwünschtes Gutes bereits vollendete Tatsache in Ihrem Erfahrungsbereich ist, dann wird es sich durch ein natürliches Gesetz rechten Handelns manifestieren. Die Wahrnehmung muß jedoch vollständig sein. Verwirklichungen können wir nur herbeiführen durch totale Annahme und Überzeugung.

Wahrnehmung: Das Ziel der geistigen Behandlung

Der Behandlungspraktiker arbeitet immer auf die Wahrnehmung der Vollkommenheit hin. Diese Wahrnehmung herbeizuführen – sowohl bei sich selbst, als auch beim Patienten – ist sein vordringliches Ziel. Wie bereits dargelegt, erfolgt die Wahrnehmung entweder als Resultat einer längeren Periode konstruktiver Gebetstherapie oder eines über einen längeren Zeitraum aufrechterhaltenen konstruktiven Gemütszustands. Sie kann jedoch auch plötzlich und unvermittelt erfolgen. Sie tritt immer dann ein, wenn das Unterbewußtsein die Bejahungen akzeptiert, die ihm vom wachbewußten Verstand eingegeben werden – Bejahungen, an denen das Gemüt gearbeitet hat. Das kann zuweilen unmittelbare Resultate erbringen, oftmals sogar recht spektakulärer Art. Ein anderes sicheres Zeichen erfolgreicher Wahrnehmung ist ein tiefes Gefühl des Friedens.

Ich pflege – wie gesagt – immer mit einer Anzahl von Einzelpersonen zu arbeiten. So manche vollkommene Heilung wurde durch unsere gemeinsame Arbeit bewirkt, als Resultat des inneren Wandels dieser Menschen. Selbstverständlich wissen wir nie, zu welchem Zeitpunkt vollkommene Resultate erzielt werden, mit Sicherheit jedoch sind die Auswirkungen der wissenschaftlichen Gebetsbehandlung immer positiv und gut. Die im Unterbewußtsein erreichte Wahrnehmung ist sowohl für den Behandlungspraktiker als auch den Patienten spürbar.

In meinen eigenen Erfahrungen stellt sich eine Wahrnehmung immer zusammen mit einem tiefen Gefühl des Friedens ein, und ist die vollkommene Annahme des Guten. Eines Nachts wälzte ich mich schlaflos von einer Seite auf die andere, weil mich ein paar schwierige Probleme und Entscheidungen wieder einmal fest im Würgegriff hielten. Ich hatte hin und her überlegt, hatte erwogen, gebetet und meditiert, ich hatte sie mit anderen diskutiert und um Rat gefragt. Dennoch war weit und breit keine Antwort in Sicht. Als ich schließlich erschöpft und noch immer schlaflos dem heraufdämmernden Morgen entgegen sah, hörte ich eine sanfte Stimme klar und deutlich sagen: »Es gibt eine höchste Kraft.« Das war alles, aber es war auch genug. Plötzlich fühlte ich mich wohl und behaglich und von einem herrlichen Gefühl tief

131

inneren Friedens umfangen. Mit einem Mal wußte ich, daß alles in Ordnung war. Die Wahrnehmung hatte sich eingestellt und ich sank in tiefen Schlaf. Als ich erwachte, war dieses Gefühl immer noch mit mir, und an diesem Tag wandelte sich alles zum Besseren. Meine Probleme wurden alle gelöst. Jedenfalls muß es wohl so gewesen sein, denn ich habe sie nicht mehr.

Damit will ich durchaus nicht behaupten, daß Ihre Wahrnehmung nun unbedingt von Licht, Schauern oder irgendwelchen Stimmen begleitet sein muß. Ich will damit nur eindeutig klargemacht haben, daß es möglich ist, sich derart mit den konstruktiven inneren Kräften in Einklang zu bringen, daß man eine Wahrnehmung von Frieden, Vollkommenheit und rechtem Handeln erreicht.

Eine junge Dame hatte nach der Extraktion eines Weisheitszahnes unter sehr starken Schmerzen zu leiden. Weder die Einnahme von Aspirin noch intensive Gebetsbehandlung brachten ihr spürbare Linderung. Schließlich nahm sie ihre ganze Kraft zusammen und erklärte verzweifelt: „Gott ist alles was ich bin. Ich bin ein Teil Gottes. Gott hat keine Zahnschmerzen, deshalb kann auch ich keine Zahnschmerzen haben. Die Schmerzen sind jetzt völlig verflogen. Ich fühle mich großartig. Danke, Gott! Amen." Die Schmerzen schwanden tatsächlich auf der Stelle, und das wiederum ängstigte sie beinahe zu Tode.

Auf jeden Fall akzeptierte sie den neuen Zustand und konnte sich ohne weitere Schwierigkeiten zur Ruhe begeben. Was war geschehen? Wahrnehmung selbstverständlich. Diese Wahrnehmung stellte sich ein, ungeachtet ihrer extremen Zweifel an der Gebetsbehandlung als wirksame Hilfe. Sie hatte nämlich zuvor damit keine sonderlichen Resultate erzielt. Sie war von der Tatsache ausgegangen, Schmerzen zu haben, und meinte, sie wohl oder übel aushalten zu müssen. Die unerträglichen Schmerzen waren es dann jedoch, die zu ihrer eigenen Bejahung führten. Das brachte dann die Wahrnehmung zustande, als Resultat vorangegangener spiritueller Arbeit, eines tiefen Begehrens nach Linderung, und der inneren Überzeugung, daß Schmerzen durchaus nicht unumgänglich waren.

Wenn wir aufhören, an etwas zu glauben – wenn wir etwas nicht mehr für wahr halten, dann ist es nicht länger wahr für uns. Und wenn wir darangehen, an etwas besseres zu glauben, dann wird dieses Bessere für uns wahr. Das ist ein einfaches Gesetz mentaler Verursachung. Probieren Sie es aus und Sie werden sehen. Dieses Buch zeigt Ihnen die Möglichkeiten dazu auf. Der Glauben muß jedoch vollkommen sein – vollkommen in Überzeugung und Annahme, um zu einer vollkommenen Wahrnehmung führen zu können. Die Resultate sind eine direkte Widerspiegelung unserer Beherrschung des Prinzips. Lassen Sie sich nicht entmutigen. Bleiben Sie dran; dann werden Sie auch Resultate erzielen. Es geht darum, einen starken Glauben zu entwickeln. Messen Sie Ihr gegenwärtiges Potential oder Ihre zukünftigen Möglichkeiten niemals an den gegenwärtigen Zuständen oder vergangenen Leistungen. Wir können alles überwinden und alles erreichen, wenn wir im Glauben handeln – es gibt da keine Grenzen. Nicht etwa in blindem Glauben, sondern in einem praktischen, wirksamen Glauben, systematisch und wissenschaftlich aufgebaut, durch konstruktives Disziplinieren des Gemüts.

Das Heilungsgebet

Die Wiederherstellung eines normalen Gesundheitszustandes kann nicht durch Suggestionen, mentale Zwänge, Hypnose oder religiöse Hysterie bewirkt werden. Es wäre auch sinnlos, wollte der Heilungspraktiker dem Patienten seinen persönlichen Willen aufzwingen. Die Wiederherstellung der Gesundheit tritt allein dann ein, wenn der Behandlungspraktiker zu einer Wahrnehmung von Gesundheit und Vollkommenheit im Patienten gelangt, und diese Wahrnehmung von beiden – dem Behandlungspraktiker und dem Patienten – auf der unterbewußten Ebene erfahren wird. Sie ist letztlich das Ergebnis der gemeinsamen Bejahung. Das Ganze hat mit einer sogenannten „Glaubensheilung" nicht das Geringste zu tun. Wahrnehmung ist das Resultat systematisch unternommener Schritte – das Resultat sinnvoller Vorgaben, Bejahungen und Bekräftigungen, um alle negativen mentalen und emotionellen Gemütshaltungen aufzulösen, die das Problem verursachten, weil sie den natürlichen Ausdruck innerer Vollkommenheit blockierten. Wenn diese krankheitsproduzierenden Ursachen erst einmal beseitigt sind, erfolgt die Heilung ganz automatisch.

Jahrelange Erfahrungen auf diesem Gebiet haben mir gezeigt, daß es in jedem einzelnen Fall darauf ankommt, festzustellen, was erforderlich ist, um eine Wahrnehmung von Gesundheit und Vollkommenheit zu erreichen. Zuweilen erfolgt die Wahrnehmung unmittelbar; Heilungsresultate stellen sich jedoch erst ein, nachdem sie über einen längeren Zeitraum hinweg aufrechterhalten wurden. In vielen Fällen war die negative Beschaffenheit und der innere Widerstand – in Patient und Behandlungspraktiker gleichermaßen – derart festgefügt, daß die Wahrnehmung erst nach einer längeren Periode der Unterweisung und Wiederinstandsetzung erfolgen konnte. In bestimmten Fällen tritt die angestrebte spezifische Wandlung oder Heilung sogar niemals ein. Ausnahmslos ist dann jedoch eine Verbesserung des Allgemeinzustands zu verzeichnen, sofern hier systematische und andauernde wissenschaftliche Behandlungsarbeit im Spiel war. Das Hauptproblem ist immer das Durchstehvermögen in Vertrauen und Erwartung. Wir verwenden für gewöhnlich Jahre darauf, negative Verursachungen aufzubauen – sie geradezu zu züchten – durch ungesunde mentale, emotionale und physische Gewohnheiten, und eine Lebensführung die Stress, Anspannung und Nervosität hervorruft. Wenn dann unsere Behandlungsarbeit nicht sogleich anschlägt (was unter solchen Voraussetzungen wohl verständlich sein dürfte), werden wir leicht entmutigt. Wie bereits ausgeführt, neigen die Menschen dazu, dem Sinn nach zu sagen: „Ich will nicht gut sein, ich will nur, daß der Schmerz aufhört." Andauernde und lohnende Resultate sind jedoch nur durch fortgesetzte Behandlungsarbeit zu erzielen. Unbeirrtes Weiterführen ist nun einmal unerläßlich für den Erfolg, für das gute Leben. Schließlich können Sie sich einen guten Golfschlag auch nur durch unentwegtes Üben erwerben. Verzweifeltes und krampfhaftes Mühen genügt da nicht. Paulus sagte: *Betet ohne Unterlaß* (1. Thess. 5:17). Eignen Sie sich konstruktive Denkmuster an und eine konstruktive Lebensführung in jedem Bereich. Damit werden Sie zu einem vollkommenen Menschen.

Meine Erfahrungen zeigten mir weiterhin, daß es am sinnvollsten ist, das Problem des Einzelnen auf der Ebene anzugehen, die er am leichtesten akzeptieren kann. Ich erkläre dann, was jeweils zu erwarten ist, wenn wir die Gesetze des Lebens auf jeder Ebene unseres Seins anwenden. Diese Gesetze sind ausnahmslos affirmativer (bejahender) Natur. Ihre Auswirkungen sind je nach Anwendung entweder negativer oder positiver Art. Das Prinzip kann in keiner Weise begrenzt werden. Wenn sich die erwünschten Resultate nicht einstellen, dann liegt der Fehler bei uns, nicht im Prinzip. Shakespeare sagte:

„Der Fehler, lieber Brutus, liegt nicht in unseren Sternen, sondern in uns selbst, wenn wir Untertanen sind."

Das wissenschaftliche Gebet – die wissenschaftliche Anwendung der Prinzipien rechten Lebens auf jeder Ebene, spirituell, mental, emotional und physisch – ist immer wirksam. In manchen Fällen kann die Mitarbeit eines Mediziners oder Psychiaters angeraten erscheinen. Zuweilen kann sich auch die Einnahme eines Medikaments als notwendig erweisen – sofern der Betreffende mehr an die Kraft des Medikaments als an die der Bejahung glaubt. Gelegentlich muß ein sinnvoll zusammengestelltes Programm von Diät, Ruhe und Bewegung allem anderen vorausgehen. Dann wiederum können Beratungen vorrangig sein. Bei unserer Arbeit wird nichts ausgelassen, das ein geeignetes Mittel sein könnte, den Hilfesuchenden näher zu einer Wahrnehmung seines wirklichen Selbst zu bringen. Entscheidend dabei ist letztlich, was der Einzelne zu akzeptieren vermag. Schließlich führen alle Wege auf den Gipfel der Wahrnehmung. Bei einigen dauert es nur länger, das ist alles. Probleme, Schwierigkeiten, Irrtümer und Leidenserfahrungen – sie alle führen letztendlich zur Wahrnehmung. Damit stellt sich die Frage: „Warum letztendlich, warum nicht jetzt sofort?" Die Antwort darauf lautet: „Die Mittel sind vorhanden, wenn wir sie doch nur gebrauchen würden!" Gleichgültig, welche Mittel wir auch wählen, um zur Selbstverwirklichung zu gelangen, unser Streben muß eine innere Entwicklung des Geistes und der Seele (Gemüt und Emotionen – Bewußtsein) beinhalten, die letztlich zur Manifestation des „vollkommenen Menschen" führt. Daher ist das System der Persönlichkeitsentwicklung in diesem Buch grundlegend und unanfechtbar. Das Ganze ist mehr eine bestimmte Art der Lebensführung. Gesundheit, Glück, Wohlstand und alle guten Dinge des Lebens sind ganz natürliche

Attribute des „vollkommenen Menschen" und keineswegs Endlichkei-
ten in sich. Erzielen Sie eine Wahrnehmung dieser Attribute und sie
werden für Sie wahr werden. Lassen Sie sich durch nichts und niemanden davon abhalten, für diesen Plan tätig zu werden. Einmal erwacht,
werden wir nie wieder das Bedürfnis haben, zu „schlafen".

Glaube ohne Werke ist tot, sagte Paulus (Jak. 2:20). *Seid aber Täter
des Wortes* (Jak. 1:22) *Steh auf, nimm dein Bett und geh hinweg* (Mark.
2:9). Das war ein klarer Befehl von Jesus, und der Gelähmte wurde
geheilt. Es war nicht allein die Kraft im Meister, die ihn heilte, sondern
es war zugleich die Kraft, die ihm selbst innewohnte – und er wandte sie
an. Er selbst mußte tätig werden, damit Resultate erzielt werden
konnten. Jesus und alle großen spirituellen Führer legen davon Zeugnis
ab. Sie alle haben ein Evangelium des Handelns gelehrt. Leben ist
Aktion. Wir werden niemals etwas Nennenswertes zustande bringen,
wenn wir nur herumsitzen und darauf warten, daß etwas geschieht. Wir
müssen unser inneres Begehren und unsere Überzeugungen mit zielgerichtetem Denken – mit intelligent zielgerichtetem Denken koppeln.

Lazarus, komm heraus! (Joh. 11: 43) Diesen eindeutigen Befehl gab
Jesus und der Tote wurde lebendig. Jesus flößte Lazarus Leben ein, aber
letztlich war es Lazarus selbst, der aus der Gruft hervorkam. Diese
Geschichte ist symbolhaft für einen jeden von uns. Jesus repräsentiert
die spirituelle Kraft des Lebens, die einen jeden von uns aus dem Tod in
das Leben erhebt, wenn wir sie anwenden. Dieses Beispiel ist von
wesentlicher Bedeutsamkeit, nicht so sehr wegen des Wunders, das sich
da vor vielen Jahrhunderten ereignet haben mag, sondern wegen seiner
praktischen Anwendbarkeit in unserem persönlichen Leben heute.
Denn es sind ja jeweils die lebenden Toten, mit denen wir befaßt sind –
wir selbst sind es, die zum Leben erwachen müssen. Wir können uns
immer von den Toten erheben, wenn wir die Lebenskräfte in unserem
Innern erkennen, wenn wir sie freisetzen und für uns arbeiten lassen.

Was ist ein Treatment?

Ein Treatment ist eine Bejahungs-oder Gebetstechnik und keineswegs eine Formel. Ihr Treatment – gleichgültig, ob Sie es für sich selbst

oder für einen anderen Menschen durchführen, – wird immer ein Ausdruck Ihres gegenwärtigen Bewußtseinszustands sein. Entwickeln Sie die Macht Ihres Unterbewußtseins, indem Sie über die folgenden Definitionen des Begriffs Treatment nachsinnen:

– Ein Treatment ist
1. Der Prozeß einer bewußten Auswahl dessen, was wir zu erfahren wünschen, und eine Anweisung an das innere Gemüt, es für uns zu produzieren.
2. Instandsetzen des Gemüts anhand konstruktiver Denkmuster.
3. Eine gedankliche Reise vom gegenwärtigen zum erwünschten Zustand.
4. Ein Einstimmen auf das universelle Gemüt.
5. Eine Methode, mit der wir die Begrenzungen des Selbst, der Zustände und Begebenheiten überwinden, und in einem größeren Gewahrsein denken.
6. Der Prozeß der Vereinigung mit unserem Ideal.
7. Konstruktives, schöpferisches Denken über unser besseres Selbst.
8. Ein Aufbauprozeß. Das Werkzeug ist das Gemüt. Das Material ist der Gedanke.
9. Mit Gott Kontakt aufnehmen, in einer Sprache, die wir beide verstehen.
10. Unser Gemüt in Ordnung zu bringen, damit ein größeres Denkmuster des Guten zum Durchbruch kommen kann.
11. Ein Bewußtmachen, daß der Strom des Lebens uns durchfließt.
12. Ein Bewußtmachen, daß wir eins mit dem universellen Gemüt sind.
13. Der Übergang von Trennung zu Vereinigung.
14. Ein Identifizieren mit unserem Guten.
15. Ein Instandsetzen unseres Gemüts für neue Konzepte eines erweiterten Erfahrungsbereichs.
16. Eine Verwandlung von Negativitäten in einen Prozeß konstruktiver Schöpfung.
17. Ein Empfangen durch Werden. Je mehr wir sind, desto mehr erhalten wir.

18. Unsere Identifizierung mit dem Zustand, den wir zu erfahren wünschen.
19. Mitwirkung am Evolutionsprozeß.
20. Anwendung des Wachstumsgesetzes – an bestimmter Stelle, für einen bestimmten Zweck.
21. Eine Vorbereitung auf bestimmte Erfahrungen.
22. Eine Einzahlung auf unser spirituelles Konto.
23. Der Schlüssel zur Pforte, die ins Unendliche führt.
24. Der innere Prozeß der Auswahl und Annahme von Erfahrungen.
25. Der Prozeß einer Wiederinstandsetzung des Gemüts, damit es uns als konstruktives Werkzeug dienen kann, um das Erwünschte hervorzubringen.
26. Das Erschaffen eines größeren Kanals, durch den Gutes strömen kann.
27. Eine Reinigung unseres Gemüts. Entfernung von Schlamm.
28. Eine Trennung von falschen Überzeugungen und die Annahme von wahren an ihrer Stelle.
29. Ein mentales Auflösen des Unerwünschten, damit das Gute und Wahre zum Vorschein kommen kann.
30. Eine Bohrung nach spirituellem Wasser.
31. Unsere Identifizierung mit Leben und Liebe.
32. Die Wandlung eines „Nicht haben"-Bewußtseins zu einem „Haben"-Bewußtsein.
33. Einen inneren Trümmerhaufen aufzusammeln und zu einem neuen Bewußtsein zusammenzusetzen.
34. Die „losen Taue" wieder fest zusammenzuknoten.
35. Konzentration der spirituellen Macht unserer Gedanken auf einen spezifischen Punkt in unserem Innern.
36. Ein Gebet, das eine bestimmte Demonstration bewirken soll.
37. Kontrolliertes wissenschaftliches Gebet.
38. Ein klares Vorstellungsbild dessen, was wir haben wollen, ständig im Gemüt gehalten, bis der schöpferische Prozeß in Gang kommt und es produziert.
39. Unerwünschten Erfahrungen den Rücken zu kehren und uns unserer gegenwärtigen Aufgabe zuzuwenden.

40. Uns einer Idee voll und ganz zu widmen.
41. Die Vermählung von Denken und Fühlen. Alles, was wir bewußt denken und fühlen, ist ein Treatment.
42. Ein Aktivieren der spirituellen Macht in unserem Innern.
43. Das Bewußtsein des Einzelnen auf die wahre Natur des innewohnenden Geistes einzustimmen – des innewohnenden Geistes, der Gott ist.
44. Ein Lauschen auf unsere Gedanken, die wir dann entweder verstärken oder korrigieren.
45. Unser Leben in höhere Bereiche des Gemüts zu verlagern, um zu akzeptablen Bedingungen zu gelangen.
46. Ein Verfahren, inneren Kontakt herzustellen und die entsprechenden Verbindungswege zu öffnen.
47. Das Leben „scharf einzustellen".
48. Eine spirituelle Erziehung.
49. Gleichschaltung mit dem einen Gemüt, das nur Vollkommenheit kennt.
50. Befehlsausgabe an den empfänglichen Teil unseres Gemüts.
51. Im angestrebten Ideal Wohnung nehmen.
52. Aufhören, sich mit dem kleineren Selbst abzugeben, und ein Konzept des erweiterten Seins zu erfassen – des erweiterten Seins, das wir in Wirklichkeit sind.
53. Ein Anhäufen der Beweise des Guten.
54. Eine Methode, Zeit, Raum und Schwierigkeiten zu überwinden.
55. Ein Reinigen unseres Gemüts von mentalem und emotionalem Unrat.
56. Der Prozeß, unser mentales und emotionales „Soll" in ein „Haben" zu verwandeln.
57. Ein Prozeß spiritueller Weiterbildung.
58. Unser bewußtes sich Einschalten in den Prozeß der Evolution.
59. Bewußtes Gewahrsein der Natur Gottes.
60. Uns selbst und Gott aus einem neuen Blickwinkel zu sehen.
61. Ein Hervorheben der spirituellen Konzepte innerhalb unseres Selbst.
62. Der Prozeß, mehr „wir Selbst" zu werden.

63. Ein Umkehren des Gemüts – vom Irrtum zur Wahrheit.
64. Das Beförderungsmittel, das uns von der Ebene der Sinne in einen höheren Bewußtseinszustand hebt.
65. Ein mentales Überwechseln von der Problem- zur Lösungsebene.
66. Der Prozeß, bewußt Vertrauen zu entwickeln.
67. Der Prozeß, Wahrheiten zu wiederholen, bis wir sie glauben.
68. Ein Instandsetzen des Bewußtseins auf größtmögliche Erfüllung hin.
69. Anwendung der Macht des Geistes, um die Dinge in ihre richtige Ordnung zu bringen.
70. Ein mentales, emotionales und spirituelles Verweilen ausschließlich bei der Lösung, und nicht beim Problem.
71. Ein Hilfsmittel, um mit der göttlichen Kraft Kontakt herzustellen.
72. Das Werkzeug zur Vereinigung des individuellen mit dem Einen Gemüt.
73. Das Verfahren, unser kleines Selbst aus dem Weg zu räumen, damit das größte Gute in unseren Erfahrungsbereich gelangen kann.
74. Ein Reinigen des Gemüts, damit es von der natürlichen schöpferischen Aktion durchströmt werden kann.
75. Hinwenden zum inneren Licht, das Gott ist.
76. Ein Verfahren, einen inneren Wandel herbeizuführen.
77. Eine Handlung, die uns in einen Zustand des bewußten Einsseins mit Gott bringt.
78. Ein klares Gedankenbild dessen, was wir verwirklicht sehen wollen, im Mentalbereich voll und ganz angenommen.
79. Ein Verfahren, die Gemütstätigkeit in konstruktive Kanäle zu lenken.
80. Kooperation mit dem Gesetz der Vermehrung.
81. Ein Verfahren, das Gewahrsein der Gegenwart Gottes aufzubauen.
82. Die Technik, eine Erfahrung im Gemüt zu durchleben, bevor wir sie in Wirklichkeit haben.
83. Ein „Schätzesammeln im Himmel".

84. Das Gesetz des Wachstums zu spezialisieren.
85. Ein Verfahren, uns selbst zu transzendieren.
86. Ein klares Erfassen des Bewußten und des Unbewußten.
87. Eine Reinigung unserer Gedanken von Ängsten, Zweifeln, Verdächtigungen und Stress.
88. Ein Verfahren, klare Ideen zu formulieren und sie dem Unterbewußtsein zu übergeben, damit letzteres tätig werden kann.
89. Ein Verfahren, mit dem wir die Begrenzungen des kleineren Selbst überwinden – die Begrenzungen der Zustände, der Umstände – und im Gewahrsein der Wahrheit leben.
90. Ein Verfahren, dem Unterbewußtsein Gedankenformen aufzuprägen.
91. Ein Verfahren, sich zu wandeln.
92. Eine Art der Lebensführung.
93. Eine Selbstbehandlung, die psychologische, spirituelle und physische Aspekte des Seins in sich einschließt und die Einheit des „ganzen Menschen" zu erzielen.
94. Vergebung – „für etwas geben".
95. Wissendes Gebet. (Gebet ist das Mittel, mit dem wir uns mit dem Unendlichen in Beziehung setzen).
96. Die Reise in den inneren Raum.
97. Erstellen einer Vereinbarung zwischen dem Äußeren und dem Inneren.
98. Blickrichtung auf die Vollkommenheit der Situation.
99. Ein Fließen mit dem Strom des Lebens.
100. Uns einer spirituellen Idee voll und ganz zu widmen.

Wie man ein Treatment durchführt

Es ist völlig unerheblich, was und wieviel Sie über ein Treatment – eine spirituelle Behandlung – lesen: Wenn sie wirksam sein soll, dann gibt es nur eins: Sie muß durchgeführt werden.

Befolgen Sie die nachstehenden Schritte – jeden Tag, morgens und abends, und Sie werden Ihr Leben verändern:

1. Entspannen Sie Gemüt und Körper. Werden Sie völlig still. Befreien Sie Ihr Gemüt.

2. Erkennen Sie die Wirklichkeit der Einen Macht. Alle Dinge haben eine erste Ursache. Seien Sie sich ihrer bewußt. Lieben und loben Sie diese erste Ursache. Huldigen Sie ihr.

3. Identifizieren Sie sich mit der Einen Macht als ihrem individuellen Ausdruck. Was für sie gilt, das gilt auch für Sie selbst. Sehen Sie diese Macht als motivierende Kraft in Ihrem Leben.

4. Seien Sie dankbar für alles. Machen Sie sich bewußt, daß diese Welt ein wundervoller Ort ist, und Ihr Leben eine wunderbare Erfahrung.

5. Reinigen Sie Ihr Gemüt von allen Ängsten und Negationen durch Vertrauen und Bejahen konstruktiver Gemütszustände. (Siehe Anfang des zweiten Kapitels).

6. Packen Sie jedes Problem oder jeden Zustand an, indem Sie den falschen Glauben, der dem Ganzen als Ursache zugrunde liegt, aufheben. Gehen Sie jedem Problem auf den Grund – verfolgen Sie es bis zu seiner spezifischen Ursache. Kehren Sie dann Ihr Denken um und richten Sie es auf die Wahrheit aus.

7. Verstärken Sie Ihren Kontakt mit der Quelle der inneren Vollkommenheit. Sehen und fühlen Sie, wie göttliche Energie in jeden Teil Ihres Körpers und in Ihren Erfahrungsbereich strömt. Visualisieren Sie Vollkommenheit. Sie sind von Natur aus gesund. Seien Sie sich dessen bewußt.

8. Spüren Sie, daß Ihr Treatment Teil des schöpferischen Gesetzes ist, danken Sie, daß alles bereits getan ist („Es ist vollbracht"), lassen Sie los (d.h. lassen Sie es gedanklich frei), und lassen Sie es geschehen.

Ein komplettes Treatment

Bei sachgerecht durchgeführtem Treatment entfalten diese acht Schritte sich auf folgende Weise:

I „Ich bin ruhig und entspannt, und ich spüre, wie der freie, volle Strom des Lebens mein ganzes Sein erfüllt. In dieser wunderbaren Stille werde ich gewahr, daß die Kraft in meinem Innern gut ist. Da ich diese Kraft anwende und mit ihr kooperiere, ist sie imstande, alle guten Dinge in meiner Welt hervorzubringen. Mein Gemüt ist frei und empfänglich, und ich spüre, wie mich diese Entspannung und der mit ihr einhergehende innere Frieden erneuert. Ich bin jetzt bereit für eine konstruktive Erfahrung."

II „Es gibt nur ein Leben, eine Macht, eine Wirklichkeit. *Der Herr, unser Gott, ist Einer.* Es gibt eine unendliche Intelligenz – eine erste Ursache, die allen Dingen zugrunde liegt. Diese eine Ursache ist frei von allen Bedingungen, unbegrenzt, unzerstörbar und unerschöpflich. Gott ist das All-Gute. Ich lobe Gott, von dem alle Segnungen kommen. Ich bin dankbar für dieses allwissende, allgegenwärtige, allmächtige und allaktive Sein, das die Quelle aller Dinge ist."

III „Ich bin eins mit der Einen Macht. Es gibt keinen Punkt, wo Gott aufhört und ich anfange. *Ich und der Vater sind eins* (Joh. 10:30). Ich bin ein spirituelles Wesen, erschaffen nach dem Bild und Wesen Gottes. Meine Seele ist eins mit der Wirklichkeit, die Gott ist. Mein Gemüt ist eins mit der unendlichen Intelligenz. Mein Herz schlägt im gleichen Rhythmus mit dem schöpferischen Gesetz. Mein Körper ist die Form und die Verwendung, die ich für die physischen Elemente des Kosmos habe. Ich bin ein Bestandteil von allem was ist, und ich bin vereinigt mit allem was ist."

IV „Ich danke für die überall gegenwärtigen Wunder und Schönheiten. Ich sage Dank für das Leben und für den Vorzug, es leben zu dürfen. Ich bin dankbar für mein göttliches Erbteil. Es ist ein hinreißendes Erlebnis, ein menschliches Wesen zu sein. Diese Welt ist ein wunderbarer Ort, und ich sage Dank für seine Reichtümer, die mir im Überfluß zur Verfügung stehen. Ich sage Dank für die Menschen, mit denen ich die Freude des Lebens teilen darf. Ich sage Dank für jede Erfahrung. Ich sage Dank für alles."

V „*Der Herr ist mein Licht und mein Heil, vor wem sollte ich mich fürchten? Der Herr ist meines Lebens Zuflucht, vor wem sollte ich erschrecken?* (Psalm 27:1). Ich bin im Einklang mit der Schöpferischen Aktion des unendlichen Gesetzes. Ich eliminiere alle wertlosen Gedanken und Gefühle, und ersetze sie durch konstruktive

Ideen und Absichten. Negationen jeglicher Art löse ich auf. Ich reinige mein Gemüt von aller Verwirrung und jeder Blockierung. Ich bin ein offener Kanal, durch den rechtes Handeln sich vollzieht. Ich habe Vertrauen, Glauben und Überzeugung, daß es so ist."

VI „Alle Probleme schwinden aus meinem Erfahrungsbereich. Sie schwinden in dem Maße, wie ich die emotionalen Konflikte, die sie verursacht haben, eliminiere. Dort, wo das Problem zu sein scheint, dort ist Gott bereits. Ich habe keine Probleme; sie sind Illusionen – sie sind ein absolutes Nichts, das den verzweifelten Versuch macht, etwas darzustellen. Ich weigere mich, sie anzuerkennen oder sie zu akzeptieren. Probleme sind lediglich notwendige Phasen der Erfahrung. Nur durch Erfahrung kann ich wachsen. Ich sage Dank für diese Möglichkeiten, der Mensch zu werden, der ich in Wirklichkeit bin. Ich bin von allen Problemen befreit. Ich verkörpere alle die Antworten und Lösungen, die zu vollkommener Ordnung und rechtem Handeln führen, und ich bringe sie jetzt zum Ausdruck."

Beachten Sie bitte: Stufe VI ist der Kern Ihres Treatments. Die ersten fünf Stufen sind Vorbereitungen, und die letzten beiden sind Zusammenfassung, Schlußfolgerung und Freigabe. Die spezifische wissenschaftliche spirituelle Gemütsbehandlung geschieht auf der sechsten Stufe. Widmen Sie diesem Schritt ganz besonders viel Zeit und Aufmerksamkeit. Analysieren Sie die Natur des Symptoms, spezifizieren Sie die Ursache, und lösen Sie es auf. Studieren Sie die Tabelle der Entspannungen im zweiten Kapitel, damit Sie zu den Ursachen körperlicher Leiden vorstoßen können. Die sekundären Ursachen anderer menschlicher Probleme sind in späteren Kapiteln aufgeführt. Seien Sie spezifisch bei Ihrer Behandlungsarbeit; arbeiten Sie an jedem einzelnen Problem. Isolieren Sie jedes einzelne und beschäftigen Sie sich mit ihm. Packen Sie jedes Problem einzeln an und seien Sie dabei klar, deutlich und bestimmt bei der Auflösung jedes mentalen oder emotionalen Konfliktes, der es verursacht haben könnte. Halten Sie daran fest, bis Sie ein Gefühl des Friedens und der Befreiung spüren, und eine Wahrnehmung von Ordnung und rechtem Handeln. In einigen Fällen muß sich die Behandlungsarbeit über einen bestimmten Zeitraum erstrecken, damit ihr affirmatives (bejahendes) Gewahrsein der betreffenden Lösung die ursprüngliche Negativität überwinden kann. Halten Sie daran fest. Setzen Sie Ihre Behandlungsarbeit fort, bis Sie Resultate erzielen. Sie arbeiten mit einem Prinzip. Und das kann niemals fehlgehen. Es funktioniert immer. Halten Sie Ihr Vertrauen aufrecht und fahren Sie mit Ihrer Arbeit fort. Negative Zustände lösen sich immer auf, angesichts eines stetigen, unablässigen, konstruktiven mentalen emotionalen und spirituellen Treatments.

Jeder Zustand hat eine Ursache, gleichgültig, ob Sie sich dessen bewußt sind oder nicht. Sollten Sie die zugrunde liegende Ursache einer bestimmten Schwierigkeit nicht isolieren können, dann arbeiten Sie am besten an Ihrer Auflösung, indem Sie bejahen: „Alles, was der Natur Gottes nicht gemäß ist, löst sich jetzt von meinem Bewußtsein. Wenn die Ursache beseitigt ist, wandelt sich der Zustand, und ich bin heil, gesund und frei." Bauen Sie auf diesen Gedanken auf und führen Sie Ihre Behandlung weiter, in dem Wissen, daß Ihnen die Ursache enthüllt wird. Bejahen Sie regelmäßig, daß Sie jederzeit über die nötigen Kenntnisse verfügen werden, und sie werden Ihnen zuteil werden. Machen Sie dann die erhaltenen Informationen zum Gegenstand Ihres Treatments. Fortgesetzte Behandlung hat dann ihre Auflösung zur Folge.

Auf dieser Stufe VI, dem Kern Ihres Treatments, werden Sie es mit mehreren Problemen zur gleichen Zeit zu tun haben. Widmen Sie sich jedem einzelnen davon mit aller Sorgfalt und arbeiten Sie gründlich an seiner Auflösung, bevor Sie sich den abschließenden Schritten Ihres Gesamt-Treatments zuwenden. Hier ist ein typisches Beispiel für die Behandlung einer Erkältung auf Stufe VI:

„Jegliche Verwirrung in meinem Bewußtsein löst sich jetzt auf. Ich bin von allen emotionalen Belästigungen und Störungen befreit. Mein Bewußtsein und meinen Körper habe ich von den Giften der Sorge und der Temperamentsausbrüche gereinigt. Ich reinige mich von jeglicher Negativität. Es gibt keinerlei Spannung. Es gibt nur Loslassen. Es gibt keinerlei Reibung. Es gibt nur Leichtigkeit, Ordnung und rechtes Handeln. Es gibt keinerlei Feindseligkeit oder verletzte Gefühle. Es gibt nur Liebe und heilenden Frieden. Ich verwandle die Chemie meines Denkens und Fühlens, und lasse den gesundheitsspendenden Strom spirituellen Lichtes in meinen Körper ein, um eine vollkommene Reinigung und Heilung zu bewirken. Ich bin offen, frei und rein – auf jeder Ebene. Ich bin jetzt vollkommen geheilt. Und so ist es."

Befassen Sie sich auf diese Weise mit jedem Problem ganz individuell, bevor Sie sich der Stufe VII zuwenden. Widmen Sie sich den verschiedenen Problemen jedoch erst zu gegebener Zeit – wenn sie auftauchen. Es ist keineswegs erforderlich, jedes Problem in ein Treatment einzuschließen. Befassen Sie sich mit allem was einer Behandlung bedarf ohne jeden Druck oder Anstrengung. Wenn es sich als notwendig erweisen sollte, können Sie schließlich jederzeit darauf zurückkommen. Auf jeden Fall werden Sie erstaunt sein, mit welcher Schnelligkeit Ihre Probleme verschwinden – und zwar restlos – nachdem Sie zu einer regelmäßigen spirituellen Behandlungsarbeit übergegangen sind. Und das nicht nur als Therapie, sondern als ein *Way of Life*.

Es kann durchaus der Fall sein, daß Sie über die unter Stufe VI vorgenommenen Behandlungen von Krankheiten und Problemen hinaus eine angemessene Zeit mit dem Treatment für Ihre Wüsnche, Ziele und Pläne aufwenden möchten. Widmen Sie daher den größten Teil der Stufe VI dieser Aufbauarbeit, auch wenn dringende Probleme Ihre Aufmerksamkeit erfordern sollten. Bedenken Sie: Sie haben die Möglichkeit der Wahl. Sie können immer das denken, was Sie denken wollen. Treatment ist bewußtes Denken – ein bewußtes Verweilen bei den Gedanken, die Sie denken wollen. Unsere Probleme besitzen immer nur soviel Kraft, wie wir ihnen zugestehen – sie bedürfen unserer mentalen und emotionalen Einwilligung. Bei unseren Treatments befreien wir uns von der Tyrannei der Probleme, indem wir das Gemüt auf die heilende Freiheit der Lösung – der erreichten Ziele – richten. Beständige mentale und spirituelle Treatment-Arbeit für wichtige Gedanken, Ideen und Ziele, wird Sie stetig der Erfüllung näherbringen und gleichzeitig helfen, Sie von Ihren Problemen und Krankheiten zu befreien. Es gibt absolut keine Begrenzung für das Gute, das aus einer beständigen konstruktiven spirituellen Gemütsbehandlung erwächst. Sie brauchen es einfach nur zu tun, dann werden Sie schon sehen.

146

Nunmehr vervollständigen wir die zwei abschließenden Schritte unserer grundlegenden Behandlung:

VII „Nachdem alle scheinbaren Probleme und Wünsche ausreichend behandelt worden sind, bin ich nun eingestimmt auf die konstruktive Aktion, die alles Gute in mir und durch mich hervorbringt. Göttliche Energie strömt in jeden Teil meines Bewußtseins, meines Körpers, und meines Erfahrungsbereichs. Ich bin frei. Ich bin vollkommen. Ich sehe mich so, wie ich wirklich bin. Ich bin heil und vollkommen. Ich sehe und fühle die heilende Aktion des schöpferischen Gesetzes durch alle Dinge und an jeder Stelle. Rechtes Handeln vollzieht sich jetzt. Ich bin geheilt.“

VIII „Ich danke dafür, daß alle diese Dinge jetzt getan sind. Mein Treatment vollzieht sich innerhalb des Gesetzes der schöpferischen Aktion. Ich akzeptiere das Resultat als eine in meinem Erfahrungsbereich bereits vollendete Tatsache. Mein Gemüt ist völlig frei von aller Besorgnis. Ich handle so, als ob diese Dinge bereits Wirklichkeit wären, denn ich weiß: Sie sind es ja in der Tat. Es gibt keinerlei weitere Besorgnis. Dieses Treatment lasse ich jetzt los – ich gebe es vollkommen frei und lasse alles geschehen. Ich sage Dank, daß es getan ist. Und so ist es.“

Das ist die Struktur für ein grundlegendes Treatment, das etwa 30 Minuten in Anspruch nehmen wird, wenn Sie die Stufe VI voll entwikkelt haben. Die Behandlung sollte in dieser Form abends und morgens durchgeführt werden – entweder in dieser Form oder in einer anderen, die Sie selbst entwickeln können, nachdem Sie in Ihrem Verständnis, Ihren Befähigungen und Ihren Fertigkeiten weiter fortgeschritten sind. Die Auswahl der Worte bleibt selbstverständlich Ihnen überlassen. Sie müssen frei aus Ihrem Bewußtsein strömen. Ein Treatment ist eine ganz persönliche Angelegenheit – es ist der Ausdruck Ihres ureigenen spirituellen Gewahrseins. Deshalb müssen Sie diese Techniken entwickeln, durch regelmäßiges, beständiges Üben. Ich möchte Ihnen mit diesem Buch die Philosophie und Technik an die Hand geben, die Sie inspiriert, selbst auf diese Art tätig zu werden. Es ist nicht der einzige Weg, aber es ist ein guter Weg. Probieren Sie ihn aus. Er funktioniert.

Ich bin ein vollkommener Mensch. Alle Schwierigkeiten sind ausgeräumt und ich befinde mich im Einklang mit der Lebenskraft, die mich durchströmt. Ich bin eine integrierte Einheit des Ausdrucks. Ich bin mehr als nur die Gesamtsumme meiner Teile. Ich bin ein Kind Gottes, in jedem Teil vollkommen. Das ist das Bild, das ich von mir habe, und ich bin nach besten Kräften bestrebt, es wahr werden zu lassen.

Der Geist in mir fügt alles zu einem einheitlichen Ganzen zusammen. Mein Gemüt, meine Emotionen, mein Körper und meine Erlebnisse – sie alle wirken zusammen, um mich zu einem vollkommenen Wesen zu machen. Ich forme ein klares und vollständiges Bild von mir, in jedem Detail. Zwischen meinem Willen und meiner Imagination besteht kein Widerspruch. Sie wirken zusammen als perfektes Team. Ich bin integrierte Kraft, die jeden Irrtum durchdringt und auflöst. Ich kann alles tun, durch das innere Leben, das mich mächtig macht. Ich bin eine gut zusammengefügte Einheit von Denken, Fühlen, spirituellem Gewahrsein, materieller Erfahrung und physischem Handeln.

Alle Teile wirken zusammen, um das vollkommene Ganze zu bilden. Ich fließe mit dem Strom. Ich mache mir den großen Strom schöpferischen Handelns zunutze, der mich durchfließt. Ich integriere mich dem Leben. Ich kooperiere mit ihm und gleiche mich ihm an. Mein Leben ist Ausdruck des Einen Lebens. Ich gleiche mich allem Guten, Wahren, Edlen und Schönen an. Ich arbeite gut und mühelos, denn das Leben in mir vollbringt alles durch mich. Ich bringe alles mit der Einen vollkommenen Idee in Einklang. Ich lebe, um der Herrlichkeit Gottes Ausdruck zu geben. Ich richte alles auf diesen Zweck aus.

Ich lasse jetzt alle Besorgnis los – frei, still und friedvoll. Ich lasse das Leben sich durch mich ausdrücken. Ich tue mein Bestes, das zu sein, was ich meiner Natur nach sein sollte, und das zu tun, was ich tun sollte. Ich bin ein vollkommen integrierter und koordinierter Mensch. Und so ist es.

7. KAPITEL

„Gott hat seinen Arm um Sie gelegt"

In Hollywood hatte ich es vor einigen Jahren mit einer aufstrebenden jungen Schauspielerin zu tun, die wir Jane Smith nennen wollen. Sie hatte jahrelang fleißig studiert und verfügte über außergewöhnliches Talent. Ihre Zukunft sah daher recht vielversprechend aus. Man hatte ihr auch bereits kleinere Filmrollen anvertraut. Sie war ein sehr hübsches Mädchen, hatte Charme und eine gewinnende Persönlichkeit. Aber hinter all der Schönheit und Herzenswärme verbarg sich eine tiefe Traurigkeit. Sie litt unter zunehmender Vereinsamung und einer Neigung zu ausgeprägten Vorurteilen, was ihr ziemlich zu schaffen machte. Deshalb kam sie eines Tages zu mir zur Konsultation und erzählte mir ihre Story.

Sie war Mutter eines unehelichen Kindes. Der Vater – oder besser der Erzeuger – dieses Kindes war ein Schwächling, der nicht im Traum daran dachte, Verantwortung zu übernehmen, so daß ihr niemand zur Seite stand. Sie war völlig auf sich gestellt, völlig allein gelassen, während der ganzen Schwangerschaft, bei der Geburt und bei dem nachfolgenden Adoptionsverfahren. Das hatte ihren Charakter in zweifacher Hinsicht geprägt: Es hatte sie verbittert, zugleich jedoch ungeheuer stark gemacht. Diese Kraft wiederum konnte sie in ihre Karriere einfließen lassen, und das begann, Resultate zu zeigen. Allen ihren Bestrebungen lag jedoch die große Sehnsucht nach dem Baby zugrunde – ihrem Kind, das sie aufgegeben hatte. Die Adoption durch ein anderes Elternpaar hatte es selbstverständlich mit sich gebracht, daß sie alle Rechte an ihrem Kind aufgeben mußte. Dennoch wurde das Verlangen nach einem Wiedersehen mit ihrem Kind immer stärker. Sie wollte sich vergewissern, daß es ihm gut ging. Jedenfalls glaubte sie das. Nach längerer Diskussion kamen wir jedoch zu der Schlußfolgerung, daß es ihr im Grunde weniger darum ging, sich über das Befinden ihres Kindes zu informieren, als vielmehr einem inneren Verlangen nachzugeben. Damit stellte sich die Frage: „Ist das fair?" Denn jede Einmischung zu diesem Zeitpunkt, sechs oder sieben Jahre später, würde dem Kind, das sich an sein neues Heim gewöhnt hatte, nur innere Schwierigkeiten bringen. Das wiederum würde dann nur noch weiter zu ihrer eigenen Disharmonie beitragen, da das Ganze keinem der Beteiligten ein Gefühl innerer Zufriedenheit geben würde. Und den neuen Eltern würde es nichts als Kummer bereiten. Das alles sah sie ein, und sie entschloß sich, nichts zu unternehmen. Eine Zeitlang sah und hörte ich nichts von Jane Smith. Nach einigen Monaten jedoch war sie wieder da und bat um Hilfe für das gleiche Grundproblem.

Es sah jetzt nicht mehr so gut aus mit Jane Smith; sie war in der Tat kaum wiederzuerkennen. Die Grundzüge ihrer einst bildschönen Erscheinung waren zwar noch immer vorhanden, es war aber nur noch der Schatten ihrer früheren Schönheit. Es schien, als sei alles Leben aus ihr gewichen. Ihre Traurigkeit und das Gefühl brütender Vereinsamung und Verbitterung schienen ausgeprägter. Alles in allem bot Jane Smith das Bild der unglücklichsten und ungesundesten Frau der Welt. Das dürfte der genauen Beschreibung ihres Zustands wohl sehr nahekommen.

So nach und nach erfuhr ich dann, was sich in der Zwischenzeit zugetragen hatte. Jane Smith hatte sich, wie gesagt, dazu durchgerungen, nichts zu unternehmen, um ihr Kind zu sehen. Das Begehren jedoch, – und das ist der Kernpunkt dieser ganzen Story – den intensiven, verzehrenden Wunsch danach, hatte sie keineswegs aufgegeben. Ihre Mutterliebe, . . . und das Verlangen nach dem Kind, nagten an ihr Tag und Nacht. Das verursachte einen inneren Aufruhr – einen fortgesetzten Kriegszustand mit dem besseren Urteil ihres rationellen Verstandes. Bei einer Gelegenheit war sie sogar nach Kanada geflogen, wo das Kind mit seinen neuen Eltern lebte, entschlossen es zu sehen, ohne Rücksicht auf mögliche Konsequenzen. Sie war bereit, alles zu tun, um ihre Sehnsucht zu stillen und Frieden zu finden. Ihr Verstand und ihr ausgeprägter Sinn für Fairneß gewannen jedoch die Oberhand, bevor sie diesen Plan restlos durchführen konnte. Sie kehrte mit der nächsten Maschine nach Hollywood zurück, ohne den dortigen Flughafen überhaupt verlassen zu haben.

Das ganze Spektrum unerfüllter Mutterliebe war jedoch nach wie vor quälend vorhanden, und Jane befand sich auf einer emotionalen Berg- und Talbahn, die mit beängstigender Geschwindigkeit abwärts raste. Sie war zutiefst unglücklich und in jeder Weise frustriert und armselig. Ihre berufliche Karriere war dadurch zum Stillstand gekommen; sie lebte nicht, sie existierte nur noch. Sie hatte sich nicht mehr um geeignete Filmrollen bemüht, sondern begnügte sich mit dem, was man ihr anbot, und das war kaum genug für eine magere Existenz. Aber selbst das mußte sie schließlich aufgeben, als ihr von ihrem Arzt eröffnet wurde, daß ihr gegenwärtiger Gesundheitszustand ihr eine solche Tätigkeit nicht länger gestatte. Die Diagnose war niederschmetternd: Unterernährung, blutende Magengeschwüre, Anämie, völliger Appetitmangel und hartnäckiger Husten – um nur die Symptome zu nennen, die selbst dem oberflächlichen Beobachter auffallen mußten.

Obgleich sie sich der Konsequenzen dieser gravierenden Diagnosen bewußt war, hatte Jane sich keiner ärztlichen Behandlung unterzogen. Es hatte schon fast den Anschein, als wollte sie mit den Mächten der Zerstörung kooperieren. Wie sich dann später herausstellen sollte, war genau das der Fall. Da war einerseits die Kooperation mit dem Todeswunsch als der vermeintlichen Möglichkeit, ihren Leiden ein Ende zu setzen, auf der anderen Seite jedoch der Wille zum Leben, der in allen von uns gegenwärtig ist, der sie dann schließlich hilfesuchend in meine Sprechstunde geführt hatte.

Jane Smith war regelrecht im Begriff, sich selbst umzubringen, indem sie einen ungelösten emotionalen Konflikt außer Kontrolle geraten ließ. Wie sich herausstellte, war sie von Schuld- und Reuegefühlen hin- und hergerissen. Einmal wegen ihrer illegitimen Mutterschaft, und dann wieder wegen ihres Verzichts auf das Kind. Sie empfand nichts als Bitterkeit und Groll für den Mann, der zu schwach gewesen war, sie zu heiraten und seine Verantwortungen und Pflichten zu akzeptieren. Mit der Zeit hatte Jane eine Art Verfolgungswahn entwickelt. Sie war überzeugt, das Kind sei ihr zu Unrecht genommen worden. Alles das erscheint recht unkompliziert, sobald die Situation erst einmal entwirrt worden ist, nicht wahr?

Nun beschäftigen wir uns bei Science of Mind ja nicht mit der Ausgabe von moralischen Wertungen. Wir beziehen da lieber die sichere Position, die der große Lehrer einnahm, als er sagte: „Wer von euch ohne Sünde ist, der werfe den ersten Stein" (Joh. 8:7). Gleichgültig, welchen Standpunkt man der unehelichen Mutterschaft gegenüber einnehmen mag, Jane mußte für ihren Fehler furchtbare Leiden in Kauf nehmen.

Bedenken wir: Sie litt unter Magengeschwüren, Unterernährung, Blutungen, Anämie, bronchialen Verstopfungen und Husten. Ihre Lebenskraft wurde weniger und weniger – sie wurde von Jane Smith praktisch ausgehustet. Die angeführten Zustände waren nur der physische Beweis für die destruktiven mentalen und emotionellen Zustände innerhalb dieser jungen Mutter. Das Magengeschwür war schließlich nichts anderes als die Auswirkung eines Befehls, den ihr Gemüt erteilt hatte. Es war ein intensives aber frustriertes Begehren, als Mutter anerkannt zu werden. Damit hatte sie einen unausgeglichenen Zustand in ihrem reproduktiven System entwickelt, der sich als unregelmäßiger Menstruationszyklus darstellte. Sie litt unter ständigen Weinkrämpfen, war bis obenan mit Bitterkeit angefüllt, mit Reue- und Grollgefühlen, bis das Ganze sich als Störung ihrer Atemwege niederschlug. Was nun die Blutungen betrifft: Blut repräsentiert Leben – da es aber der Hauptzweck ihres Lebens war, sich alle ihre Pläne durchkreuzen zu lassen und sich mehr und mehr vom Leben abzuwenden, antwortete der Körper mit Blutungen. Diese todesgleiche Kapitulationsbereitschaft übertrug sich in alle Bereiche ihres Lebens und zerstörte den normalen Ausdruck von Tätigkeit und zwischenmenschlichen Beziehungen. Sie bekam keine Angebote mehr, und auch die Verbindung zu ihren Freunden und Bekannten hatte sie abgebrochen, einschließlich der Männer, die sich um ihre Zuneigung bemüht hatten, zum Teil mit Heiratsanträgen.

Nachdem ich ihr den Zusammenhang zwischen ihrem ungelösten und damit destruktiven emotionalen Konflikt und ihrem jämmerlichen Zustand erklärt hatte, begann Jane Smith wieder Farbe zu kriegen. Sie kehrte buchstäblich ins Leben zurück. Sie vermochte einzusehen, daß sie alle diese Zustände auf der Ebene der Ursachen auflösen mußte. Ihr Leben, ihre Karriere, ihr gesamtes Wohlbefinden hingen davon ab. Sie kam daraufhin zu dem Entschluß, ihre ganze Vergangenheit vollständig loszulassen. Hatte sie noch kurz zuvor eine Detektivagentur beauftragt, Erkundigungen über ihren Sohn einzuziehen, so wußte sie jetzt, daß dies nicht länger vonnöten war, da er sich in besten Händen befand.

Mittels geistiger Behandlung war Jane imstande, innerlich das zu akzeptieren, was in der Tat das Beste für alle Beteiligten darstellte. Sie vollzog zunächst einen Akt der Vergebung – sie vergab sich und anderen und befreite sich damit von der tödlichen Last der Schuldgefühle und Ressentiments. In dem erweiterten Gewahrsein, das uns durch das Gebet zuteil wird, gewann Jane ihre Liebe zum Leben zurück, und damit zugleich die Energie, die Ambitionen und die Kanäle, sie zum Ausdruck zu bringen.

Dieser Fall verzeichnet die unmittelbare Heilkraft eines Treatment. Bereits nach unserer ersten Sitzung verzehrte die junge Dame mit großem Appetit ein komplettes Menü und konnte zum ersten Mal seit vielen Monaten tief und ungestört schlafen. In den darauffolgenden Wochen wurden alle Krankheitszustände vollständig geheilt, und auch die anderen Aspekte ihres Lebens ordneten sich. Sie fand wieder Interesse für ihren Beruf und ihre Karriere und ist heute eine wohletablierte Film- und Fernsehdarstellerin.

Soweit es ihr persönliches Leben betrifft, war sie imstande, ihre große Liebesfähigkeit in konstruktive Kanäle zu leiten, sobald ihr inneres Problem gelöst war. Heute ist Jane Smith glücklich verheiratet.

Durch Bewußtseinswandlung wurde Jane Smith von einem körperlichen Krankheitszustand geheilt und konnte ihr Leben in Ordnung bringen. Hervorgerufen wurde dieser Wandel durch Treatment oder wissenschaftliches Gebet – ein spezifisch formuliertes Gebet, entworfen, um definitive Resultate hervorzubringen. Ob Sie für sich selbst arbeiten oder für jemand anderen, das Prinzip ist immer genau das gleiche: Der wachbewußte Verstand wird geklärt, und dem Unterbewußtsein bestimmte Denkmodelle aufgeprägt, wobei letzteres mit der universellen schöpferischen Kraft zusammenarbeitet, um sie in äußere

Form zu bringen. Im Fall von Jane Smith vertauschten wir die negativen Gefühle von Kummer, Trauer, Schuld, Frustration und Verlust mit neuen Einstellungen von Loslassen, Annehmen, Vergeben, Ausdruck und Erfüllung. Diese neuen Haltungen produzierten einen ganzen Satz neuer Resultate. *Das ist wahre Heilung: Vollkommenheit für Trennung setzen – auf den mentalen und emotionalen Ebenen.* Neue Ursachen produzieren neue Wirkungen.

Dieses Buch handelt von Männern und Frauen, die sich jeder ein neues Leben aufgebaut haben, indem sie ihr Gemüt wieder instandgesetzt und affirmative Ideen akzeptiert hatten. Und genau das ist es, was wir Treatment nennen – ein Wiederinstandsetzen des Gemüts zur Aufnahme affirmativer (bejahender) Ideen. Im 6. Kapitel befaßten wir uns mit der Definition des Begriffs Treatment und entwickelten einen Arbeitsplan für allgemeine tägliche Korrekturen und ein Instandsetzen des Unterbewußtseins. Das Ziel dieses Buches ist recht einfach: *Ein System wirksamer Selbsthilfe zu entwickeln, durch bewußtes Instandsetzen von Gemüt und Emotionen.* Es enthält spezielle Techniken und Verfahrensweisen, deren Anwendung genau erklärt werden. Die spirituellen, mentalen und emotionalen Werkzeuge, die uns dabei zur Verfügung stehen, sind unbegrenzt. Gehen wir also voran, in unserer Suche nach ihren Anwendungsmöglichkeiten.

Es sind alles höchst wirksame Werkzeuge. Mit ihnen werden Sie lernen, Ihre Probleme durch spirituelle Kraft zu lösen. Die spirituelle Macht ist die einzige Macht – darüber ist sich jeder im Klaren. Die meist gestellte Frage ist jedoch: „Wie wende ich sie an?" „Schon mehr Dinge sind durch Gebet in Ordnung gebracht worden, als diese Welt sich träumen läßt." Auch darüber ist man sich einig. Die am häufigsten gestellte Frage lautet: „Wie bete ich?" Für jedes Problem ist auch eine Lösung vorhanden – auch darüber herrscht absolute Klarheit. Die Frage ist nur: „Wie finde ich diese Lösungen?"

Und genau damit beschäftigen wir uns in diesem Buch, mit dem „Wie". In einem späteren Buch werde ich darlegen, wie die althergebrachten Lehren der Bibel uns mit erstaunlich modernen Techniken und Verfahrensweisen versehen, um dieses „Wie" zu beherrschen. Im Augenblick jedoch, wollen wir die folgenden ergänzenden Treatment-

154

Techniken betrachten, entdecken, was es mit ihnen auf sich hat, und lernen, sie anzuwenden:

I. Charakter-Visualisation

In diesem Buch biete ich Ihnen brauchbare Techniken an. Sie sind die Frucht jahrzehntelanger harter Arbeit, zunächst an der Verbesserung meiner eigenen Situation, später dann zum Nutzen anderer Menschen.

Eines der am häufigsten auftretenden Probleme besteht zweifellos darin, mit angespannten Situationen im Beruf oder im Leben an sich fertig zu werden. Unsere Handlungsweisen sind nur allzu oft von unserem höheren Selbst weit entfernt.

Wir benötigen daher eine definitive Technik, die uns wieder „auf Vordermann" bringt. Jesus sagte: „In der Welt habt ihr Anfechtungen, aber seid guten Mutes, ich habe die Welt überwunden" (Joh. 16:33).

Vor einigen Jahren mußte ich feststellen, daß ich mich von meiner Arbeit und meinen schweren täglichen Verpflichtungen völlig überwältigen ließ. Ich wurde gereizt und leicht erregbar und benahm mich überhaupt in einer Weise, die einem Menschen in meiner Position ganz und gar nicht zuträglich ist. Nun behaupten wir in unserer Lehre ja nicht, daß wir keine Probleme hätten. Was wir dagegen klipp und klar feststellen, ist die Tatsache, daß für ein jedes Problem – ganz gleich, wie es aussehen mag – eine Lösungsmöglichkeit vorhanden ist, eine Möglichkeit, mit ihm fertig zu werden, und daß wir die Pflicht haben, das auch zu tun. Denn schließlich lernen wir alle durch Erfahrung, und Erfahrung ist der Prozeß, das Problemelösen zu erlernen. Die unverzeihliche Sünde ist das Wiederholen des gleichen Fehlers, so daß er sich zu einem Muster – einer Denkschablone formen kann. Als Charles

Schwab seine Tätigkeit für Andrew Carnegie begann, da gab der alte Schotte ihm den Rat: „Machen Sie jeden Fehler, den Sie machen wollen, mein Junge. Nur machen Sie niemals den gleichen Fehler zum zweiten Mal." Das gilt auch für das Leben ganz allgemein: *Machen Sie Ihre Fehler. Aber selbstverständlich nicht immer wieder den gleichen!* Wer sich nicht ändern will, mit dem pflegt das Leben ziemlich unsanft umzugehen.

Ich hielt es daher für besser, mich zu einigem Wandel zu bequemen, um innerlich still zu werden und mein Gemüt für Instruktion und Führung offen zu halten. Die Frage, die mich bewegte, war: „Wie erreiche ich besten Selbstausdruck – zu jeder Zeit und in allen Situationen?" Dann wartete ich auf die Antwort. Und die präsentierte sich in der Gestalt dreier Besucher, jeder von ihnen ein anderer Aspekt meines Selbst.

Der Seher

Zunächst hatte ich die Visualisation eines Berges. Ich bestieg ihn, und traf ganz oben am Gipfel auf einen ehrwürdigen alten Mann, dessen Erscheinung einen tiefen Frieden ausstrahlte. Er hatte ein gütiges, freundliches Gesicht, umrahmt von langem weißem Haar und einem Bart. Ich setzte mich ihm zu Füßen, erzählte ihm von meinen Schwierigkeiten. Plötzlich wurde ich von einem unbeschreiblichen Gefühl tiefsten Friedens durchströmt, als er mir tröstend versicherte, daß alles gut sei. Als diese innere Vision sich auflöste, hörte ich noch seine Stimme, die mich segnete. Sein Lächeln kam einer Weihe gleich. Erst in diesem Augenblick wurde mir bewußt, daß ich mich in der Gegenwart meines Meisters befunden hatte – des Altehrwürdigen, der in den höheren Bewußtseinsbereichen eines jeden von uns lebt. Der Seher, der Lehrer, das höhere Selbst, der Christus im Innern – die Individualisation Gottes, die immer war und immer sein wird. Der unwandelbare Eine – heil und vollkommen – das, was wir wirklich sind.

Der Seher ist selbstverständlich ein Meistersymbol, eine Projektion aus den inneren Bereichen des Geistes – reine Wahrheit, aber nichtsdestoweniger verfügbar als greifbare Tatsache. Es ist der Schutzengel, der seine Hand über uns hält. Er ist verantwortlich für Sie, aber Sie haben auch eine Verantwortung ihm gegenüber; denn er ist nicht imstande, sich durch Sie bemerkbar zu machen, solange Sie sich für sein Erscheinen nicht offen und empfänglich halten. Sie können ihn sehen, Sie können ihn hören – lauschen Sie nach Innen, und er wird mit Ihnen sprechen:

Sprich zu ihm, denn er wird dich hören,
Und Geist kann mit Geist sich treffen –
Näher ist er als der Atem und näher
Als Hände und Füße.

Tennyson, „Der höhere Pantheismus"

(1869)

Zu anderen Zeiten wiederum, werden Sie sich nur seiner Gegenwart bewußt sein. Wie auch immer, seien Sie sich bewußt, daß er da ist, egal, ob Sie das Gewahrsein seiner Gegenwart verspüren oder nicht. Er ist die Quelle Ihrer Inspiration. Er ist die Macht, die alle Dinge in Ihnen und durch Sie bewirkt. Er ist der Herr. Lieben Sie ihn und dienen Sie ihm.

In einer Stress- oder Krisensituation brauchen Sie nur Ihr kleines Selbst loszulassen und sich an Ihr größeres Selbst zu wenden. Es wird Sie heilen, erquicken und die Dinge ebnen. Lassen Sie sich von dieser Gegenwart transformieren und heilen. Wenden Sie sich ihm regelmäßig zu. Er wird sich niemals von Ihnen abwenden.

Sie – in Höchstform

In andachtsvoller Stille saß ich da, herrlich befreit im Gefühl und der Erinnerung an diese transzendente Erfahrung. Er war mir sofort vertraut – ich kannte ihn bereits. Er sah nämlich so aus, wie ich gern aussehen möchte – wie ich zu sein versuche, es aber bislang noch nicht vermochte. Jedenfalls nicht restlos. Frisch und gepflegt sah er aus, in jeder Weise erfolgreich, dabei liebenswürdig, sanft und ohne hastiges Gehabe, sogar inmitten gewaltiger Aktivitäten. Er saß an einem großen Schreibtisch. Telefone läuteten unentwegt, Menschen kamen und gingen. Er schrieb, diktierte, sprach im Radio, machte Pläne und gab Anweisungen; kurz, er tat alles das, was ich so im Verlauf eines arbeitsreichen Tages erledige. Oder zu erledigen trachte. Mein Freund erledigte jedoch jede einzelne Aufgabe auf das Beste, während viele meiner Bemühungen alles andere als zufriedenstellend waren. Mein Besucher verlor zu keiner Zeit die Geduld und wurde auch niemals laut. Er war ein Musterbeispiel rechten Verhaltens. Ich bewunderte ihn. Ich liebte ihn. Ich war entschlossen, ihm nachzueifern. Ich machte ihn zu meinem Modell.

Dieser Besucher war selbstverständlich wiederum ein anderer Aspekt meines eigenen Selbst – der weltliche Mensch in ausgeglichenem Verhältnis zu sich selbst und zu seiner Umwelt, wohlintegriert und immer dem wahren Selbst Ausdruck gebend, ungeachtet der gegebenen Umstände. Diese Vision gab mir Gelegenheit, mich zu sehen, wie ich sein sollte – wie ich sein könnte, wenn ich mich nur etwas zusammennahm. Ebenso wie der Seher, hätte auch dieses „beste Selbst" nicht in Erscheinung treten können, wenn es während der ganzen Zeit nicht bereits vorhanden gewesen wäre. Diese Meisterschablonen ruhen tief im Unterbewußtsein vergraben und fungieren als Ursache, wenn wir mit ihnen kooperieren. Durch spezielle Meditations- und Behandlungstechniken und durch das Aufrechterhalten konstruktiver Gemütshaltungen werden wir ihrer voll gewahr. Davon wird im Folgenden noch zu sprechen sein.

Es fällt mir wesentlich leichter, mich selbst so zu sehen, wie ich sein möchte und mich auch entsprechend zu verhalten, wenn ich dieses vollkommene Modell ständig vor meinem geistigen Auge habe. Und es wird auch leichter für Sie sein. Obgleich wir von absoluter Perfektion noch ein ganzes Stück entfernt sein werden, bewegen wir uns dennoch in der richtigen Richtung, wenn wir versuchen, diesem Potential der Vollkommenheit in uns Ausdruck zu geben, das von diesen beiden Freunden symbolisiert wird. Der Seher ist Gott in Ihrem Innern. Der zweite Besucher – das bessere Selbst – ist Gottes Vorstellung von Ihnen im Ausdruck. Mit dem Bewußtwerden der Kraft dieses inneren Potentials projizieren Sie eine neue Ursache; äußere Zustände und Begebenheiten wandeln sich entsprechend. Wir projizieren immer ein vollkommenes Bild von uns, ganz gleich, wie wir im gegebenen Moment sein mögen. Achten Sie deshalb darauf, so zu bleiben, wie Sie wirklich sind. *Halten Sie vor Ihrem inneren Auge immer das Image dessen fest, was Sie sein wollen.* Diese drei „Typen" werden die Arbeit für Sie tun. Hier ist nun der dritte:

Der Kobold

Dieses kleine Männchen erschien mir nicht wie die beiden anderen während der Meditation. Er kam erst später – allerdings zu einem Zeitpunkt, da ich ihn am nötigsten brauchte.

Als ich nämlich eines Tages völlig erschöpft an meinem Schreibtisch saß, verstrickt in lauter Kleinkram und Trivialitäten, niedergedrückt von einem Wust von Details, und alles, inklusive mich selbst, wieder einmal übertrieben ernst nahm, gab ich meine bewußten Anstrengungen auf, lehnte mich in meinem Sessel zurück und überdachte die ganze Situation. Dabei kam ich zu dem Schluß, daß es herrlich wäre, jetzt sonstwo zu sein – irgendwo, nur nicht hier. Haben Sie schon einmal solch ein Gefühl gehabt? Ich glaube, wir alle hatten ein solches Gefühl schon einmal.

Die Frage ist nur, was wir damit anfangen. Als ich dann so dasaß und mir selbst so richtig von Herzen leid tat, bemerkte ich plötzlich ein winziges Etwas, das auf meiner Schulter saß und mich am Ohr kitzelte. Ich wandte den Kopf und bemerkte da eine seltsame Erscheinung – ein koboldartiges Wesen von winziger Gestalt mit einem strahlenden Gesicht und ansteckendem Lachen. Er hatte ein kindhaftes Wesen, und dennoch bekam ich, als wir uns für Sekundenbruchteile in die Augen sahen, Einblick in eine Tiefe, die mich direkt in die Ewigkeit trug. Jedoch nur für den Bruchteil einer Sekunde. Immerhin waren noch vordringlichere Aufgaben zu bewältigen.

„He, fang mich", ermunterte mich mein Besucher, während er fröhlich auf meiner Schulter herumhüpfte und anschließend meine Sessellehne als Rutschbahn benutzte. „Nun komm schon, du trübe Tasse! Fang mich!"

„Was soll das? Wer bist. . . Wo. . ." stammelte ich völlig perplex und fasziniert von diesem kleinen Geschöpf.

„Nun fang mich doch endlich, du Knalltüte! Los, komm! Man könnte fast glauben, du wärst an deinen Schreibtisch angekettet. So wie du die Dinge betreibst, könnte man das tatsächlich annehmen – aber genau das wird mit dir geschehen, wenn du es nicht endlich lernst, mich zu jagen und zu fangen." Damit sprang er auf meinen Schreibtisch und bevor ich es verhindern konnte, hatte er sich mehrerer Manuskriptseiten bemächtigt, die er frischfröhlich im ganzen Zimmer verstreute. Mit der größten Leichtigkeit erhob er sich dann in die Luft, steuerte die Gardinen an und schaukelte sich quietschvergnügt darin. Sein dröhnendes Gelächter erfüllte den Raum, und so deprimiert ich auch war – ich konnte nicht anders, ich mußte in dieses fröhliche Lachen einstimmen.

Dann fing ich an, hinter ihm her zu laufen, ihn zu scheuchen, wie er es von mir verlangt hatte. Lachend verfolgte ich ihn durch das ganze Zimmer und versuchte, ihm nachzueifern, wie er da so durch den Raum tänzelte. Mit vereinten Kräften verwandelten wir mein Arbeitszimmer in einen Drei-Manegen-Zirkus. Und in ein heilloses Durcheinander. Als ich jedoch versuchen wollte, einige Seiten meines wertvollen Manuskripts in Sicherheit zu bringen, kam er urplötzlich angesaust und schoß damit ein grandioses Tor – millimetergenau in den Papierkorb.

„He, du! Das ist ein Kapitel von meinem Buch!" protestierte ich. „Willst du das wohl mal schön dort lassen, wo es ist", befahl er mit ungewöhnlicher Autorität, die in völligem Gegensatz zu seiner sonstigen Fröhlichkeit stand – einer resoluten Entschlossenheit, die ich bei diesem winzigen Wesen nicht vermutet hätte. „Genau da gehört es nämlich hin, das kannst du mir glauben. Wer will schon etwas lesen, das in einer Stimmung entstanden ist, wie du sie heute nachmittag hattest? Du warst so fad und so tierisch ernst, daß jeder Leser vor Langeweile einschlafen würde, noch bevor er die erste halbe Seite gelesen hätte!"

„Ja, aber. . ." versuchte ich einen unsicheren Protest. Dessen ungeachtet mußte ich ihm innerlich recht geben. Ich hatte den zündenden Funken verloren, das Schreiben wurde mir damit zu einer wirklichen Anstrengung. Diese Erkenntnis durchfuhr mich wie ein Blitz. Sofort hörte ich auf, mein trauriges Schicksal zu beklagen und ich vergaß auch meinen phantastischen Besucher. Aber er war immer noch da.

„He, du Tränentier! Kannst du nicht mehr lachen? Hast wohl lange nicht mehr in den Spiegel geschaut? So ein Gesicht! Findest du diese Falten etwa schön? Und auf deiner Unterlippe könnte sich ein ausgewachsenes Huhn zur Ruhe begeben!" Wieder brach er in dröhnendes Gelächter aus, aber ich hatte jetzt keinen Sinn mehr für seine Albernheiten. Immerhin war ich ein wichtiger Mann! Ich hatte große Dinge zu vollbringen! Ich mußte doch die Welt retten!

Etwas schwerfällig ging ich an das Bücherregal, entnahm ihm einen Band, und begann nachdenklich darin zu blättern. Plötzlich wurde er mir aus der Hand geschlagen, so daß er zu Boden fiel. Als ich mich danach bücken wollte, kniff mein kleiner Freund mich in die Nase und sagte drohend: „Laß das gefälligst liegen! Wozu willst du diesen verstaubten alten Mist denn überhaupt lesen? Hasch mich lieber noch ein bißchen und schreib dann was Besseres! Nun los, komm schon, fang mich!"

Schließlich fiel bei mir der Groschen. Die Jagd nach meinem Kobold wurde für den Augenblick zur wichtigsten Aufgabe, die es zu erledigen galt. Ich zog mir also das Jakett aus, lockerte die Krawatte, streifte die Schuhe ab und entspannte mich tatsächlich. Ich stellte mich an das weit geöffnete Fenster, machte ein paar Atemübungen, streckte mich wohlig, machte mehrere Liegestütze, danach einen längeren Kopfstand. Sodann schaltete ich das Radio ein, machte zu der Musik einige Tanzschritte, lauschte einer Fußballreportage, und legte mich dann flach auf den Fußboden. Dabei lachte ich, daß mir die Tränen über das Gesicht liefen.

„So ist's richtig! So möchte ich gejagt werden!" Da stand mein kleiner Freund doch tatsächlich auf meinem Brustkorb und strahlte vor Zufriedenheit. „Und das wirst du jetzt so beibehalten! Dann wird aus dir vielleicht noch etwas. So long, du Knalltüte! Und laß dir nichts Falsches andrehen. See you later, Alligator!" Und damit war er verschwunden. Mit seinem dröhnenden Gelächter nach wie vor in meinen Ohren, fiel ich in einen tiefen Schlaf.

Als ich erwachte, lag ich immer noch da und dachte nach über den kleinen Mann, der gekommen war, um mir den Nachmittag zu verschönern. Wer war er? Woher kam er? Was wollte er? Komischer Kerl. Er erinnerte mich an jemanden, den ich einmal gekannt hatte. Aber an wen? Dann wußte ich es mit einem Mal: Das war natürlich ich. Wer denn auch sonst?

Ja, das war ich. Aber ebenso sind Sie es natürlich auch. Wie lange ist es wohl her, seit Sie das letzte Mal gelacht haben? Wollen Sie nicht Ihrem Kobold mal für eine Zeit das Steuer in die Hand geben? Wie wäre das? Es ist schon ein Erlebnis, das kann ich Ihnen sagen! Es ist eine schöne Erfahrung. Sie ist schön und trägt reiche Frucht.

Hatte ich diesen Kobold nun leibhaftig vor mir gesehen, oder war das Ganze nur ein Traum? Aber was macht das schon? Auf jeden Fall weiß ich, daß jener Kobold ein wichtiger Bestandteil meines eigenen Selbst ist, ebenso wie der Seher und der wohlintegrierte tüchtige Mann – meine ersten beiden Besucher. Jeder von ihnen ist ständig gegenwärtig und jederzeit bereit, helfend einzugreifen. Keiner von ihnen ist wichtiger als der andere. Sie repräsentieren jeweils verschiedene Aspekte unserer Natur. Entwickeln Sie einen jeden von ihnen. Nehmen Sie sich die Zeit, sie kennenzulernen. Es sind Urbilder – innere unsichtbare Formen, die in Ihre Welt projiziert werden wollen. Sie repräsentieren die Trinität von Geist, Gemüt und Körper. Sie repräsentieren Weisheit, Wissen und Freude. Sie sind Potential, Initiative und Handeln.

Sie sind eine bemerkenswerte Person, wußten Sie das eigentlich? Shakespeare sagte:

Die ganze Welt ist Bühne

Und alle Fraun und Männer bloße Spieler

Sie treten auf und gehen wieder ab,

Sein Leben lang spielt einer manche Rollen

Durch sieben Akte hin.

(Wie es euch gefällt, II. Akt, Szene 7)

Beginnen Sie mit diesen drei Typen, mit denen wir uns gerade befaßt haben. Spielen Sie jede Rolle nach besten Können. Visualisieren und entwickeln Sie jeden von ihnen. Wenn Sie das tun, dann werden Sie zu einem ausgeglichenen, glücklichen und wohlintegrierten Individuum.

Diese Aspekte unserer Natur sind uns zugeordnet als ein Bestandteil unserer Standardausrüstung. Jesus sagte: „Der Vater weiß, wessen ihr bedürft, noch ehe ihr fragt." Schöpfen Sie Ihr Leben voll aus. Entwikkeln Sie Ihre Fähigkeiten und wahren Sie eine erwartungsvolle, positive und freudige Gemütshaltung. Seien Sie niemals verzweifelt. Wie einer meiner früheren Lehrer einmal sagte: „Bedenke, Gott hat seinen Arm um dich gelegt – und das seit langem, und er wird ihn dir jetzt nicht entziehen." Nehmen Sie diese Techniken als Arbeitsmittel, um sich dieser Wahrheit ständig bewußt zu bleiben.

II. Kühles klares Wasser

Lernen Sie, bei ihrem Treatment das zu sehen, was Sie sehen wollen, anstelle der unvollkommenen Zustände, die zu existieren scheinen. Ein verstörtes und besorgtes Gemüt kann mit einem Teich oder Gewässer verglichen werden, in das kein frisches Wasser zufließen kann und deshalb stagniert. Es ist keine Zirkulation mehr vorhanden. Visualisieren Sie bei Ihrem Treatment kühles klares Wasser, das in einen verschmutzten Teich einströmt und ihn reinigt. Spüren Sie den Wohlgeschmack des Wassers. Lassen Sie sich innerlich und äußerlich reinigen, von diesem heilenden Strom. Lassen Sie ihn jede schwierige Situation hinwegspülen, mit der Sie sich konfrontiert sehen mögen. Reines Wasser symbolisiert die spirituelle Situation Ihres Gemüts.

III. Das warme innere und äußere Bad

„Ihre Bekehrungen haben keine anhaltende Wirkung," bemerkte ein Kritiker einmal Billy Sunday, dem sensationellen Evangelisten gegenüber.

„Ein Bad auch nicht," war die Erwiderung, „dennoch kann es nicht schaden, hin und wieder eins zu nehmen."

Ein Treatment ist mit einem warmen inneren und äußeren Bad vergleichbar. Reinigen Sie sich gründlich, innen und außen. Lösen Sie alle verunreinigten Gedanken, Gefühle und Gemütshaltungen geistig auf, die Ihr Bewußtsein besudelt haben. Räumen Sie alle Blockierungen und Hindernisse weg. Spülen Sie alle Verstopfungen und Konfusion aus Ihrem System heraus. Erzeugen Sie einen guten „Weißmacher" und beseitigen Sie den Schmutz und die Flecken, die Ihr wirkliches Selbst bedeckt haben. Nehmen Sie ein Bad des reinen Geistes, und alle Ihre Sünden (Fehler) werden hinweggespült.

IV. Denkumkehr

Das Treatment ist ein Verfahren, mittels dessen Sie Ihre Gedanken vom Negativen zum Positiven wandeln – vom Destruktiven zum Konstruktiven. Und das hat oftmals eine völlige Umkehr des schöpferischen Stroms in Ihrem Innern zur Folge, nachdem Sie die Heilungsenergie re-kanalisiert haben.

Manchmal fühlen wir uns wie ein Schneeball, der den Abhang hinunterrollt und mit jeder Umdrehung zunimmt. Der negative Bewußtseinsinhalt wird größer und größer und wir nehmen Kurs auf die unausweichliche Zerstörung am Fuß des Abhangs. Also greifen Sie ein, verringern Sie das destruktive Tempo und halten Sie den Schneeball an. Sodann rollen, schieben oder tragen Sie ihn zurück bergan bis zum Gipfel. Visualisieren Sie das – es wird Ihnen helfen, Ihre Gedanken umzukehren.

Oder sehen Sie sich beim Skifahren. Sie haben den Abfahrtslauf hinter sich gebracht, können aber offenbar den Hügel nicht wieder hinauf. Dann sollten Sie sich bewußt machen, daß ein Skilift in nächster Nähe ist. Sie langen nach oben, bekommen den Haltegriff zu fassen, und lassen sich von der ständig verfügbaren Kraft des Skilifts wieder nach oben tragen. Das Treatment ist ein Verfahren, um sich selbst wieder in den Griff zu bekommen, und die Macht im Innern für konstruktive Zwecke anzuwenden.

V. Mentale Chirurgie

Dies kann eine der wirksamsten Methoden Ihres visuellen Treatments sein. Wie Sie wissen, wird bei einem Treatment der wachbewußte

Verstand voll eingesetzt, um bestimmte unterbewußte Überzeugungen oder Verbildlichungen des Guten zu stärken.

Bei dieser Methode ist Ihr Wachbewußtsein der Chirurg, ausgestattet mit Skalpell, Scheren und Suturen. Damit wird Ihr inneres Bewußtsein operiert. Alle Gedanken, Einstellungen, Gefühle, Überzeugungen, Vorurteile etc., die dort nicht hingehören, werden entfernt. Seien Sie dabei definitiv und spezifisch. Machen Sie sich regelrechte Einschnitte dabei. Schneiden Sie den infizierten Bereich weg. Entfernen Sie die bösartigen Gewächse wie Furcht, Haß, sowie Minderwertigkeits- und Schuldgefühl ein für allemal. Schneiden Sie krankes und totes Gewebe weg.

Das Ganze ist ein zwar drastischer, aber äußerst wirksamer Weg, innere Ursachen auszuschalten, die Ihre Schwierigkeiten bewirken. Genau wie bei einer Operation am Körper nimmt der Chirurg Einschnitte vor. In diesem Fall sind Sie der Chirurg. Gott der große Arzt vollbringt die Heilung.

VI. Den Schlangen die Köpfe abtrennen

Als ich vor vielen Jahren mit dem Studium der Science of Mind begonnen hatte, suchte ich einmal Rat bei Dr. Ervin Seale, dem Lehrbeauftragten der Church of Truth in New York City. Ich trug eine Problemlast mit mir herum, die eine Kuh erwürgt haben könnte. Ich hörte also die Vorträge von Dr. Seale, suchte bei ihm Rat und Beistand, und ließ mich von ihm spirituell behandeln. Das Ganze erstreckte sich über mehrere Monate. Dennoch bestanden meine Probleme weiter, obgleich ich sie mit einem Mal ertragen konnte, mit geradezu erstaunlicher Kraft.

„Weshalb dauern diese Situationen an?" fragte ich Dr. Seale nach einer besonders lehrreichen Treatment-Sitzung. „Weshalb kann ich sie nicht loswerden?"

„Sie sind doch gerade dabei," war die Antwort.

„Davon ist aber nichts zu merken," erwiderte ich, „ich habe Probleme, wo ich gehe und stehe!"

„Das sind nur die Schlangen, die noch zucken, nachdem ihnen die Köpfe abgetrennt worden sind," erklärte Dr. Seale. „Sie vergehen, sobald Sie diese Tatsache erkannt haben und ihnen keine Aufmerksamkeit mehr widmen."

Und selbstverständlich hatte er recht. Die Köpfe stehen für die Ursachen, während die Körper der Schlangen die äußeren Symptome sind. Sind die Ursachen (negative mentale und emotionelle Einstellungen) erst einmal beseitigt, dann sind es automatisch auch die Wirkungen.

Ein sinnvolles Treatment erfordert oftmals ein Hinuntersteigen in die Schlangengrube Ihres Unterbewußtseins, um dann genau dort solche Enthauptungen vorzunehmen. Niemand mag Schlangen; niemand mag Probleme. Andererseits sollte man sich aber auch nicht vor ihnen fürchten. So manche furchterregend aussehende Schlange ist nämlich in Wirklichkeit völlig harmlos. Wir lassen uns von ihrem Anblick ängstigen, das ist alles. Sie können uns absolut nichts antun und sind darüber hinaus sehr nützlich, um das Gleichgewicht in der Natur zu erhalten. Ganz genau so verhält es sich mit Problemen. Sie sind in Wirklichkeit notwendig und hilfreich für den Wachstumsprozeß. Wenn sie ihren Zweck jedoch erfüllt haben, ist die Zeit gekommen, sie los zu werden. Springen Sie also entschlossen in die Schlangengrube, schnippeln Sie ihnen die Köpfe ab, und gehen Sie an ihre täglichen Pflichten, ungeachtet der Tatsache, daß da einige Schlangen noch eine Zeit lang herumwedeln könnten. Schließlich kann niemand ohne Kopf am Leben bleiben, auch Sie und ich nicht. Deshalb sollten wir ihn lieber gebrauchen.

VII. Unkraut entfernen

Das Gemüt vieler Menschen ist wie ein großer wildwuchernder Garten. Überwachsen mit unproduktivem Unkraut, verstopft mit altem Laub, bedarf er dringend der Pflege und Bearbeitung. Lernen Sie es, das Unkraut aus Ihrem mentalen und emotionalen Garten zu entfernen. Reißen Sie das Unkraut heraus, das Ihr schöpferisches Erdreich verbraucht. Das muß mit aller Gründlichkeit getan werden, oder das Unkraut wird wieder nachwachsen. Ein bloßes Wegschneiden an der Oberfläche genügt da nicht. Auch das letzte Stückchen Wurzel muß entfernt werden.

Stellen Sie sich einmal ein großes Unkrautgewächs vor. Dessen Wurzeln reichen zuweilen ziemlich tief in den Boden hinein und haben sich dort verästelt. Genauso verhält es sich mit dem Unkraut der Vorurteile, Zweifel, Ängste und Schuldgefühle, des Argwohns und allem übrigen Unkraut, das in unserem Unterbewußtsein Wurzeln schlägt. Es reicht da nicht aus, nur auf die Gedanken und Handlungen (die Pflanzen) zu verzichten, wir müssen uns auch von den unterbewußten Gefühlen und Reaktionen (den Wurzeln) trennen.

Graben Sie also den Garten Ihres Gemüts weiter um, und beseitigen Sie alles, was dort nicht hin gehört. Reißen Sie die hartnäckigen Wurzeln aus. Sollten sie abbrechen, dann sehen Sie unbedingt zu, daß Sie die restlichen Stücke zu fassen bekommen. Sollten sie sich nicht ohne Weiteres entfernen lassen, dann wenden Sie die Unkrautvernichter Treatment und Gebet an. Entwickeln Sie Weisheit, Verständnis und Gewahrsein, bis alles Unkraut beseitigt ist – so, wie Sie ein chemisches Unkrautvertilgungsmittel auf ein ungewolltes Gewächs ansetzen würden.

Ein bloßes Wirken an der Oberfläche ist niemals ausreichend, sei es bei der Bearbeitung Ihres Gartens oder Ihres Unterbewußtseins. Haben Sie schon einmal versucht, eine größere Unkrautpflanze auszureißen? Dann werden Sie bemerkt haben, daß sich der größere Teil der Pflanze unter der Erdoberfläche befindet und aus einem zähen Gestrüpp von Wurzeln besteht. Solange diese Verästelungen nicht individuell entfernt worden sind, wird das Unkraut immer wieder erneut nachwachsen. Gleichermaßen verhält es sich mit Ihrem Gemüt und dem Unkraut, das dort wächst. Jede lebende Wurzel produziert eine Gewächsart. Jeder Gedanke und jedes Gefühl ist eine Ursache, die eine bestimmte Wirkung produziert.

Alles wächst und gedeiht in einem guten Erdreich. Es kommt nur darauf an, einen Garten zu gestalten, der unseren Wünschen und Vorstellungen entspricht, durch Auswahl des richtigen Saatgutes. Das müssen wir dann dem Boden eingeben, es bewässern und kultivieren und in jeder Hinsicht betreuen. Wir müssen ein guter Gärtner sein. Wir kultivieren, bewässern und düngen den Boden unseres Gemüts.

Stellen wir uns also vor, wir hätten das Unkraut entfernt und den Boden unseres Bewußtseins gesäubert. Wir haben das Erdreich umgegraben, es gut geharkt und für die Aussaat vorbereitet. Nachdem wir das Saatgut oder die Stecklinge sorgsam ausgesucht haben (Gedanken, Ideen, Gefühle, Begehren, Ziele), ziehen wir die Furchen und drücken die Stecklinge fest in den Boden ein. Nachdem sie gut mit Erde bedeckt sind, folgt dem Ganzen ein sinnvolles Wachstumsprogramm: Düngen, Bewässern, Säubern und Kultivieren. Damit ist unsere Arbeit getan. Wir lassen die Pflanzen wachsen und gedeihen. Die Natur besorgt alles Übrige. Wir suchen lediglich aus und kooperieren in jeder Weise. Wir vertrauen der Natur. Wir wissen, daß sie die Pflanze zum Wachsen bringt, damit wir ernten können. Das gleiche Vertrauen sollten wir in den Garten unseres Lebens setzen.

Wenn die Pflanzen in Ihrem Garten gedeihen sollen, dann muß man sie in Ruhe lassen, nachdem sie gepflanzt worden sind, damit sich Wurzel schlagen und wachsen können. Das Gleiche gilt für Ihre Gedankensaat. Treffen Sie eine sorgsame Auswahl und setzen Sie die Pflanzen ein – tief in den Boden Ihres Gemüts, in den schöpferischen Boden Ihres Unterbewußtseins – durch Begehren, Intention, Visualisation und Imagination. Erwärmt und befeuchtet werden sie durch Lob, Erwartung, Segen und Danksagung. Dann jedoch sollte man sie in Ruhe lassen, damit sie wachsen können. Halten Sie jedes Unkrautgewächs fern und den Boden in gutem Zustand. Dann wird Ihre Saat gedeihen. Immerhin weiß die Saat besser, wie sie zu einer Pflanze werden kann, als Sie das wissen. Ebenso weiß die Idee, wie sie zu einer greifbaren Tatsache wird. Kooperieren Sie mit Ihren Ideen und lassen Sie sie wachsen. Betrachten Sie den Garten Ihres Bewußtseins und seien

Sie der Tatsache eingedenk, daß „die Felder bereits weiß zur Ernte sind."

IX. Scharfeinstellung

Richten Sie Ihre Aufmerksamkeit auf die Idee, die Sie ausgeführt sehen wollen. Konzentrieren Sie Ihre Energien und Aktivitäten auf Ihr Ziel. Nichts ist so machtvoll, wie ein einzelnes zielgerichtetes Vorhaben. „Konzentration" bedeutet „ins Zentrum bringen".

Mit einem einfachen Vergrößerungsglas kann man den größten Brand verursachen, indem man die Sonnenstrahlen bündelt und auf einen bestimmten Punkt richtet. Gleichermaßen können Sie mit Ihrem Gemüt verfahren. Gebündeltes Denken und Fühlen, auf ein einziges Ziel gerichtet, hat die durchschlagende Wirkung, die ein Geschoß hat, mit dem man eine Zwölf schießt. Mit unbeständigem und desorganisiertem Denken hingegen, schießt man mit Sicherheit eine „Fahrkarte" und verfehlt damit das Ziel.

Jeder Projektor muß scharf eingestellt werden, damit er kein verschwommenes Bild auf die Leinwand wirft. Eine andere treffende Illustration ist ein Gartenschlauch. An seinem vorderen Ende besteht die Möglichkeit der Feineinstellung. Mit der feineren Besprühung erreicht man einen größeren Bereich. Wünschen Sie jedoch mehr Druck – mehr Kraft – hinter dem Ganzen, dann bündeln Sie das Wasser zu einem machtvollen Strahl, der aus dem Schlauch schießt. Alles hängt allein von der Einstellung ab.

Machen Sie ein Experiment: Nehmen Sie ein Blatt Papier und versuchen Sie, es aufrecht hinzustellen. Das wird nicht gehen. Es kann nämlich nicht stehen bleiben und ist auch nicht stark genug, um irgendetwas zu halten. Rollt man es hingegen zusammen, wird es sogar das mehrfache des eigenen Gewichts tragen können. Und das nur durch Bündelung. Durch nichts anderes.

Bündeln Sie Ihr Denken und Fühlen und richten Sie den geballten Strahl auf Ihr Vorhaben. Visualisieren Sie die Kraft in den Bereich einströmen, der einer Heilung bedarf, in die Idee, die Sie verwirklicht sehen wollen, oder in die Situation, die Sie verändern möchten. Sie müssen einfach Resultate erzielen, wenn Sie Ihre Kräfte auf ein einzelnes Ziel richten.

X. Schutzkreise

Visualisieren Sie sich selbst als Mittelpunkt einer Anzahl konzentrischer Kreise, die Sie um sich herum gezeichnet haben, als eine Art spiritueller Rüstung. Sie können davon jede beliebige Anzahl visualisieren, doch wollen wir zunächst mit zehn beginnen: Leben, Liebe, Wahrheit, Vertrauen, Freude, Weisheit, Frieden, Einheit, Führung und Schutz. Diese Schutzringe strömen aus Ihrem Bewußtsein und sind Ausdruck Ihrer positiven spirituellen Natur. Sie drücken sich durch diese guten Eigenschaften aus. Sie formen Sie als Individuum und halten Sie in ausgeglichenem Selbstausdruck. Diese spirituellen Rüstungsringe bilden einen undurchdringlichen Panzer, der jedes Übel von Ihnen abhält, durch den jedoch alle guten Dinge hindurchgefiltert werden können. Halten Sie diese zehn Eigenschaften zusammen mit allen anderen positiven Einstellungen immer in gutem Zustand „. . . lauter Glück und Gnade werden Ihnen folgen all Ihre Tage." (Psalm 23).

Der Mensch, der mit Vertrauen, Kraft und dem sicheren Gefühl, göttlich geschützt zu sein erfüllt ist, wird auch aus dem erbarmungslosesten Schlachtgetümmel völlig unversehrt hervorgehen. Wer dagegen mit Besorgnis, Ängsten und Furchtgefühlen angefüllt ist, der wird mit größter Wahrscheinlichkeit vernichtet werden – von den negativen Kräften in seinem Innern. Nichts kann uns verletzen, nichts kann uns etwas anhaben, wenn wir ihm die Macht dazu verweigern. „Vollkommene Liebe treibt die Furcht aus." (1.Joh.4:18).

Leitgedanken für Schutz und Führung

Ich bin heute göttlich geführt und beschützt. Nichts kann mich verletzen oder von meinem wahren Kurs abbringen. Ich weiß wer ich

170

bin, weshalb ich hier bin und wohin ich gehe. Mein Leben hat Sinn, Zweck und Bedeutung. Ich bin hier, um zu leben, und ich bin entschlossen, mich selbst wunderbar und großartig auszudrücken.

Ich bin frei von jeglicher Furcht; ich habe einen starken und vitalen Glauben. Mein Glaube heilt mich. Es gibt nichts, was ich nicht tun kann – nichts, was ich nicht sein kann –, wenn ich einen wahren Kurs festlege und ihm folge. Diesen Kurs lege ich heute fest. Ich folge dem Stern im Osten, der mich durch die Wüsten des Lebens führt, an den Ort, wo Verständnis und Weisheit geboren werden: In der Krippe meines Bewußtseins. Ich neige mich hinunter und huldige mit kindlicher Einfach- und Reinheit dem vollkommenen Leben, das Gott mir gegeben hat. Ich biete meine Gaben dar: Die Gaben der Liebe, der Hingebung und des Dienens für das Christuskind – für das höhere Selbst in meinem Innern.

„Und ob ich schon wanderte durch das finstere Tal, so fürchte ich kein Übel, denn du bist mit mir, dein Stecken und Stab, die trösten mich." (Psalm 23). Ich bin niemals allein. Die Macht und Gegenwart in meinem Innern weiß, welcher Dinge ich bedarf, noch bevor ich darum bitte. Die unendliche Intelligenz braucht mich, um sich durch mich auszudrücken. Die Natur will mich als Erfolg sehen. Gott will, daß ich meine Bestimmung sicher erreiche. Jeder ist auf meiner Seite. Alles steht zum Besten, alles geschieht zu meinen Gunsten. Mein Gemüt und mein Herz sind eingestimmt, diese Wahrheit zu akzeptieren.

„Wenn Gott für mich ist, wer kann wider mich sein?" Ich lege meine spirituelle Rüstung an und gehe hinaus ins Leben. Das göttliche Gemüt sagt mir, wohin ich gehen und was ich tun soll, und es sorgt für mich, auf jedem Schritt dieses Weges. Ich bin frei in meiner inneren Überzeugung, daß ich göttlich geführt und beschützt werde – jetzt und immer. Und so ist es.

8. KAPITEL

„Ihr großartiges Potential"

Ist das Treatment eine verläßliche Methode? Bringt es tatsächlich Resultate? Hilft es wirklich? Kann ich es selbst anwenden?

Das sind legitime Fragen. Ich habe hier Beispiele angeführt – Beispiele der Resultate, die von mir behandelte Menschen erzielt haben. Die folgenden Zitate sind Äußerungen von Menschen, die es gelernt haben, wissenschaftliche Gebete zur Lösung ihrer Probleme einzusetzen:

Treatments für Gesundheit

„Als ich zum erstenmal mit Science of Mind in Berührung kam, wandte ich mein erstes Treatment für meine Augen an. Ich brauchte mehr als ein Jahr, um zu der Erkenntnis zu kommen, daß ich keine Augengläser mehr benötigte. Dabei war ich seit nunmehr 25 Jahren Brillenträger. Meinen letzten Test zur Führerscheinerneuerung machte ich nun ohne Gläser, was mir bis dahin nicht möglich gewesen war. Ich weiß, daß ich diesen Erfolg allein meiner geistigen Behandlung zu verdanken habe. Noch immer danke ich Gott für diese Verwirklichung." V.G.

Vor drei Jahren mußte ich mich einer leichteren Operation unterziehen. Gleich nachdem mir das eröffnet wurde, begann ich mit meiner Treatmentsarbeit. Daraufhin überstand ich die Operation ohne den allerkleinsten Schmerz und ohne jegliche Nachwirkung. Ich erwähne diesen Umstand, weil eine gleichartige Operation im Jahre 1940 an mir durchgeführt wurde und ich als Folgeerscheinung unerträgliche

173

Schmerzen zu erdulden hatte. Ich hatte damals zwei Wochen im Bett verbracht, unfähig, auch nur einen Bissen zu mir zu nehmen. Diesmal jedoch, war ich bereits nach zwei Tagen zuhause und konnte wieder meiner beruflichen Arbeit nachgehen, ohne die kleinste Nachwirkung einer Operation zu verspüren. Ich fühlte mich großartig. Unmittelbar bevor ich in den Operationssaal gebracht wurde, behandelte ich mich geistig, und meine Verwirklichung der Vollkommenheit war sofort gegenwärtig und spürbar." V.G.

„Eines Abends berührte ich bei der Zubereitung einer Mahlzeit versehentlich mit meiner Handfläche den glühenden Rost. Normalerweise würde ich mir dabei schwere Brandwunden und -blasen zugezogen haben. Auf der Stelle bejahte ich, daß es innerhalb des ‚Gotteskörpers' keinerlei Disharmonie geben könnte und daß meine Hand einen Teil dieses Körpers darstellt. Ich akzeptierte die Wahrheit, daß die harmonische, friedvolle Aktion Gottes als intelligentes Leben durch meine Hand wirkt; Daß ihre Substanz, vollkommen wie sie ist, unverletzt war; daß der Geist keinerlei Schmerzen kennt, und deshalb auch keine Schmerzempfindungen in meiner Hand sein konnten.

Schock und Schmerz verschwanden daraufhin auf der Stelle. Es blieben auch keine Blasen zurück. Lediglich eine glänzende Rötung, die einige Tage anhielt, blieb als Beweis für diesen Zwischenfall übrig." D.W.

„Auf unserer gemeinsamen Bergtour war eine Freundin von mir ausgeglitten und hatte sich die Ferse verletzt. Infolge der rapide einsetzenden Schwellung war es nicht mehr möglich, festzustellen, ob das Bein gebrochen war, ob Gelenke ausgerenkt waren, oder ob es sich nur um eine einfache Verstauchung handelte. Meiner Meinung nach war es unerläßlich, so schnell wie möglich einen Arzt zu Rate zu ziehen. Der Ehemann war jedoch dermaßen „am Boden zerstört", daß garnicht daran zu denken war, ihn mit dem Wagen über die Bergstraßen zu schicken. Deshalb vergingen noch einige Tage, bevor die Fahrt angetreten werden konnte.

Ich tat alles nur menschenmögliche, um meine Freundin zu pflegen und ihr die Schmerzen zu erleichtern, während ich zur gleichen Zeit intensive Treatmentsarbeit für beide leistete. Ganz besonderes Gewicht

174

legte ich dabei auf den Gedanken, daß das vollkommene Muster – das vollkommene Modell – in keiner Weise verletzt worden ist. Ich verrichtete meine geistige Arbeit in dem Wissen, daß die vollkommene Heilungskraft des Geistes jetzt aktiv war, wiederherstellend, heilend. Jeder Knochen, jedes Gelenk, jede Sehne und jeder Muskel fanden sich an ihrem richtigen Platz, gemäß diesem Prototyp.

Dann geschah es: An dem Tag vor unserer Rückkehr in die Stadt machte meine Freundin eine hastige Bewegung im Bett und ihre Ferse knackte laut und vernehmlich. Unmittelbar danach begann sie sich wesentlich besser zu fühlen und die Schwellung ging merklich zurück.

Anhand der Röntgenaufnahmen konnte später festgestellt werden, daß das Schienbein von dem nach oben stoßenden Fersenknochen in seiner ganzen Länge aufgesplittert worden war. Daneben erwies sich, daß es sich ursprünglich um einen Bruch des Schienbeins gehandelt hatte. Zum Zeitpunkt der Röntgenaufnahmen jedoch, war der Fersenknochen bereits wieder in seiner richtigen Position, so daß das Schienbein sich auch wieder richten konnte. Gleichermaßen war der Bruch wieder eingerichtet. Das Bein brauchte daher nicht geschient zu werden. Der angelegte Gipsverband konnte, entgegen den Erwartungen des Arztes, bereits nach sechs Wochen abgenommen werden, statt wie ursprünglich erwartet, nach zwei Monaten. Der darauffolgende leichtere Gipsverband konnte ebenfalls früher als vorgesehen entfernt werden. Nach Aussage des Arztes benötigt diese Art eines Knochenbruchs die längste Zeit zu seiner Heilung." D.W.

„Am Anfang meiner Treatmentsarbeit hatte ich meinen ständigen Heuschnupfen – oder besser gesagt „Rosenschnupfen" – behandelt. Ich machte mir einfach bewußt, daß eine Rose – eine so herrliche Schöpfung Gottes – mir kein Unbehagen verursachen würde, wenn ich es nicht akzeptierte. Ich hatte seither niemals wieder über Heuschnupfen zu klagen." L.Y.

„Ich habe bei mir verschiedentlich Erkältungen und Kopfschmerzen wegbehandelt, und in letzter Zeit sogar einige Schnittwunden, für deren Heilung sonst ein Zeitraum von mehreren Wochen erforderlich gewesen wären. Jetzt aber verheilten sie innerhalb von zwei oder drei Tagen voll und ganz." L.Y.

"Ich bin zutiefst dankbar für den Glauben an Heilung, den ich jetzt habe, nachdem ich durch Science of Mind Treatment wunderbare Heilungsdemonstrationen an meinen drei Enkeln erleben konnte.

Penny, jetzt fast fünfzehn und voll strahlender Gesundheit, war erst fünf, als sie sich in der Kinderklinik einer Herzoperation unterziehen mußte. Ich behandelte sie geistig, und das rheumatische Fieber schwand. Die Herzoperation war nicht mehr vonnöten.

Kim wurde im Alter von sechzehn Monaten von einer Hirnhautentzündung befallen. Am zwölften Tag wurde sie – noch immer im Koma – nachhause geschafft, um dort zu sterben oder, nach dem Urteil der Ärzte, als hoffnungslos geistig zurückgebliebener Mensch weiter zu leben. Inzwischen ist Kim neun Jahre alt und hat strahlende Augen, die auf alles andere hindeuten, als auf einen zurückgebliebenen Verstand. Selbst von den Ärzten wurde diese Heilung als ein Wunder bezeichnet.

Und dann ist da noch Jan. Sie war nur ein paar Monate alt, als sogar ich davon überzeugt war, daß sie sterben müßte. Aber auch hier konnte ich an ihrem Bettchen Zeuge eines Wunders werden. Als der Arzt am nächsten Morgen anrief, um sich zu erkundigen, ob sie die Nacht überlebt habe, saß sie bereits wieder in ihrem Kinderstuhl, so als ob niemals etwas vorgefallen wäre.

Auch die gute Gesundheit meiner Schwester kann der Science of Mind zugeschrieben werden. Noch vor sieben Jahren war sie eine Krebspatientin. Seit nunmehr sechs Jahren sind alle gemachten Tests jedoch negativ, und ich weiß, daß sie es auch weiterhin sein werden."
M.K.

Treatments für das Geschäft

„Bei meiner Arbeit als Immobilienmakler setze ich zuweilen Treatmentsarbeit ein. Das kam so: Aus unerfindlichen Gründen gerieten sich der Käufer und Verkäufer eines Grundstücks in die Haare als sie das zum Verkauf stehende Eigentum inspizierten. Ich konnte es förmlich spüren, daß Ärger in der Luft lag. Deshalb setzte ich mich hin während sie weitergingen und sich stritten. Ich verbildlichte sie mir als frohe und

zufriedene Menschen – vor meinem geistigen Auge sah ich sie freundlich
miteinander umgehen, in völliger Übereinstimmung. Dann bejahte ich:
‚Mr. Jones und Mr. Smith sind sich völlig einig. Beide machen Gebrauch
von der gleichen Wissensquelle und sie verstehen sich vollkommen.'
Das Ganze wirkte wie Zauberei! Sie lachten wieder, als sie sich mir
näherten; dann trennten sie sich in aller Freundschaft.

Bei einer anderen Gelegenheit war ich mir nicht schlüssig, welche
Aktien ich erwerben sollte. Es standen hier mehrere zur Auswahl, aber
ich konnte mir keinen Mißgriff leisten. Ich machte mich also an meine
innere Arbeit, bat um Führung und spürte bald darauf, wie mich ein
klarer intuitiver Drang überkam, eine bestimmte Aktie anzukaufen. Ich
zögerte keinen Augenblick; ich traf sofort die entsprechenden Vorkeh-
rungen und kaufte die größte Stückzahl dieses Wertpapiers, die ich mir
leisten konnte. Es war weiß Gott kein Mißgriff!

Bei anderer Gelegenheit war ein Kunde auf eine ganz bestimmte Art
von Grundbesitz versessen. Ein Grundstück in der Art des von ihm
beschriebenen befand sich jedoch nicht auf unserer Liste. Ich entschloß
mich daher, ein wenig durch die Gegend zu fahren. Vielleicht würde ich
dann etwas entsprechendes finden. Während ich langsam durch die
Landschaft fuhr, begann ich mit der geistigen Behandlung. Ich bejahte,
daß es für Mr. Wilson irgendwo einen Platz geben würde, der seinen
Erwartungen in jeder Hinsicht entsprach. Dann machte ich mich daran,
bei Farmern in der Umgegend herum zu fragen, und schon beim zweiten
Halt fand ich, was ich suchte. Mr. Wilson bekam seine Ranch mit einem
Landbesitz, der seine Erwartungen noch bei weitem übertraf und ich
machte den Abschluß." N.D.M.

Treatment für rechtes Handeln

„An einem Sonntagabend gab ich mir ein Treatment, das rechtes
Handeln für den nächsten Tag sicherstellen sollte. Auch am Montag-
morgen nahm ich eine geistige Behandlung vor, da es allem Anschein
nach ein kritischer Tag zu werden versprach. Das interessante Ergebnis
dabei war, daß sich nichts, aber auch garnichts in der von mir erhofften

Weise gestaltete. Stattdessen blies mir der Wind recht kräftig ins Gesicht. Nichts war in Ordnung. Nach einigen Wochen sollte sich jedoch herausstellen, daß es garnicht hätte besser sein können. Ich hatte wieder einmal nur nach den äußeren Erscheinungen geurteilt – ‚nach den Erscheinungen gerichtet, und kein rechtes Gericht.'" J.F.

Bislang war ich mit meinen Treatments recht erfolgreich, soweit es sich um ein Gefühl inneren Friedens und der Zufriedenheit mit meinen gegenwärtigen Lebensumständen handelt, obgleich alle diese Bereiche noch der Verbesserung bedürfen. Ich weiß jedoch daß, wenn die Zeit da ist, oder wenn ich bereit bin, auch die von mir ersehnte Position auf mich warten wird." L.Y.

„Meine Treatmentsarbeit war zumeist auf Gesundheit und allgemeines Wohlbefinden ausgerichtet. Dadurch war ich imstande, Ängste abzubauen und kam zu einem besseren Verständnis der Wahrheitsprinzipien und ihrer Wirkungsweise. Meine Gesundheit verbesserte sich zusehends und auch meine Lebensauffassung an sich entwickelte sich zum Positiven." A.M.

„Das Treatment für Wohlstand und Erfolg hat mir viele wunderbare Segnungen gebracht. Meine finanziellen Angelegenheiten haben sich allesamt durch und durch erfolgreich entwickelt." A.M.

„Das Treatment zur Umwandlung einer Unterhaltung vom Negativen zum Positiven, ist ein wirksames Treatment, das ich mehrmals mit Erfolg anwenden konnte. Es hat in den allermeisten Fällen geradezu erstaunliche Wirkungen hervorgebracht. Die bemerkenswerteste Demonstration gelang mir bei einer Gruppe mit mehreren Frauen, als sich das Gespräch dem Rassenproblem zuwandte. Eine Frau tat sich dabei in besonders negativer Weise hervor – sie ließ kein gutes Haar an den Negern und belegte sie mit ziemlich drastischen Ausdrücken. Ich hatte mich an dem Gespräch nicht beteiligt, sondern es vorgezogen, im Stillen eine geistige Behandlung vorzunehmen. Ich bejahte göttliche Liebe für alle Beteiligten. Die Verwirklichung schien augenblicklich einzusetzen, denn die aggressive Dame hielt plötzlich inne, wandte sich um, sah mir direkt in die Augen und sagte: ‚Es war nicht recht von mir, derartiges zu sagen, und ich glaube, ich werde dafür bestraft werden.' Ich sagte kein Wort, als sie aufstand und den Raum verließ. Am meisten

178

verblüfft hatte mich dabei die Tatsache, daß diese Frau eigentlich zu dem Menschentyp gehörte, der sich lieber die Zunge abbeißen würde, als ein Unrecht einzugestehen." V.G.

Ähnliche Resultate können auch Sie erzielen, wenn Sie Vertrauen in die Macht, die heilt entwickeln und es lernen, Ihr Gemüt auf sie einzustimmen. Dieses Buch versorgt Sie mit den grundlegenden Kenntnissen, um genau das zu tun. Im 6. Kapitel betrachteten wir den Background des Treatments und entwickelten den Zugang zu ihm. Im 7. Kapitel wurden Ihnen zehn spezielle Techniken an die Hand gegeben. Wir werden in diesem Kapitel noch weitere hinzufügen. Alle diese Methoden bilden zusammengenommen einen großartigen Satz Werkzeug, den Sie für Ihre Problemlösungen einsetzen können.

Die folgenden zehn Techniken und Verfahrensweisen vervollständigen die ersten zehn aus dem 7. Kapitel:

XI Der goldene Lichtkegel
XII Die Gußform
XIII Überlagern und Auflösen
XIV Auswahl und Freigabe
XV Spirituelles Lösungsmittel
XVI Dem Unterbewußtsein ein Denkmuster aufprägen
XVII Ihr spirituelles Bankkonto
XVIII Auf dem Wasser gehen
XIX Licht ausstrahlen
XX Praktizieren der Gegenwart

Wir sind jetzt bereit für Nummer XI.

XI. Der goldene Lichtkegel

Stellen Sie sich einen von der Decke herunterstrahlenden goldenen Lichtkegel vor:

Abb. 1

Stellen Sie Ihre Probleme und Schwierigkeiten Stück für Stück in diesen Lichtstrahl, wo sie aufgelöst werden und ihre Energie in konstruktive Kanäle fließt. Alle Probleme – welcher Art sie auch sein mögen – lösen sich auf, wenn sie in das Licht spirituellen Verständnisses gebracht werden. Bleiben Sie in Ihrer Imagination ruhig und gelassen unter dem goldenen Lichtstrahl sitzen und lassen Sie sein Licht auf sich scheinen. Tragen Sie es immer mit sich und stülpen Sie es über jedes Problem oder jede Blockierung, mit der Sie sich konfrontiert sehen mögen. Auch die allerschwierigste Situation wird darauf ansprechen – der goldene Lichtkegel löst sie auf.

XII. Die Gußform

Es gibt ein vollkommenes Muster aller Dinge. Dieses vollkommene Muster befindet sich immer in dem einen Gemüt. Und weil Ihr Gemüt eine Individualisation des einen Gemütes ist, befinden sich diese vollkommenen Muster auch in Ihrem Gemüt. Sie werden auch in Ihrem Erfahrungsbereich vollkommene Resultate hervorbringen, solange Sie im Einklang mit ihnen wirken und weder Abweichung noch Einmischung zulassen.

Nehmen wir zum Beispiel das spirituelle Muster des vollkommenen Körpers. Sollte Ihr Körper krank sein, dann bedarf er einer Wiederausrichtung im Einklang mit der Gußform oder dem vollkommenen inneren Muster. Sehen Sie die Unvollkommenheit und Störung schwinden und das vollkommene Muster wiederhergestellt. So können Sie mit jedem Teil Ihres Körpers verfahren – mit jeder Situation oder jedem Umstand, der sich zeigen mag. Vollkommene Ordnung, Harmonie und Ausgeglichenheit sind immer vorhanden, im Mittelpunkt des Universums. Diese Vollkommenheit ist Ihr Normalzustand. Das sollten Sie wissen und sich darauf einstellen. Weniger als das ist einfach nicht gut genug. „Wie oben, so unten." „In meines Vaters Haus sind viele Wohnungen," alle heil und vollkommen.

XIII. Überlagern und auflösen

Beim Spielfilm hat man viele technische Tricks entwickelt, um eine Story sinnvoll erzählen zu können. So wird gelegentlich ein Bild über das andere kopiert, um die Gedanken einer handelnden Person zu verdeutlichen, oder eine andere simultane Aktion zu zeigen.

Der Film kann uns somit eine Lektion vermitteln. Wenn Ihnen das Bild, das Sie auf die Leinwand Ihres Erfahrungsbereiches projizieren, nicht gefällt, dann können Sie es mit einem neuen Bild überlagern. Sehen Sie die Situation oder den Zustand, wie er oder sie sein sollten, und lassen Sie dieses neue Vorstellungsbild zur Realität werden. Mit dem Wachsen des erwünschten Bildes blendet sich das unerwünschte aus und verschwindet von der Bildwand Ihrer Erfahrungen.

Andere beim Film angewandte Verfahren sind das „Dissolve" – die Auflösung mit Schwarzblende – und das „Lap-Dissolve" – die Auflösung mit Überlagerung. Beim ersteren sieht man, wie sich das Filmbild langsam ausblendet; die Leinwand bleibt einen Augenblick lang dunkel, sie zeigt ein schwarzes Bild, um damit das Schwinden der Zeit oder das Ende einer Sequenz anzudeuten. Das können Sie zu einer wirkungsvollen mentalen Übung machen, jedesmal dann, wenn Ihnen das Bild auf der Leinwand Ihres Lebens nicht gefällt. Machen Sie es dann wie beim

Film: Lösen Sie es auf, und lassen Sie die Dinge für einen Moment im Ruhezustand, während Sie sich auf ein neues Bild einstellen.

Beim „Lap-Dissolve", der Auflösung mit Überlagerung, blendet sich das alte Bild aus, während gleichzeitig das neue erscheint. Ein Bild blendet in das andere über, und für einen Moment scheint es, als wären beide Bilder gleichzeitig auf der Leinwand, eins über das andere kopiert. Bei der Anwendung dieser Technik eines visuellen Treatments löst man das Bild der Dinge, wie sie uns erscheinen buchstäblich auf, während man gleichzeitig das Bild der Dinge, wie sie sein sollten ins Auge faßt. Wenn das neue Bild erst einmal die Leinwand ausfüllt, löst sich das alte auf. Es funktioniert sehr gut. Versuchen Sie es!

XIV. Auswahl und Freigabe

Wählen Sie sich das aus, was Sie wollen: Wählen Sie sich aus, was Sie sehen wollen, hören wollen, auf was Sie ansprechen wollen, worauf Sie reagieren wollen, und was Sie glauben wollen – und ignorieren Sie jene Stimulantien, die Ihnen nur Schaden oder Verwirrung bringen. Ihre Aufgabe als spirituelles Wesen ist es, Ihr Bewußtsein klar zu halten. Lassen Sie sich nicht hinunterziehen in den Schlamm und den Dunstkreis des Massengemüts und weltlicher Erfahrungen. „Richtet nicht nach den Erscheinungen, sondern richtet ein rechtes Gericht." (Joh. 7:24)

Gradliniges Denken ist der Schlüssel. Und das wiederum hängt von der Fähigkeit ab, zwischen Wahrheit und Irrtum unterscheiden zu können – zwischen Erscheinung und Wirklichkeit. Denn immerhin sind wir an Wahrheit und Wirklichkeit interessiert. Um ein Beispiel zu nehmen: Der Körper eines Menschen kann krank und hinfällig sein. Das ist zwar eine Tatsache, aber dennoch nicht die Wahrheit. Der wirkliche Mensch innerhalb dieses Körpers ist heil und vollkommen. Das ist das Konzept, das Ihr Gemüt und Ihre Imagination akzeptieren und verwirklichen müssen. Unsere Erfahrungen sind von uns selbst ausgewählt, durch unsere Überzeugungen.

Setzen Sie sich hin, entspannen Sie sich und machen Sie eine stille

Bestandsaufnahme von der Welt Ihrer Besitztümer und Erfahrungen im Licht der Wahrheit. Sobald Ihnen etwas begegnet, was in dieser Wahrheit nicht bestehen kann, was nicht gut oder wahr ist, verneinen Sie es und weisen Sie es zurück, indem Sie sagen: „Das bin nicht ich." Seien Sie gnadenlos und gründlich, bei diesem Ausjätungsprozeß. Laden Sie das Gerümpel ab! Es gehört nicht zu Ihnen. Es kann niemals Teil Ihres Lebens sein, solange Sie es nicht akzeptieren. Bejahen Sie: „Das bin nicht ich" – bis Sie zu der unwandelbaren Wirklichkeit gelangen, dem, was Sie wirklich sind. Setzen Sie diese spirituelle Behandlung fort, bis Sie mit Ihrem Denken und Ihren inneren Visionen die Bereiche wahrnehmen können, von denen Sie sagen können: „Das bin ich." Geben Sie sich dieser Überzeugung ganz hin, und lassen Sie sie in Ihrem Erfahrungsbereich zur Erfüllung werden.

Widmen Sie der Gedankenauswahl und den Bejahungen über sich mehr Zeit als für das Verneinen und Zurückweisen falscher Überzeugungen. „Bildern", d.h. visualisieren, imaginieren und bejahen Sie sich als den gesunden, glücklichen, erfolgreichen, vitalen und freien Menschen, der Sie ernsthaft zu sein begehren. Bauen Sie sich die herrlichsten Schlösser in Ihrer Seele. Alles das ist eine Sache des Auswählens und des Loslassens. Shakespeare sagte: „Nimm eine Tugend an, wenn du sie nicht hast." (Hamlet, III. Akt, 4. Szene). William James sagte: „Handle als ob du wärst, und du wirst sein." Alles, was Sie tun müssen, ist, wirklich etwas zu glauben, und es wird wahr werden. Das ist das Prinzip des Loslassens.

XV. Spirituelles Lösungsmittel

Stellen Sie sich vor, daß Sie einen Swimmingpool oder eine Wanne mit einer Flüssigkeit angefüllt haben, die eine herrliche Zauberkraft besitzt – die Kraft nämlich, alle unerwünschten Dinge in Nichts aufzulösen und alles Bewahrenswerte zu reinigen und zu verfeinern. Nennen Sie diese bemerkenswerte Flüssigkeit das spirituelle Lösungsmittel – den spirituellen Auflöser. Nehmen Sie in dieser Flüssigkeit ein imaginäres Bad oder schwimmen Sie in ihr. Sie werden dann feststellen, daß alle Ihre

Probleme, aller Druck und alle Erschöpfung fortgewaschen werden. Nichts außer dem Guten kann dabei zurückbleiben, denn nur das Gute kann gedeihen. Tauchen Sie sich regelmäßig in Ihre spirituelle Flüssigkeit ein und Sie werden immer frisch und erneuert daraus hervorgehen.

Sie können alle Ihre Lasten und Probleme in diese Flüssigkeit werfen und sie von ihr auflösen lassen. Weisen Sie alle Ihre Schwierigkeiten und Sorgen zurück; werfen Sie sie ein, wie Kleidung in einen Waschbehälter. Dieses spirituelle Lösungsmittel ist imstande, einen verschmierten Overall mit der gleichen Leichtigkeit zu behandeln, wie die allerfeinsten Spitzen. Wenden Sie das spirituelle Lösungsmittel bei jeder Gelegenheit an, und seien Sie gereinigt – innen und außen.

Nachdem Sie unerwünschte Einstellungen und Situationen aufgelöst haben, können Sie das spirituelle Lösungsmittel anwenden, um Ihr Denken, Ihr Begehren, Ihre Ziele und Ihre Ambitionen aufzufrischen und aufzuhellen. Versenken Sie sie – tauchen Sie sie ein in den strahlenden Pool des Geistes, und sie werden gestärkt werden. Sie werden angetrieben von der gewaltigen Schubkraft des Geistes. Der Geist verfügt über alles Erforderliche, um Ihre Vorhaben in Manifestation zu bringen. Kleiden Sie Ihre Gedanken mit Form und Richtung durch regelmäßiges Eintauchen in den Pool des Geistes.

XVI. Dem Unterbewußtsein ein Denkmuster aufprägen

Visualisieren Sie das vollkommenste Bild von sich selbst und halten Sie es solange fest im Gemüt, bis es sich der photographischen Platte Ihres tieferen Bewußtseins aufgeprägt hat. Wenn dieses Bild der Vollkommenheit dem Unterbewußtsein erst einmal aufgestempelt worden ist, macht sich die schöpferische Kraft unverzüglich daran, es im tatsächlichen Erfahrungsbereich zu reproduzieren. Denken Sie an einige der Eindrücke, die Sie in frühester Kindheit hatten und wie diese dann zu einer tatsächlichen Erfahrung wurden.

Menschen, die über einen längeren Zeitraum miteinander gelebt haben, beginnen sich zu gleichen, manchmal drückt sich das auch in rein äußeren Ähnlichkeiten aus. Eine Frau aus meinem Bekanntenkreis hatte sich derart mit ihrer Mutter identifiziert, daß sie ihr nicht nur im Äußeren ähnlich sah, sondern sich auch ihr ganzes Gehabe aneignete und dazu noch ihre sämtlichen Krankheiten. Sie zog sich dabei ein Asthmaleiden zu, das auch ihrer Mutter seit langem zu schaffen machte. Auch nachdem sie längst erwachsen war, erschienen Warzen auf ihrer Hand, die denen ihrer Mutter glichen. Alle Menschen neigen dazu, die Charakteristiken ihrer Umwelt anzunehmen, die Arbeitsbedingungen und Erfahrungen, und alles das einfach deshalb, weil das schöpferische Gemüt auf Suggestionen anspricht. Das Gemüt photographiert automatisch das, was es sieht oder visualisiert. Es ist eine unterbewußte Identifikation.

Wenden Sie dieses Phänomen zu Ihrem Nutzen an, und wählen Sie sich damit das Muster Ihrer Erfahrungen aus. Formen Sie dabei Bilder von bereits erreichten Zielen oder Vorhaben, von verfügbarem Bargeld oder den entsprechenden Kontoauszügen, einem wunderschönen Haus, einem eleganten Wagen, einem besseren Job – von sich selbst als einem besseren Menschen. Die Visualisation – das „Bildern" – ist ein wesentlicher Schritt bei der Demonstration, denn das aktiviert den schöpferischen Prozeß. Darüber hinaus müssen Sie schöpferisch mitarbeiten, indem Sie Überzeugung aufbauen, Bewußtsein aufrechterhalten, und zielgerichtet arbeiten und handeln. Zuerst einmal müssen Sie allerdings wissen, was Sie wollen und das Denkmuster dessen, was Sie sein oder haben wollen, Ihrem inneren Bewußtsein fest aufprägen.

XVII. Ihr spirituelles Bankkonto

„Sammelt euch nicht Schätze auf Erden, wo Motten und Rost sie zerfressen und wo Diebe einbrechen und stehlen! Sammelt euch vielmehr Schätze im Himmel, wo weder Motten noch Rost sie zunichte machen und wo Diebe nicht einbrechen und stehlen! Denn wo dein Schatz ist, da wird auch dein Herz sein." (Matth. 6:19–21) Das sind klare Instruktionen, die Jesus uns gab.

Eröffnen Sie sich ein Konto bei der universellen schöpferischen Bank des Geistes. Alles Gute, das Sie denken, fühlen, sprechen oder tun, wird

Ihnen dort gutgeschrieben. Alles konstruktive Denken, jede konstruktive Einstellung und Handlung ist ein Guthaben. Wogegen alles Negative, Sorgenvolle und Destruktive sich als Lastschrift darstellt. Sorgen Sie daher für ein ausgeglichenes Konto in Ihrer spirituellen Bank. Tun Sie das durch regelmäßige Einzahlungen des konstruktiven Guten. So, wie sich Ihr Kontostand auf der Habenseite ausweist, haben Sie alle Schöpferkräfte des Universums hinter sich – und das bei einem jeden Projekt, das Sie sich vornehmen, denn das Unendliche stützt seine Einzahler immer mit einer nicht endenden Versorgung und einem konstanten Fluß spiritueller Energie und Macht. Alles, was Sie dabei tun müssen, ist das Konto ausgeglichen zu halten, durch Treatment, Gebet, Meditation und einer ständig aufrechterhaltenen affirmativen Haltung.

Bewahren Sie angenehme Erlebnisse und Eindrücke gut auf in Ihrer Erinnerung. Nehmen Sie die Schönheiten der Natur tief in sich auf. Die Schönheit des Meeres, des Waldes, der Felder und der Berge – das alles sind Eindrücke, die Sie Ihrem inneren Gemüt aufprägen sollten, als Reserve, auf die man zurückgreifen kann, sobald man sie benötigt, für schöpferische Zwecke, erforderliche Korrekturen oder andere konstruktive Aktivitäten.

Unser Bruttowert ist unendlich. „Alles, was ich habe, ist dein." (Luk. 15:31) Unser Nettowert bestimmt sich durch den Abzug negativer Einstellungen, falscher Handlungen, anhaltender Fehler, schlechter Gewohnheiten, und begrenzter Nachfrage nach dieser überfließenden Versorgung. Diese destruktiven Faktoren haben alle eines gemeinsam: Sie vergeuden unseren Reichtum. Er wird sinnlos verschwendet.

Machen wir also eine persönliche Bestandsaufnahme und sehen wir uns unseren spirituellen Kontoauszug genau an. Wir alle haben nämlich mehr Buchungen auf der Habenseite aufzuweisen als wir meinen. Ganz gleich, wie niedrig unser Kontostand auch sein mag, wir können ihn immer vergrößern, indem wir unsere geistigen Hilfsmittel konstruktiv einsetzen. Wenn Sie den spirituellen Prinzipien gemäß leben und arbeiten, dann nutzen Sie die spirituelle Energie des Universums nicht nur sinnvoll, sondern Sie veranlassen damit eine erneute Gutschrift auf Ihr spirituelles Konto. Was für ein herrliches System! Spirituelles Finanzgebaren ist phantastisch. Sie sind reicher als Sie glauben.

186

XVIII. Auf dem Wasser gehen

Wieder einmal eingekreist von einer Last von Schwierigkeiten, meditierte ich eines Tages über die Vollkommenheit der inneren Macht. Es dauerte nicht lange, da wurde ich von einem Gefühl tiefen Friedens eingehüllt, und ich schwelgte in der Ruhe und Kraft, die mein ganzes Sein erfüllte. Ich wurde ganz und gar eins mit einer Macht, die größer war als ich, und alle die unbedeutenden Schwierigkeiten waren vergessen. Ich fühlte mich an die „stillen Wasser geleitet"; ich „lagerte auf grünen Auen" (Psalm 23).

In meiner Visualisation sah ich mich am Rande eines großen Wassers entlang gehen – einem rauhen, aufgewühlten, turbulenten Gewässer. Als ich mich gerade anschickte, vor den aufgepeitschten Wogen Schutz zu suchen, wurde meine Aufmerksamkeit auf ein entferntes Leuchten gelenkt. Es war ein goldschimmerndes Licht. Fasziniert nahm ich wahr, daß die Strahlen dieses goldenen Lichtes sich nach allen Richtungen ausdehnten. Einer dieser Strahlen erreichte mich am Ufer des Wassers.

„Komm zu mir", hörte ich eine kraftvoll vibrierende Stimme rufen. Sie kam von drüben – vom anderen Ufer. „Hab keine Angst, komm!"

Ich fühlte mich zu dem Licht hingezogen – ich wurde von ihm angezogen, mit unwiderstehlicher Kraft. Also schickte ich mich an, über das Wasser zu gehen, auf dem Strahl, der mich erreicht hatte. Dazu war ich imstande – gleichmäßig und kraftvoll –, solange ich meine Aufmerksamkeit ausschließlich auf das Licht gerichtet hielt. Sobald ich jedoch auf den Wind und die aufgepeitschten Wellen unter mir reagierte, wurde ich ängstlich und begann zu sinken. Die Kraft des Lichtstrahls zog mich jedoch wieder hoch und ich erreichte die goldene Insel, die sich aus dem Licht gebildet hatte, inmitten des Meeres von Schwierigkeiten. Von dieser soliden Basis aus konnte ich wieder Kräfte sammeln, um alles das zu tun, was zu tun war.

Diese Vision ist selbstverständlich eine symbolische und offenkundig eine Parallele zu dem biblischen Bericht über Petrus auf dem Wasser. Ohne Zweifel rührte diese meine mystische Erfahrung unterbewußt von dieser biblischen Story her. Aber was auch immer die letztendliche Erklärung dafür sein mag – das Ganze war von gewaltiger Wirkung auf mich und es kann auch für Sie von großem Wert sein, wenn Sie das „Gehen auf dem Wasser" als eine Technik zur Überwindung von Schwierigkeiten jeglicher Art anwenden.

Das „Licht" steht selbstverständlich für spirituelles Verständnis. Die befehlende Stimme, die Ihren Glauben aufrichtet, ist die Ihres höheren Selbst. Der Lichtstrahl, auf dem Sie sich zu der Insel spiritueller Realisation hin bewegen, ist Ihr Glaube. Er trägt Sie über die aufgepeitschten Wasser des Lebens an das rettende Ufer – solange Sie Vertrauen haben und glauben.

Viele Menschen lassen sich von ihren Problemen und Schwierigkeiten überwältigen. Das muß jedoch keineswegs so sein. Praktizieren Sie das Gehen über die aufgepeitschten Wasser des Gemüts und der Emotionen. Sie können es!

XIX. Licht ausstrahlen

„Ihr seid das Licht der Welt. Eine Stadt, die auf einem Berge liegt, kann nicht verborgen sein. Man zündet auch nicht ein Licht an und stellt es unter den Scheffel, sondern auf den Leuchter; dann leuchtet es allen, die im Hause sind. So soll euer Licht vor den Menschen leuchten, damit sie eure guten Werke sehen und euren Vater, der in den Himmeln ist, preisen." (Matt. 5:14–16).

„Das Licht des Leibes ist das Auge. Wenn nun dein Auge lauter ist, wird dein ganzer Leib voll Licht sein." (Matt. 6:22)

„Das Anzünden einer einzigen Kerze ist besser als das Verfluchen der Dunkelheit", sagt ein altes Sprichwort.

Als Junge auf der Ranch meines Vaters, in der Nähe von Cheney im US Bundesstaat Washington, gehörte es zu meinen Aufgaben, am späten Nachmittag, gleich nachdem ich von der Schule heimgekommen war, auszureiten und die Rinderherde einzubringen. Oft genug war die Dunkelheit bereits hereingebrochen, als ich sie schließlich alle von den entfernten Hügeln zusammengetrieben hatte. Und mit dem Einbruch der Dunkelheit wurde es auch sehr schnell bitter kalt, und das Heulen der Coyoten hallte schaurig über die Felder. Dieser einsame Ausritt in die hereinbrechende Dunkelheit war mir nie so ganz geheuer, und mehr als einmal wünschte ich mir, als etwas anderes auf die Welt gekommen zu sein – als alles andere, nur nicht als Sohn eines Ranchers.

Aber nachdem ich die Rinder erst einmal aufgespürt und eingefangen hatte, und mich mit ihnen auf dem Heimweg befand, war alles in Ordnung. Dann dauerte es gewöhnlich nicht lange, und ich konnte den Lichtschimmer wahrnehmen, der von der Öllampe ausging, die meine Mutter immer bei Einbruch der Dunkelheit ins Küchenfenster zu stellen pflegte. Von da an brauchte ich mich nur noch nach dem Lichtstrahl zu richten. Das Licht machte den ganzen Unterschied.

Das Licht ist der sichtbare Beweis für die Energie – für den Geist. Wir sind dieses Licht in Form und Ausdruck. Und unsere Intelligenz bestimmt die Anwendung dieses Lichtes. Unsere Mentalität ist richtungsgebend für seinen Gebrauch und seine Ausbreitung. Ideen und Gedanken sind das momentane Innehalten des Lichtes bei seiner Zirkulation durch unser Bewußtsein. Ein Lächeln beispielsweise, ist unsere Reaktion auf eine Augenblickserfahrung des Lichtes.

Das Licht ist in Ihrem Innern. Lassen Sie es leuchten und von sich ausstrahlen. Sehen Sie sich selbst als Lichtpunkt innerhalb des großen Lichtes des Einen Gemüts. Lassen Sie das Licht Ihrer Gedanken, Hoffnungen, Träume, Aspirationen und Inspirationen von sich ausgehen und den Weg aller Menschen, die Ihnen begegnen, erleuchten. Sehen Sie diese Strahlen tatsächlich, wie sie die Dunkelheit durchdringen. Senden Sie sie aus. Lassen Sie das Licht leuchten.

Sehen Sie sich selbst als großen Lichtstrahl. Dieses Licht rotiert wie bei einem Leuchtturm, mit seiner Bewegung fegt es die Dunkelheit vor sich her. Ihr Licht ist selbst auf große Entfernungen hin sichtbar und es bewirkt großes Gutes, denn es bringt alles innerhalb seiner Reichweite in Ordnung. Oder sehen Sie sich als ein strahlendes Licht, von dem sich immer weiter ausdehnende Lichtkreise ausgehen. Und alles innerhalb dieser Kreise ist geheilt und gesegnet. Alle Probleme sind gelöst. Alle Situationen richtiggestellt. Lassen Sie Ihr Licht ausstrahlen – ohne Unterlaß. Denn wo Licht ist, kann keine Dunkelheit sein.

Gott – die unendliche Gegenwart des Guten – ist überall um uns. Sie durchströmt uns, heilend, reinigend und erschaffend. Die Entwicklung eines bewußten Gewahrseins dieser Gegenwart ist eine der ältesten dem Menschen bekannten Disziplinen. Und nach wie vor eine der besten. Im Grunde ist es nichts anderes als ein Fühlen des Einsseins mit Gott; ein Sichwohlfühlen dabei – ein restloses Auskosten dieses Gefühls. Ein Schwelgen in der Freiheit und im „Frieden, der jede Vernunft übersteigt".

Setzen Sie sich ruhig und entspannt hin, schließen Sie die Augen, befreien Sie Ihr Gemüt von jeder bewußten Aktivität, und verbleiben Sie in einem Zustand stiller Meditation. Dann werden Sie sich bald als Teil eines „Etwas" fühlen, das wesentlich größer ist, als Sie selbst. Es ist alles von Ihnen; und Sie sind ein Teil von ihm. Es liebt Sie mehr als Sie sich selbst lieben. Es gibt praktisch keinen Punkt, wo diese große Gegenwart aufhört und Sie anfangen. Es gibt keinerlei Trennung zwischen Ihrem Leben und dem einen Leben, das Ursprung und Quelle aller Dinge ist. Verschmelzen Sie mit ihm; gehen Sie Hand in Hand mit ihm; sprechen Sie mit ihm; lieben Sie es; verbleiben Sie ständig in seiner Gegenwart.

Sie werden niemals verloren oder ängstlich sein, solange Sie die Gegenwart Gottes praktizieren. Wo Sie auch sind, was Sie auch tun, seien Sie sich immer bewußt, daß Sie von dem einen Gemüt geführt und geleitet werden. In jeder Zelle der Substanz ist das gesamte Universum gegenwärtig. Das Unendliche findet seinen Ausdruck in jedem Teilchen des Raumes. Jede Stunde birgt die Ewigkeit in sich.

„Wohin soll ich gehen vor deinem Geiste? Wohin soll ich fliehen vor deinem Angesicht? Stiege ich hinauf in den Himmel, so bist du dort; schlüge ich mein Lager in der Unterwelt auf – auch da bist du." (Psalm 139:7,8)

Es gibt keinen Ort wo Gott nicht ist. „Und ob ich schon wanderte im finsteren Tal, ich fürchte kein Unglück; denn du bist bei mir, dein Stecken und Stab, der tröstet mich." (Psalm 23:4).

Dieses ständig aufrechterhaltene Gefühl des Glaubens, des Vertrauens und des Einsseins kommt im folgenden zum Ausdruck – einer meiner populärsten Rundfunkvorträge:

„Besprich es mit dem Boss"

„Heute hatte ich ein Gespräch mit dem Boss. Er schien auf dieses Gespräch irgendwie vorbereitet zu sein, so als ob er es bereits erwartet hätte. Ja, er ließ mich gleich nach meinen ersten Worten wissen, daß der wesentliche Teil seiner Aufgaben darin bestehe, da zu sein, sobald ich nach ihm verlangte. Er machte mir klar, daß er immer darauf warte, was ich ihm zu sagen hätte, daß er mir immer antworten und das geben würde, was ich haben wollte und an das ich glaube. Er sagte mir auch, daß ich ihm, sofern ein persönliches Gespräch mit ihm nicht möglich sei, jederzeit einen Gedankenbrief schicken könnte. Dem würde er dann seine ganze Aufmerksamkeit widmen. Er wies mich jedoch eindringlich auf die Tatsache hin, daß ein persönlicher Kontakt mit ihm immer vorteilhafter für mich sei. So verhielte es sich auch bei allen Spitzenkräften in der Geschäftswelt. Jede Aktion würde schneller und sicherer vonstatten gehen, wenn wir uns die Zeit nähmen, die Dinge miteinander zu besprechen.

Das heutige Gespräch war durchaus nicht das erste, das ich mit dem Boss führte. Unsere „Vorstandssitzungen" halten wir schon seit geraumer Zeit ab. Nachdem ich den Boss erst einmal so richtig kennen und schätzen gelernt hatte, fand ich sehr bald, daß diese regelmäßigen Gespräche – morgens und abends – zu den Höhepunkten meines Tages wurden. Niemals habe ich ein Zusammentreffen ausfallen lassen, wenn ich irgend konnte. Die wenigen Male, da ich keine Verbindung aufnehmen konnte, hatte ich dennoch versucht, mit dem Boss in Kontakt zu bleiben, indem ich ihm – seinem Vorschlag gemäß – einen dieser Gedankenbriefe schickte. Auf diese Weise war ich imstande, unsere Verbindung aufrecht zu erhalten, und es ist mir immer eine unschätzbare Hilfe bei meinem Job, die Interessen der Firma zu wahren.

Dieses Arrangement der Früh- und Spätkonferenzen mit dem Boss, mit einer wahren Korrespondenzflut zwischendurch, haben für mich so hervorragende Resultate und so rapide Förderungen erbracht, daß ich es mir in letzter Zeit angewöhnt habe, fast stündlich beim Boss herein zu schauen und einen kleinen Schwatz mit ihm zu halten. Das tue ich jetzt fast stündlich – zu jeder Tages- und Nachtzeit. Seine Tür ist stets offen für mich und er scheint jedesmal erfreut zu sein, mich zu sehen. Von allem Anfang an konnte ich nach jeder Sitzung ein bemerkenswertes Resultat verbuchen. Jedesmal hatte ich das untrügliche Gefühl, ein besserer und wertvollerer Mitarbeiter der Firma zu sein.

Gerade jetzt, da ich diesen Brief an den Boss und an eine Anzahl Firmenangehöriger schreibe, sitze ich in der friedvollen Stille meines Studierzimmers. Der Boss ist bei mir, er schaut mir über die Schulter. Zugleich schaut er mich aus dem Schreibpapier an, auf dem meine Gedanken feste Form annehmen. Gerade vor ein paar Minuten hatten wir diese Korrespondenz besprochen, und er ließ mich wissen, daß ihm diese Idee gefiel. Mehr noch: Der Boss ließ keinen Zweifel daran, daß er ein ganz persönliches Interesse an dem Projekt habe – schon seit längerer Zeit – und daß er sein Augenmerk darauf richten werde, daß es richtig gehandhabt wird.

Das Komische dabei ist: Obgleich ich schon seit langer Zeit sehr eng mit dem Boss zusammenarbeite, bin ich keineswegs sicher, daß ich Ihnen eine zufriedenstellende Beschreibung von ihm geben kann. Andererseits muß ich ihn hier vorstellen, denn es ist mir ein ausgesprochenes Anliegen, daß Sie ihn ebenso gut kennenlernen, wie ich ihn kenne. Innerhalb der Firma gibt es unbegrenzte Möglichkeiten und Angebote in Hülle und Fülle. Deshalb weiß ich, daß wir bald alle miteinander arbeiten werden. Ich glaube, ich beschreibe Ihnen den Boss am besten, wenn ich Ihnen versichere, daß Sie ihn sofort kennen, wenn Sie seiner ansichtig werden. Er ist kein Mensch, aber er funktioniert wie ein Mensch und er ist wie alle Menschen. Niemand führt ein Geschäft so wie er, das können Sie mir glauben. Er scheint überall zugleich zu sein. Ich bin sehr stolz darauf, sein Mitarbeiter zu sein.

Sollten Sie dem Gedanken an eine Veränderung nähergetreten sein, dann ist ein Schritt in dieser Richtung – dessen bin ich sicher – der weiseste Entschluß, den Sie jemals gefaßt haben. Das Beste bei dieser Zusammenarbeit mit dem Boss ist die Tatsache, daß man sich mit der

Firma verbinden kann, wo immer man sich auch aufhält. Dazu bedarf es keiner großen Pläne oder Vorbereitungen. Der Boss kümmert sich für Sie um alle Details. Ihre Aufgabe ist es lediglich, ihm einen Gedankenbrief zu schicken und ihn wissen zu lassen, daß Sie bereit sind. Er wird Ihnen dann zu verstehen geben, daß er interessiert ist und wird Sie zu einem Gespräch einladen. Machen Sie sich keine unnötigen Gedanken, wann und wo dieses Gespräch stattfinden wird. Auch dafür wird er sorgen. Seien Sie nur sicher, daß Sie mit ihm sprechen werden und sagen Sie ihm alles, was Ihr Gemüt und Ihr Herz bewegt.

Es ist schon eine beträchtliche Anzahl von Mitarbeitern, hier im gleichen Büro mit dem Boss. Die meisten von uns verrichten die gleiche Arbeit, und dennoch gibt es keinerlei Überschneidungen oder Konflikte. Alles, was der Einzelne tut, scheint die Arbeit des Anderen zu ergänzen. Wir alle haben mehr und mehr Gelegenheit, mit dem Boss zu sprechen, obgleich wir alle zur gleichen Zeit mit ihm zu sprechen scheinen, gibt es da keine Verwirrung. Wir alle haben das absolute Vertrauen, daß er uns hört und unseren Worten gemäß tätig wird. Der Boss bevorzugt niemanden, und dennoch sind wir alle bevorzugt.

Mit jedem Tag werden mehr Direktorenkonferenzen abgehalten, die sich dann mit einem gelegentlichen Schwätzchen abwechseln. Und diese Verfahrensweise hat sich mit vergrößerter Produktivität bezahlt gemacht. Wir alle stehen in ständiger Verbindung mit dem Boss und darüber hinaus in Verbindung untereinander, durch unser Denken. Wenn jedoch Entscheidungen zu treffen sind und wichtige Arbeit zu tun ist, dann besprechen wir das jedesmal direkt mit dem „Alten".

Jetzt ist es heraus – jetzt habe ich es gesagt. Selbstverständlich nennen wir ihn nicht in aller Öffentlichkeit den „Alten" und schon gar nicht, wenn wir persönlich mit ihm sprechen. Eines Tages hatte er diesen Namen natürlich im Büro mitgekriegt, als wir uns einbildeten, er würde nicht zuhören. Es schien ihm aber nichts auszumachen! Da wir jetzt aber alle zusammenarbeiten, glaube ich schon richtig zu handeln, wenn ich Sie an unserem kleinen Geheimnis teilhaben lasse. Somit wissen Sie, daß der „Alte" nur unser alltäglicher Spitzname für den Boss ist. Ich weiß nämlich in Wirklichkeit garnicht, welche Anrede er bevorzugen würde. Manchmal nennen wir ihn überhaupt nicht beim Namen – wir sprechen dann nur zu ihm oder mit ihm.

Wir sprechen mit dem Boss entweder laut oder im Stillen – wir sprechen mit ihm in Büros oder Kirchen, in Flugzeugen oder in der U-Bahn, auf Berggipfeln oder aus den Tiefen eines Steinkohlenbergwerks, in der Weite der Wüste oder Prairie. Wir sprechen mit ihm auf einem Floß inmitten des Ozeans ebenso wie in der ordnungsvollen Stille unserer Wohnung oder des chaotischen Getriebes einer belebten Geschäftsstraße. Ganz gleich, wo wir uns befinden, wir sprechen immer aus unserem Innern heraus, und der Boss – der „Vater, der ins Verborgene sieht" – belohnt uns immer großzügig."

Meditation und Kontemplation hilft Ihnen, die Gegenwart zu praktizieren. Durch ihre Anwendung können Sie lernen, Ihr großartiges Potential zu entwickeln und frei zu setzen:

Meditation

Es gibt viele Techniken der Meditation, jede von ihnen gleich wirksam. Es hängt lediglich davon ab, wer meditiert. Ganze Bände sind über dieses Thema schon geschrieben worden, aber es ist allein Ihre Aufgabe, die Ihnen gemäße Methode zu finden. Deshalb gibt es eigentlich keinen richtigen oder falschen Weg. Meditation ist der einfache Prozeß, unser Gemüt auf das Eine Gemüt einzustimmen; uns eines größeren Bereichs der Dinge bewußt zu werden; unser Gemüt mit spirituellen Wahrheiten anzufüllen; die innere Bedeutung aller Phänomene zu entdecken; uns mit dem Wirklichen zu identifizieren; uns völlig zu verlieren in der größeren Herrlichkeit, die Gott ist.

Wie Sie diese Dinge angehen, ist Ihre Sache. Es ist jedoch unerläßlich, es durch eine Technik der Meditation zu tun. Ihr individuelles Wachstum und Ihr Wohlbefinden hängen weitgehend davon ab. Die nachstehende Grafik kann Ihnen dabei schematisch von Nutzen sein:

Abb. 2

Kontemplation

Diese Bezeichnung wird oftmals für eine hochkonzentrierte Form der Meditation verwendet. Wir wollen sie hier jedoch als „wahres Sehen" angewandt wissen – den Einsatz Ihrer Macht der spirituellen Wahrnehmung, die Dinge so zu sehen, wie sie wirklich sind, statt wie sie zu sein scheinen. Erkennen Sie den Unterschied zwischen Tatsache und Wahrheit. Jesus sagte: „Richtet nicht nach den Erscheinungen, sondern richtet ein rechtes Gericht." (Joh. 7:24) Die Dinge sind durchaus nicht immer das, was sie zu sein scheinen.

195

Blicken Sie auf jeden Gegenstand, jeden Menschen und jede Situation mit der Absicht, nur das Gute zu sehen, das dort vorhanden ist. Beobachten Sie sehr genau und lernen Sie von dem, was Sie sehen. Lassen Sie die Dinge von sich erzählen. Nehmen Sie von allen Problemen und Umständen Ihre Lektion in Empfang. Lassen Sie jedes Ding sein Geheimnis offenbaren.

Ralph Waldo Emerson sagte: „Ein Gebet ist die Kontemplation der Tatsachen des Lebens vom höchsten Standpunkt aus." Stimmen Sie sich auf das innere Einssein ein, durch Treatment, Meditation und Gebet. Blicken Sie sodann um sich und gestatten Sie Ihrer Aufmerksamkeit, sich auf ein beliebiges Ziel zu richten. Halten Sie einen Moment inne, und Sie werden erstaunt sein, was Sie sehen werden.

Ein Abenteuer der totalen Erfahrung

Wir werden zu dem, was wir kontemplieren. Dieses Kapitel behandelt die Vereinigung mit der einen Quelle aller Dinge. Ist diese Vereinigung zustande gekommen, können wir uns mit Leichtigkeit darauf spezialisieren, bestimmte Resultate zu produzieren. Bis wir uns über die eine Quelle – den einen Ursprung – jedoch im Klaren sind, und uns bewußt mit ihr vereinigen, müssen wir uns abquälen, und können nur begrenzte Resultate erzielen. Das Geheimnis aller Geheimnisse – der Schlüssel zum Königreich, die Perle aller Perlen – ist die Befähigung, uns mit der Einen vollkommenen Macht zu vereinigen. Diese Macht ist größer als die Totalsumme aller existierenden Dinge. Sie ist die universelle Intelligenz. Sie steht in unbegrenztem Maß zu Ihrer Verfügung, sofern Sie interessiert und gewillt sind, sich den erforderlichen Disziplinen zu unterziehen, um sie sich nutzbar zu machen. Dieses Buch zeigt Ihnen den Weg.

Meditation und Kontemplation sind Vereinigungsprozesse, durch die wir uns mit dem Einen verbinden. Meditation ist vollkommene Aufmerksamkeit einer einzigen Idee gegenüber. Mit dieser einen Idee befassen wir uns hier. Kontemplation wiederum, ist eine Form der Meditation, während der wir die volle Bedeutung spezifischer Objekte

196

beobachten und absorbieren – Objekte, welche tiefe zugrundeliegende Ursachen und Bedeutungen erkennen lassen.

Um ein Beispiel anzuführen: Diese Worte schreibe ich in der Wüste. Durch das Fenster meines Ferienhauses hat man einen Ausblick nach Westen, in Richtung Palm Springs, Kalifornien. Für gewöhnlich mit einem hinreißenden Blick auf den majestätischen Gipfel des Mount San Jacinto. Heute jedoch ist dieser inspirierende Ausblick durch dunkle Wolken verdeckt, die ihren wertvollen, sehnlichst erwarteten Inhalt in die ausgetrocknete Wüste ergießen. Es war der erste Regen seit vielen Monaten. Der Anblick der Berge inspiriert mich immer, und besonders dieser hier war von jeher eine Quelle der Inspiration für mich, auf den vielen Fahrten durch die kalifornische Wüste, die ich im Laufe der Jahre so unternommen hatte. Viele Träume erwuchsen schon aus der Kontemplation seiner erhabenen Hänge. Es erhob mich jedesmal hoch über das Irdische und Triviale, hinein in ein Gefühl des Einsseins mit dem Universellen. Auch heute gibt es da keine Ausnahme. Obgleich der Berg selbst im Augenblick nicht sichtbar ist, weiß ich dennoch, daß er da ist. Obgleich der Himmel von regenschweren Wolken verhangen ist, weiß ich: Er ist da. Obgleich die Sonne an diesem Morgen verdeckt ist, weiß ich dennoch, daß sie da ist. Und gerade jetzt, da ich diese Worte schreibe, bricht sie durch die Wolkendecke hindurch. Ein strahlend blaues Auge zwinkert mir fröhlich zu, als ein Stück des Himmels durch eine Wolkenöffnung sichtbar wird. Gleichzeitig erhasche ich einen Blick auf die Bergspitze, bedeckt mit dem ersten Schnee der Saison, da die Wolken sich neu formieren. Und um das Bild abzurunden dringt jetzt ein Sonnenstrahl durch, der dem Gesamtbild – den Wolken und dem Berg – einen Kathedraleneffekt verlieh. Alles das spielte sich ab, während der Regen weiterhin niederging, der Wind weiter blies, und die Wüste die dargereichte Fülle vom Himmel durstig trank. Die Luft war reingewaschen, und der frische Geruch des fallenden Regens und der trinkenden Erde machten das Gesamtbild dieser Erfahrung aus. Ich eilte nach draußen, um inmitten all dieser Herrlichkeit in dieser Totalerfahrung zu schwelgen, die Glorie Gottes mit jedem Teil meines Seins einzusaugen. Ich war eins mit der Luft, dem Wasser, dem Licht und der Erde. Die Elemente vermischten sich in mir und alle meine Sinne –

sehen, hören, riechen, berühren und schmecken – vereinigten sich mit meiner inneren spirituellen Wahrnehmung und ihrem Widerhall. Ich war eins mit Gott. Wieder einmal hatte ich die vollkommene Vereinigung erfahren, die ich hier finden wollte. Wieder einmal hatte die Natur mich aufgefüllt und wieder einmal bin ich hochschwanger mit Ideen und schöpferischer Freude, da mein Schreibstift über das Papier fliegt und die Blätter sich zu einem Stapel türmen, der dann zu diesem Kapitel wird.

Ich hatte gerade einen Schimmer der totalen Erfahrung abbekommen – zwar nur einen Schimmer, aber doch genug, um mir bewußt zu werden, daß ich eins bin mit der ganzen Herrlichkeit des Lebens. Ich bin wieder-angeschlossen an die Quelle. Niemals wieder werde ich mich abgetrennt und einsam fühlen. Und auch Sie werden das nicht, wenn Sie nur die Pforten Ihres höheren Gewahrseins zu dieser Totalerfahrung öffnen, und Ihr gesamtes Sein einordnen und koordinieren.

Dieses Buch wird Ihr Leben verändern – so wie seine Ideen das meine gerettet, wiederhergestellt und ihm Sinn gegeben haben. Schmerzen, Probleme und Verworrenheiten lassen uns wachsen. Das ist einer der Wege zu Gott – der Weg, den der weitaus größte Teil der Menschheit geht. Es gibt jedoch einen viel besseren Weg – den Weg der Entwicklung innerer Vollkommenheit und Macht, durch Entfaltung und Wachstum. Möge dieses Buch Ihnen auf Ihrem Weg eine Hilfe sein.

Leitgedanken für Wachstum und Entfaltung

Ich entfalte mich und wachse meinem wirklichen Potential entgegen. Ich weiß, daß ich ein Sohn Gottes bin und es ist noch nicht erschienen, was ich sein werde. Ich finde mich innerhalb des großen Selbst, das Gott ist. Ich bin ein menschliches Wesen und werde mir bewußt, daß ich ein spirituelles Wesen bin. Ich bin ein Geschöpf mit unbegrenzten Möglichkeiten. Ich bin mir meines göttlichen Potentials bewußt.

Meiner Befähigung, die Wahrheit zu kennen, sind keine Grenzen gesetzt. Ich bin imstande, die Wirklichkeit wahrzunehmen. Ich kann das Licht sehen. Ich kann die innere Stimme hören. Ich kann Gott erfahren. Das Reich des Himmels ist mein Geburtshaus. Ich bin ein spirituelles Wesen in materieller Gestalt, das durch menschliche Erfahrungen hindurchgeht, die erforderlichen Lektionen für die Reinigung und das Wachstum der Seele lernt, und sich zum Zustand vollkommener Sohnschaft entwickelt. Ich setze dem Prinzip keine Grenzen. Ich strebe danach „vollkommen zu sein, wie mein Vater im Himmel vollkommen ist". (Matth. 5:48)

Nichts kann mich zurückhalten. Ich bin auf meinem Weg. Ich habe einen langen Weg zu gehen, aber ich weiß, daß ich an mein Ziel gelangen werde. Wenn ich bedenke, wie weit ich bereits gegangen bin! Ich unterstütze den natürlichen Prozeß der Entfaltung, indem ich den steilen Pfad der Erleuchtung gehe. Spirituell unterstütze ich den Evolutionsprozeß des Wachstums. Ich bin Ko-Schöpfer mit Gott. Bewußt erschaffe ich Umstände. Ich bin niemals untätig. Der Geist in mir ist vital und stark. Mein wahres Selbst strebt nach vollkommenem Ausdruck und vollkommener Erfüllung. Ich wachse, bis ich meine volle spirituelle Gestalt erreicht habe. Ich entfalte mich in die Unendlichkeit.

Ich bin mir meiner Bestimmung bewußt. Ich bin niemals ängstlich. Mit innerer Heiterkeit – der so wichtigen Serenität – gehe ich in die Zukunft. Ich habe die unerschütterliche Überzeugung, daß das vollkommene Gute bereits zur Hand ist und ich es erfahre. Ich habe mich mit meinem herrlichen Potential vollkommen identifiziert. Und so ist es.

9. KAPITEL

„Ich bin noch nie einem Menschen begegnet, den ich nicht mochte"

Das Heu war eingebracht, und wir hatten Grund zum Feiern. Unsere neue Scheune war bis an den Rand gefüllt. Wie groß und leuchtend rot sie war! Und welch ein Komfort war sie für die sechzehn schweren Arbeitspferde, die ihre Ställe jetzt darin hatten. Wir alle waren stolz und glücklich, nach der großen Scheunen-Einweihungs-Party, nachdem die Nachbarn sich verabschiedet hatten und wir ins Bett gingen.

Irgendwann in der Nacht wurden wir von einem flackernden Lichtschein und dem Prasseln von Flammen aus dem Schlaf geschreckt. Als ich mit meinem Vater an das Fenster stürzte, sah ich das ganze Dach unserer Scheune in hellen Flammen. Mit einem angstvollen Schrei rannte mein Vater auf die Scheune zu, wo die Pferde in panischer Angst an ihrem Geschirr zerrten. Sie waren fast schon von den Flammen eingehüllt. Ohne auch nur einen Augenblick zu zögern, stürzte mein Vater sich in das Inferno, um sein geliebtes Vieh zu retten. Schreckerfüllt riefen meine Mutter und ich hinter ihm her, aber er ließ sich nicht beirren. Es gelang ihm, die zehn Pferde von der einen Seite der Scheune frei zu bekommen. Als er hinter ihnen her ins Freie stolperte, brach unmittelbar hinter ihm der brennende Dachgiebel mit donnerndem Getöse zusammen – dort, wo er noch eine Sekunde vorher gewesen war. Die übrigen Pferde kamen elend in den Flammen um. Mir war, als wäre ich dort drinnen mit ihnen. Diese Pferde waren Mitglieder unserer Familie. Wir liebten sie als solche, und ihre Todesschreie waren entsetzlich.

Aber zum Trauern blieb uns keine Zeit. Die Flammen bedrohten bereits das Farmhaus und die übrigen Gebäude. Entschlossenes Handeln war dringend geboten. Ich rannte fast eine halbe Meile querfeldein zur Farm meines Onkels, um einen Gartenschlauch zu holen, mit dem wir die Flammen bekämpfen konnten. In atemlosem Lauf trug ich ihn zurück. Jeder tat sein Möglichstes. Das Farmhaus und die anderen Gebäude konnten gerettet werden, aber unsere Herzen waren schwer, Körper und Gemüt beladen und bedrückt, als das erste Tageslicht auf die rauchenden Trümmer fiel.

Als wir uns am nächsten Tag ans Aufräumen machten, mußten wir dabei ohne die Hilfe meines Vaters auskommen, dessen Füße so schwere Brandverletzungen aufwiesen, daß er völlig außerstande war, auch nur einen Schritt zu gehen. In der Brandnacht jedoch, hatte er die Schmerzen nicht einmal bemerkt! Es war nun meine Aufgabe, den ausgeliehenen Gartenschlauch wieder zur Farm meines Onkels zurück zu bringen. Aber zu meiner großen Verwunderung konnte ich ihn nicht einmal anheben, so schwer war er. Und doch hatte ich ihn in der Nacht fast eine halbe Meile geschleppt, und war dabei noch gelaufen, so schnell ich konnte!

Welche Macht konnte es denn gewesen sein, die uns in der Nacht eine so ungeheure Krafte gegeben hatte? Es war die Macht der Liebe, die meinen Vater in die lichterloh brennende Scheune getrieben hatte und ihn dabei sein Leben riskieren ließ. Es war Liebe, die mein Vater antrieb, sein geliebtes Vieh zu retten, ungeachtet der schmerzvollen Verbrennungen an seinen Füßen. Es war Liebe – vollkommen, erfüllend, vereinigend und stärkend. Die Liebe manifestiert sich auf jeder Ebene – instinktiv, intuitiv und aktiv. Liebe ist die eine vollkommene Macht. Liebe ist Leben in Aktion.

Liebe ist mehr als nur ein Wort. Sie ist sogar mehr als nur eine Einstellung. Liebe ist eine Art zu leben, ein Zugang zum Leben. Ihre augenscheinlichste Ausdrucksform findet sie auf der persönlichen Ebene. Will Rogers faßte seine Lebenseinstellung in den Worten zusammen: „Ich bin noch nie einem Menschen begegnet, den ich nicht mochte."

Wieviele von uns können das gleiche von sich sagen? Warum war Will Rogers imstande, jeden zu lieben? Wo doch die meisten von uns schon

Schwierigkeiten haben, mit sich selbst einigermaßen auszukommen! Vielleicht ist das der Schlüssel: *Um andere lieben zu können, müssen wir zunächst uns selbst lieben. Um mit anderen auszukommen, müssen wir zunächst mit uns selbst auskommen.*

Die Heilkraft einer guten Verfassung

Mancher von uns hat eine schlechte Disposition und unerfreuliche Charakterzüge, die es anderen und uns selbst unmöglich machen, uns zu mögen. Eine schlechte Verfassung rührt im Grunde von persönlicher Unzufriedenheit her. Ein Mensch jedoch, der sich im Kriegszustand mit sich selbst befindet, kann auch mit anderen nicht auskommen. Es gibt wohl kaum etwas, das mehr vernachlässigt wird und dabei doch so wichtig ist, wie unsere Verfassung. Ihre persönliche Verfassung ist ein Gradmesser für Ihre Einstellung dem Leben gegenüber; Ihre Verfassung ist Ihr gewohnheitsmäßiges Angleichen an sich selbst und Ihre Umwelt.

Es gibt auch nicht die geringste Entschuldigung für eine schlechte Verfassung. Es handelt sich hier einfach um schlechte Manieren und sonst nichts. Menschen mit einer schlechten Disposition sind im allgemeinen recht schnell bei der Hand mit der Rechtfertigung: „Ich kann nichts dafür, so bin ich nun einmal!" Von der Umwelt erwarten sie dann Nachsicht für all die Gemeinheiten und Verletzungen, die sie anderen zufügen. Solche Erwartungen sind jedoch recht unfair. Genau genommen ist ein Typhusbazillenträger ein weitaus geringeres Gesundheitsrisiko für andere, als ein Mensch mit einer schlechten Disposition. Die Ursache fast jeder Krankheit oder negativen Kondition im menschlichen Erfahrungsbereich, kann auf eine fehlerhafte Disposition zurückgeführt werden.

Dispositionsprobleme sind die Auswirkungen einer Gesetzesübertretung. Hier ist das Gesetz der Liebe verletzt worden. Die einzige Möglichkeit, eine schlechte Disposition zu überwinden besteht darin, eine gute zu entwickeln. Es ist schlechthin unmöglich, in Gemüt und Geist erwachsen zu werden, ohne eine gute Disposition. Sollte Ihnen jetzt in diesem Zusammenhang eine nicht zu übersehende Ausnahme einfallen, dann sollten Sie sich die Frage vorlegen: „Würde ich mit ihm tauschen wollen?" Selbstverständlich würden Sie das nicht wollen. Ein Mensch kann berühmt werden – oder auch berüchtigt –, er kann sich jedoch niemals über seine niedrigste Ebene hinaus erheben, solange er es nicht lernt, seine Disposition zu überwinden und zu beherrschen. Wie ist die Ihrige?

Zwanzig unangenehme Typen

Sind Sie etwa einer von diesen leicht erkennbaren Typen, die von anderen Menschen verständlicherweise wie die Pest gemieden werden? Hier sind schon einmal zwanzig dieser unangenehmen Zeitgenossen zum Kennenlernen:

1. Der Sauertopf	11. Der Party-Sprenger
2. Der Spinner	12. Der Nörgler
3. Der Hitzkopf	13. Der Schmollmund
4. Der Spielverderber	14. Die Nervensäge
5. Der nasse Sack	15. Der Türenschlager
6. Das Trampeltier	16. Der Angeber
7. Der Wirrkopf	17. Die Heulsuse
8. Der Hypochonder	18. Das Klageweib
9. Der Kriecher	19. Der Kritiker
10. Der ewige Gestrige	20. Der Schmeichler

Leicht wiederzuerkennen, nicht wahr? Wie es so treffend heißt, gibt es „einen davon in jedem Büro". Prüfen Sie sich sorgfältig und schonungslos. Sollte Ihnen nämlich einer dieser Schuhe passen, dann verlieren Sie keine Zeit, sondern werfen Sie ihn weg und besorgen Sie sich etwas, das Ihnen besser steht. Es ist durchaus nicht schwer, sich zu ändern, wenn man es wirklich will. Gestehen Sie sich Ihre Fehler ein, und arbeiten Sie an deren Beseitigung. Eine schlechte Disposition als Charakterzug ist das Merkmal von inneren Konflikten, Unruhe und dem Wunsch nach Selbstbestrafung. Finden Sie heraus, was „an Ihnen nagt", korrigieren Sie es, vergeben Sie sich, formen Sie ein neues inneres Image, und Sie werden ein weitaus vorteilhafteres äußeres Bild abgeben. Ihre persönliche Verfassung ist der Beweis für Ihre Meinung von sich. Und die kann niemand ändern, außer Sie selbst.

In der Besprechung eines längst vergessenen Broadway-Stücks bedachte ein Kritiker meine schauspielerische Leistung mit folgenden Bemerkungen: „Um seiner Rolle gerecht zu werden – um diesen Charakter überzeugend darstellen zu können – müßte Donald Curtis noch einmal geboren werden, und zwar sich selbst so unähnlich wie nur möglich." Das ist nur zu oft die Minimalanforderung für die Veränderung unserer Disposition – *noch einmal geboren zu werden*. Selbstverständlich spirituell, mental und emotional. Dabei können wir uns weiterhin desselben Körpers bedienen. Aber es gibt eine wunderbare Belohnung, wenn man darangeht, seine Disposition zu verbessern: *Ihre Gesundheit verbessert sich in dem Maße, wie sich Ihre Disposition verbessert.* „Ein fröhliches Herz ist die beste Arznei; ein betrübtes Gemüt läßt das Gebein verdorren" (Spr. 17:22). Machen Sie sich keine Gedanken über das körperliche Leiden, machen Sie sich stattdessen an die Veränderung Ihrer Disposition.

Und wo beginnen wir da? Dort, wo wir sind, selbstverständlich. Nehmen Sie sich noch einmal die Liste der zwanzig unangenehmen Typen vor und ermitteln Sie, welche Art von Ego-Struktur – welche Art von „Persönlichkeits-Halitosis" – Sie haben. Ihre besten Freunde werden Ihnen das nämlich nicht sagen, aber andere werden es zum Ausdruck bringen, indem sie sich von Ihnen fern halten, wie Sie vielleicht nur zu bald feststellen können. Wenn wir glücklich, gesund und erfolgreich sein wollen, dann haben wir keine andere Wahl, als uns zu ändern. *Eine angenehme Disposition zieht an, eine unangenehme stößt ab.* Es bedarf demnach nur einer Veränderung des Charakters. Gehen Sie die Liste durch, und sehen Sie sich als das genaue Gegenteil der dort aufgeführten Typen. Sehen Sie sich selbst als angenehm, charmant, freundlich und zuvorkommend. Handeln Sie dann so, „als ob Sie es wären" und Sie werden es sein.

Ihre Disposition kann immer verbessert werden, wenn Sie Ihre Fehler erkennen, sie auflösen und ihre gegenteiligen Eigenschaften entwikkeln. Selbstverbesserung kann durch die Technik der Vergebung erzielt werden – des „Dafür-gebens".

Sechs Dinge sind es, die der Herr haßt, sieben sind seiner Seele ein Greuel:

1. Hochmütige Augen
2. Eine falsche Zunge
3. Hände, die unschuldiges Blut vergießen
4. Ein Herz, das arge Ränke schmiedet
5. Füße, die eilends dem Bösen nachlaufen
6. Wer Lügen vorbringt als falscher Zeuge
7. Wer Händel stiftet zwischen Brüdern

(Spr. 6:16–19)

Dispositionsprobleme scheinen demnach keineswegs neu zu sein. Sehen wir daher zu, daß wir unsere los werden. Durchdenken wir noch einmal das zweite Kapitel. Darin hatten wir dreißig negative Einstellungen durch Vergebung – durch ein „Für-geben" – in affirmative umgewandelt. Wir haben für die alte negative Einstellung eine neue konstruktive gegeben. Das gleiche Prinzip wenden wir für die Veränderung unserer Disposition an.

Verändern Sie Ihre Disposition durch Vergebung

Wenn Sie eine schlechte Disposition haben, dann ist das ein sicheres Zeichen dafür, daß hier eine Vergebung angezeigt ist – eine „Fürgebung". Dabei geben wir für die unerwünschten in der ersten Spalte die erwünschten und angenehmen Eigenschaften in der zweiten:

Unerwünschte Disposition	„Für-geben"	Erwünschte Disposition
1. Gereiztheit	------------	Liebenswürdigkeit
2. Beklagen	------------	Annahme
3. Kritisieren	------------	Billigen
4. Brummigkeit	------------	Humor
5. Schlechte Manieren	------------	Gute Manieren
6. Rücksichtslos	------------	Rücksichtsvoll
7. Unstet	------------	Stetigkeit
8. Egozentrik	------------	Selbstlosigkeit
9. Jammernd	------------	Singend
10. Grob	------------	Zärtlich
11. Negativ	------------	Positiv
12. Anspruchsvoll	------------	Verständig
13. Bedrückt	------------	Sonnig
14. Kalt	------------	Warm
15. Distanziert	------------	Intim
16. Unverändert	------------	Flexibel
17. Würdelos	------------	Würdevoll
18. Desinteressiert	------------	Interessiert
19. Grausam	------------	Freundlich
20. Argwöhnisch	------------	Vertrauensvoll
21. Feige	------------	Tapfer
22. Gemein	------------	Vorbildlich
23. Explosiv	------------	Besonnen
24. Unzuverlässig	------------	Zuverlässig
25. Streitsüchtig	------------	Friedliebend
26. Unberechenbar	------------	Verläßlich
27. Geizig	------------	Großzügig
28. Wehleidig	------------	Realistisch
29. Selbstgerecht	------------	Verständnisvoll
30. Schimpfend	------------	Freundlich
31. Streitsüchtig	------------	Ruhig

Unerwünschte Disposition	„Für-geben"	Erwünschte Disposition
32. Boshaft	------------	Nett
33. Destruktiv	------------	Konstruktiv
34. Unglücklich	------------	Glücklich
35. Unfair	------------	Fair
36. Unvernünftig	------------	Vernünftig
37. Zornig	------------	Vergebend
38. Sarkasmus	------------	Lob
39. Überlegenheit	------------	Bescheidenheit
40. Sturheit	------------	Gewilltheit
41. Unkooperativ	------------	Kooperativ
42. Launisch	------------	Gelassen
43. Empfindlich	------------	Gleichmütig
44. Unreife	------------	Reife
45. Selbsthaß	------------	Selbstanerkennung
46. Unverträglichkeit	------------	Verträglichkeit
47. Neidisch	------------	Großzügig
48. Eifersüchtig	------------	Liebevoll
49. Besitzergreifend	------------	Selbstvertrauend
50. Prahlerisch	------------	Still

Wenn Sie jetzt Ihre Persönlichkeits- und Dispositionsinventur beendet und alle in der linken Spalte vorgefundenen unerwünschten Charakterzüge durch Vergebung – durch ein „Für-geben" – in das in der rechten Spalte angeführte Gegenteil verwandelt haben, dann befinden Sie sich auf dem besten Weg, der Mensch zu werden, der Sie wirklich sein wollen.

Überwindung Ihrer Gereiztheit

In dieser Musterbehandlung geben wir „Liebenswürdigkeit" für „Gereiztheit". Die gleiche Taktik läßt sich auch für jeden anderen Punkt auf der Liste erfolgreich anwenden.

„Jegliche Gereiztheit löst sich jetzt aus meinen Gedanken, meinen Gefühlen und meinem Verhalten. Ich bin in das lindernde und angenehme Gefühl der Liebe eingetaucht. Ich vergebe mir selbst alle unangenehmen Einstellungen und Handlungsweisen. Für sie gebe ich jetzt neue und frische Haltungen und Taten. Ich bin jetzt spirituell, mental und emotionell neu geboren. Ich bin ein neuer Mensch. Ich bin verständnisvoll und geduldig. Ich liebe alle Menschen und sie lieben mich. Ich bin zu keiner Zeit ungehalten oder anmaßend. Meine Fehler, Schwächen und vergangenen Unzulänglichkeiten sind mir vergeben, denn ich gebe für sie einen neuen Ausblick und eine neue Entschlossenheit, andere Menschen so zu behandeln, wie ich von ihnen behandelt werden möchte. Ich bin ein angenehmer, umgänglicher Mensch. Andere Menschen fühlen sich wohler, wenn sie in meiner Nähe sind. Ich bringe Frieden in jede Situation. Ich bin niemals ungehalten. Ich bin immer um Verständnis bemüht, und ich teile dieses Verständnis mit anderen. Ich sage Dank, daß ich frei bin von jeglicher Gereiztheit. Ich sage Dank, daß ich jetzt ein freundlicher, angenehmer und liebevoller Mensch bin. Und so ist es."

Wählen Sie sich jetzt andere Punkte aus, die Sie betreffen, und streben Sie in Ihren eigenen Worten nach der Entwicklung einer guten Disposition. Fünf „Dispositionszerstörer" verursachen gewöhnlich mehr Unbehagen, als alle übrigen zusammengenommen. Entledigen Sie sich dieser Zerstörer, und Sie werden mit den anderen keine Schwierigkeiten mehr haben. Es sind dies:

1. Gereiztheit   3. Negativität
2. Egoismus   4. Argwohn
      5. Grausamkeit

Wir hatten festgestellt, daß eine gute Disposition eine tatsächliche Heilwirkung auf die Organe des Körpers ausübt. Beziehen Sie sich erneut auf die Tabelle der Entsprechungen im zweiten Kapitel, wo wir die psychologischen Ursachen der verschiedensten Leiden ergründet und ihre Behandlungsweise erarbeitet haben. Wenn Sie diese Liste sorgfältig durchgehen, werden Sie erstaunt sein, wieviele physische Leiden von einer schlechten Disposition innerhalb des Individuums verursacht werden, die jedoch jederzeit veränderbar wären, sofern man das wollte. Wenn wir erst einmal begriffen haben, daß die Ursache aller unserer Erfahrungen in unseren Gedanken, Gefühlen und Einstellungen verwurzelt ist, wird es uns leicht einzusehen, daß beispielsweise Hautunreinheiten von innerer Gereiztheit, Störungen der Gallenblase von Bitterkeit, Tuberkulose von Egoismus, Arthritis von Rechthaberei und Feindseligkeit, Neuritis von Zorn- und Grollgefühlen, Herzleiden von Grausamkeit oder Eifersucht usw. herrühren. Die Liste ist endlos. Wir heilen uns selbst durch Heilung unserer Disposition.

Es ist in der Hauptsache ein Hinarbeiten auf emotionale Reife. Ein guter Teil der spirituellen Gemütstherapie, mit der wir uns in diesem Buch befassen, ist darauf angelegt, uns zu dieser Reife zu verhelfen. Wir müssen einfach erwachsen werden. Aber ein erwachsener Körper beherbergt leider nur zu oft eine unreife Persönlichkeit. Solange wir noch schmollen, launisch sind, die Beherrschung verlieren, solange haben wir noch an uns zu arbeiten. Wenn wir Türen zuknallen, auf der Kreuzung andere Autofahrer anbrüllen, wenn wir weinen, jammern, uns beklagen, kritisieren oder klatschen, dann sind wir emotionell unreif und müssen etwas dagegen tun. Sollten wir kindisch, kleinlich oder nachtragend sein, dann ist das Thema dieses Kapitels von vitaler Bedeutung.

Ein Lächeln macht sich bezahlt

Wir haben jetzt gesehen, wie eine schlechte Disposition uns krank machen kann. Daraus folgt logischerweise, daß eine gute uns dagegen heilt und wohlauf hält. Wenn „ein bedrücktes Gemüt die Gebeine vertrocknet", müssen wir andererseits bedenken, daß „ein fröhliches Herz wie eine gute Medizin" ist (Spr. 17:22). Ein Lächeln ist überall willkommen, denn es:

1. erfreut das Herz   4. fördert die Gesundheit
2. hält uns in guter Stimmung   5. verschönt Ihr Gesicht
3. hält die Seele in Frieden   6. bewirkt freundliche Gedanken
        7. inspiriert zu freundlichen Taten

Wir sind dem anonymen Urheber dieser Liste sehr verbunden. Die meisten von uns sind schon seit langem mit ihr vertraut. Die Frage ist jedoch: „Tun wir auch das Erforderliche, um diese wünschenswerten Dinge zu verwirklichen?" Die Antwort darauf ist einfach: „Lächeln. Einfach nur lächeln." „Lache, und die Welt lacht mit dir; weine, und du weinst allein."

Eine angenehme Disposition ist der Beweis vorhandener Liebe. Liebe ist die große Heilkraft. Lerne zu lieben, und du wirst lernen zu leben. Liebe und du wirst geliebt werden. Die Liebe hat viele angenehme Gesichter. Liebe produziert Gesundheit, Glück, Überfluß und Erfüllung. Liebe ist das Größte in der Welt. Man kann nicht nur von ihr reden; man muß sie fühlen, man muß sie zum Ausdruck bringen.

Wenn Liebe die Herrschaft übernimmt

Eine mir bekannte Dame hatte die Gewohnheit, sehr viel von Liebe zu reden, hatte jedoch Schwierigkeiten, sie auch zu praktizieren, wie wir mehr oder weniger alle. Diese Dame war eine dominierende Persönlichkeit. Man konnte herrlich mit ihr auskommen, solange sie ihren Willen durchsetzen konnte. Sie hatte ganz bestimmte Vorstellungen, auf welche Weise unsere Kirche geführt werden sollte, und so konnte es nicht ausbleiben, daß sie und ich bald aneinandergerieten. Mit den Resultaten und ihrem Widerhall hatten wir beide uns keineswegs mit Ruhm bekleckert. Daraufhin wandte die Dame sich an eine Heilungspraktikerin und nervte diese gründlich. Sie wurde nicht müde, ihr darzulegen, was für ein schrecklicher Mensch der Lehrbeauftragte sei, und daß man ihm schleunigst seine Papiere in die Hand drücken solle. (Jeder Lehrbeauftragte wird mit diesem Menschentyp nur zu gut vertraut sein.)

Die Heilungspraktikerin verspürte jedoch wenig Lust, sich diese unentwegten Klagen anzuhören und begann daher, diese Situation zu behandeln. Sie begann, Liebe und guten Willen für alle Beteiligten zu bejahen.

„Aber wozu soll das gut sein", lautete die Zurechtweisung der hoheitsvollen Dame. „Liebe ist etwas Wunderbares, aber hier muß etwas in der Sache getan werden, sage ich Ihnen. Dieser Mensch ist einfach unmöglich! Wissen Sie eigentlich . . ."

„Aber natürlich weiß ich", erwiderte die Praktikerin. „Immerhin bin ich mit ihm verheiratet." Da war sie doch tatsächlich an meine Frau geraten. „Und nun werden wir eine Behandlung für mehr Liebe in dieser Angelegenheit durchführen."

Ihre feindselige Haltung ließ merklich nach und die gute Frau schien einigermaßen besänftigt zu sein, als sie ihres Weges ging.

Am nächsten Morgen jedoch rief sie meine Frau an, außer sich vor Zorn.

„Was haben Sie eigentlich mit mir gemacht", schrie sie. „Praktizieren Sie etwa schwarze Magie gegen mich? Sie sollten sich mal meinen Körper ansehen! Er ist von oben bis unten mit rötlichem Ausschlag übersät. Ich verlange auf der Stelle eine Erklärung, was Sie mit mir angestellt haben!"

„Ich habe überhaupt nichts gemacht", antwortete meine Frau ruhig, „abgesehen davon, daß ich Sie, Dr. Curtis und die ganze Situation mit einer Liebe-Behandlung bedacht habe."

„Dann hören Sie gefälligst auf damit! Hören Sie auf der Stelle auf! Wenn es das ist, was Liebe bewirkt, dann will ich nichts damit zu tun haben. Brechen Sie diese Behandlung sofort ab. Ich werde die Sache selbst in die Hand nehmen!" Damit knallte sie den Hörer auf.

In der Zwischenzeit wurde auch ich bei der morgendlichen Dusche auf einen Hautausschlag an der Innenseite meines rechten Armes aufmerksam. Es war ein brennendes, juckendes Gefühl und recht schmerzhaft. Deshalb war ich etwas erstaunt – um nicht zu sagen befremdet – daß meine Frau nur lächelte, als ich diesen Umstand beim Frühstück erwähnte.

Einige Tage lang geschah weiter nichts. Ich hörte auch nichts von meiner Peinigerin. Während der ganzen Zeit mußte ich mich sehr zusammennehmen, um nicht an den brennenden Hautstellen herumzukratzen, die sich nunmehr rapide über meinen ganzen Körper ausbreiteten.

Schließlich erzählte meine Frau mir die ganze Geschichte von dem Besuch der Dame, die anschließende Behandlung und das daraus resultierende Telefongespräch. Wir lachten beide laut und lange über das,

212

was die Liebe da bewirkt hatte. Die Erklärung dazu ist recht einfach. Es wurde Liebe in eine Situation eingeführt, in der Feindseligkeit, verletzte Gefühle, Groll und Mißverständnisse vorherrschten – Gefühle, die keiner der Kontrahenten aufzugeben bereit war. Damit wurde automatisch ein Konflikt ausgelöst. Aber das hat selbstverständlich die Liebe an sich nicht weiter gestört, denn die Liebe ist die größte Macht – die größte Kraft auf der Welt. Sie störte sich also nicht daran, sondern tat ihr Werk. Die Hautunreinheiten – Probleme, welche die Dame und ich erfahren mußten – waren das Resultat einer Chemikalisation, die sich schnell und lautlos vollzog. Das geschieht jedesmal, wenn zwei nicht miteinander zu vereinbarende Elemente zusammengebracht werden und ist auf dem Gebiet der Chemie wohlbekannt. Ebenso bekannt ist diese Tatsache auf dem Gebiet der Geistheilung und geistigen Behandlung. Chemikalisation ist oftmals einer der wesentlichen Schritte beim Heilungsprozeß, bei dem eine innere Reinigung stattfindet. Und das vollzieht sich auf jeder Ebene – der mentalen, der emotionalen und der physischen.

Für gewöhnlich wird das erreicht, ohne daß sich die Beteiligten dessen bewußt sind. Voraussetzung für eine erfolgreiche Chemikalisation ist, daß jeder kooperiert und dem Treatment keinen Widerstand entgegensetzt durch Anklammern an persönliche Animositäten oder andere egoistische oder negative Attitüden. In diesem Fall hatten sowohl die Dame als auch ich an unseren verletzten Gefühlen festgehalten, und da wir uns nicht bereit fanden, sie loszulassen, hatten wir dem Treatment im Endeffekt Widerstand entgegengesetzt, mit Resultaten, die denen gleichen, die man in einem Chemielabor erzielt, wenn man Salz und Säure vermischt. Als ich mir des Geschehens bewußt wurde, verlor ich keine Zeit, meine eigene Treatmentarbeit aufzunehmen und unterstützte darüber hinaus meine Frau bei der Behandlung der Gesamtsituation mit Liebe. Sobald ich mich imstande fühlte, freundliche Gefühle für die besagte Dame zu entwickeln, und ein Gewahrsein von Liebe und Vergebung erlangte, wurde meine Haut wieder klar und der Zwischenfall war vergessen.

Wir machten dabei keinerlei Anstalten, uns mit der Dame in Verbindung zu setzen; nach einigen Tagen jedoch kam sie von selbst in mein Büro und bot mir ihre Mitarbeit an. Sie wollte sich gern in der Kirche nützlich machen, wo immer sie gebraucht wurde. Ich akzeptierte und betraute sie mit einer Aufgabe, die sie dann mehrere Jahre lang treu und gewissenhaft versah. Über unsere damalige Meinungsverschiedenheit wurde nie wieder gesprochen. Und ihre Hautprobleme? Sie lösten sich ebenso auf wie die meinigen. Liebe hatte alles besiegt. Und das wird sie immer.

Wahre Liebe kann nur zum Ausdruck kommen, wenn wir in unserem Innern eins mit uns sind und dieses Einssein auch ständig ausdrücken. Liebe ist eine bejahende Einstellung dem Leben gegenüber. Liebe ist der Wunsch des Lebens, sich Ausdruck zu geben. Liebe ist Gott in Aktion. Liebe ist der Ausdruck unserer Selbst als unser Höchstes und Bestes. Liebe ist Hingabe an ein Ziel. Emerson sagte: „Liebe ist die Seele, die uns durchströmt."

In seiner großartigen Abhandlung über das 13. Kapitel des 1. Korintherbriefs mit dem Titel „Das Größte in der Welt" zählt Henry Drummond neun Attribute der Liebe auf:

1. Geduld	5. Höflichkeit
2. Güte	6. Selbstlosigkeit
3. Großmut	7. Gleichmut
4. Demut	8. Arglosigkeit
	9. Aufrichtigkeit

Jetzt können wir unschwer erkennen, daß „Liebe die Erfüllung des Gesetzes" ist (Röm. 13:10) und daß, weil „Gott Liebe ist" (1. Joh. 4:8), die Ursache aller Probleme ein Mangel an Liebe ist. Daher ist die Antwort auf all unsere (die Heilung aller unserer) Probleme eine Behandlung mit Liebe. Wir müssen uns derart mit Liebe anfüllen, daß die natürliche Aktion des Lebens uns durchströmt. In erweitertem Sinn ist dies der eigentliche Zweck dieses Buches.

Liebe kommt in sieben Hauptbereichen zum Ausdruck. Jeder von ihnen ist von vitaler Bedeutung und unerläßlich für ein ausgeglichenes, glückliches Leben:

1. *Liebe zu Gott*. Augustinus hielt dafür, daß der einzige Gradmesser für das Gute im Leben sich in den Satz fassen läßt: „Liebe Gott und tue was du willst." Wenn wir Gott – das Allgute – wirklich lieben, dann

können wir niemals etwas Unwertes tun. Unsere Identifizierung mit dem Einen genügt, um uns auf edle Vorhaben und Ideale eingestimmt zu halten. Gott ist die Quelle unserer Versorgung mit allen Dingen: „Eine sehr gegenwärtige Hilfe in der Bedrängnis" (Psalm 46:1). Viele Menschen geben vor, Gott zu lieben, während sie gleichzeitig ihrer kleinlichen Selbstgerechtigkeit, ihren Grollgefühlen und ihrer Feindseligkeit anhängen. Das funktioniert jedoch nicht und verursacht ausschließlich Probleme, Schwierigkeiten und Leiden aller Art. Gott beansprucht mehr als bloßes Lippenbekenntnis. Die Liebe zu Gott muß ständig demonstriert werden – in allem, was wir tun. Alles, was wir aussprechen, denken, fühlen und tun, offenbart unsere Fähigkeit zu lieben. Entschließen wir uns, Gott zu lieben und gehen wir von da aus weiter.

2. *Liebe zum Leben.* „Ich liebe das Leben, und ich liebe es, zu leben", lautet eine Textzeile von einem bekannten Song. Liebe zum Leben läßt die Energie der Sphären durch unser ganzes Sein strömen. Leben ist Energie, ist Geist, ist „Leben"! Der Wille zum Leben ist unser stärkster Antrieb. Wird dieser Wille schwächer, sterben wir. Jesus sagte: „Ich bin gekommen, damit sie Leben und reiche Fülle haben" (Joh. 10:10). Ein bekannter Ausspruch lautet: „Nur zwei Dinge sind unvermeidbar – der Tod und die Steuern". Aber dem ist durchaus nicht so. Das einzig Unvermeidliche ist Leben. Wir müssen leben. Wenn wir dem Strom des Lebens widerstehen, dann brechen wir unter der Anstrengung zusammen. Wenn wir dagegen mit ihm fließen, dann werden wir zum Sieg getrieben. Das Leben ist ein fortgesetzter, nicht endender Prozeß. „In meines Vaters Haus sind viele Wohnungen" (Joh. 14:2). „Es gibt himmlische Leiber und irdische Leiber" (1. Kor. 15:40). Wir leben ewig. Je eher wir anfangen zu leben – das wahre Leben – umso besser.

3. *Liebe zur Natur.* Die Natur ist der äußere Ausdruck der Herrlichkeit, die Gott ist. „O Herr, unser Herrscher, wie herrlich ist dein Name in allen Landen! Du, dessen Hoheit gepriesen wird über den Himmeln . . . Wenn ich schaue deine Himmel, das Werk deiner Finger, den Mond und die Sterne, die du hingesetzt hast: Was ist doch der Mensch, daß du seiner gedenkst?" (Psalm 8:1,4,5).
Wie phänomenal ein menschliches Wesen auch immer sein mag, im Vergleich mit der Pracht und Herrlichkeit der Natur sind wir alle nur

Zwerge. Die Himmel singen von der Herrlichkeit Gottes. Das gesamte physische Universum ist der Körper Gottes. Die Erde – dieser prachtvolle Rasen – ist unser Teil davon. Sie ist unser Teil, in dem wir leben, in dem wir uns wohlfühlen und den wir genießen sollten. Die Erde, die Luft, das Meer, die Hügel und Täler, die Wüste und die Berge, die Bäume, die Blumen und all die übrigen wunderschönen Schöpfungen des mannigfachen Reiches – sie alle sind Teil der Natur. Wie sollte man auch solche Wunder nicht lieben können?

4. *Liebe zu sich selbst.* Wenn Sie Gott, das Leben und die Natur lieben, dann müssen Sie sich auch selbst lieben. Wenn Sie sich selbst nämlich hassen, dann hassen Sie auch alles andere. Sie sind ein Mensch – nach dem Bild und Gleichnis Gottes geschaffen – ausgestattet mit göttlichen Eigenschaften; ein Geschöpf mit unendlichen Fähigkeiten. Der Mensch ist die höchste Schöpfung Gottes. Der Psalm fährt fort: „Du machtest ihn wenig geringer als Engel, mit Ehre und Hoheit kröntest du ihn. Du setztest ihn zum Herrscher über das Werk deiner Hände, alles hast du ihm unter die Füße gelegt" (Psalm 8:6,7).

Auch Shakespeare war gefangen in der Kontemplation der Wunder seiner eigenen Gattung: „Welch ein Meisterwerk ist der Mensch! Wie edel durch Vernunft! Wie unbegrenzt an Fähigkeiten! In Gestalt und Bewegung wie bedeutend und wunderwürdig! Im Handeln wie ähnlich einem Engel! Im Begreifen wie ähnlich einem Gott! Die Zierde der Welt! Das Vorbild der Lebendigen!" (Hamlet, 2. Akt, 2. Szene).

Falls Sie es noch nicht gemerkt haben sollten: Sie sind es, der da beschrieben wird. Lieben Sie sich selbst. Das wirkliche Selbst, mit dem Sie betraut sind – auszudrücken, zu entwickeln, zu verherrlichen. Lieben Sie das, was Sie wirklich sind und Sie werden den ersten Schritt getan haben – den ersten Schritt der Erfüllung Ihres Schicksals entgegen.

5. *Liebe zu den Menschen.* Alle Gründe, die dafür sprechen, sich selbst als Ausdruck Gottes zu lieben, gelten auch für alle anderen. Wir alle sind Ausdruck der göttlichen Tatsache. Wir alle sind Mitglieder der gleichen Familie. Wir sind Brüder, weil wir alle den gleichen Vater haben, wie unterschiedlich unsere irdischen Pfade auch sein mögen. Der Christus – das höhere Selbst – ist in einem jeden von uns. Andere Menschen ablehnen, heißt Gott ablehnen, und damit das gesamte

216

Prinzip der Liebe. Wir mögen das, was ein anderer tut, nicht billigen – dennoch müssen wir ihn lieben. Wir müssen uns mit ihm identifizieren, ihn verstehen lernen und ihm helfen. Durch die Liebe, die wir mit anderen teilen, finden wir uns selbst. Wenn wir unsere Liebe zurückhalten, halten wir uns von einem Teil des Lebens zurück. Interesse, Ermutigung, Teilung, Hilfsbereitschaft, Anteilnahme, Sympathie – alles das sind Möglichkeiten, unserer Liebe zu anderen Menschen Ausdruck zu geben. Wir finden uns wieder in anderen – in jedem lebenden Wesen. „Ein Gemüt ist es, allen Individuen gemeinsam" (Emerson).

6. *Liebe zu Ihrer Welt.* Ihre Welt ist immer das, was Sie aus ihr machen. Sie ist eine Verlängerung und eine Widerspiegelung Ihres Bewußtseins. Ihre Welt ist weder gut noch schlecht. Sie *ist* nur. Die Welt an sich verfügt über keinerlei Macht, Sie in irgendeiner Weise zu berühren oder zu bewegen. Manchmal hat es zwar den Anschein, als wäre es so. Wenn wir die Dinge jedoch in ihrer richtigen Perspektive erblicken und richtig einordnen, dann erkennen wir sie als bloße Wirkungen und nicht als Ursache. Jesus sagte: „In der Welt habt ihr Anfechtungen, aber seid guten Mutes, ich habe die Welt überwunden" (Joh. 16:33).

Genießen Sie die Welt und nehmen Sie teil an allem, was sie Ihnen zu bieten hat. Schwelgen Sie in ihrem Komfort. Machen Sie weisen Gebrauch von allem, was sie Ihnen gewährt. Denn auch Aktionen und Objekte haben ihren Platz in dem großen Plan. Bequemlichkeiten können uns das Leben leichter machen. Besitztümer und Geld können uns bereichern, wenn wir weisen Gebrauch von ihnen machen und sie auch tatsächlich besitzen, statt uns von ihnen besitzen zu lassen. Lieben Sie die Welt in ihrer richtigen Relation. Lehnen Sie sie nicht ab; akzeptieren Sie sie. Machen Sie sich dabei jedoch bewußt, daß Sie es sind, der seine Welt zu dem macht, was sie ist, da Sie die Herrschaft über sie besitzen und über alles, was in ihr enthalten ist. Verzichten Sie niemals auf dieses Geburtsrecht. Behalten Sie immer die Herrschaft über Ihren Erfahrungsbereich. Halten Sie jeden Aspekt Ihres Lebens an seinem richtigen Platz und sehen Sie ihn in seiner richtigen Perspektive. Die Welt ist „Ihre Auster". Sie sitzen auf ihrem Gipfel. Wenn Sie die

Welt nicht mögen, so wie sie ist, dann packen Sie's an und nehmen eine bessere. Eine, die Sie und andere lieben können. Das wird Sie so beschäftigt halten, daß Sie keine Zeit mehr haben werden, herumzusitzen und sich über den desolaten Zustand dieser Welt zu beklagen. Es könnte nämlich ein plausibler Grund dafür vorhanden sein. Kehren wir deshalb das Ganze um, und bauen wir unsere Welt aus Liebe auf.

7. *Liebe zu Ihrer Arbeit.* Wenn Ihnen Ihre Tätigkeit nicht gefällt, dann verändern Sie sie. Egal, welche Anpassungen, wieviel Unbequemlichkeit oder vorläufiger Einkommensverlust das Ganze mit sich bringen mag, wechseln Sie den Beruf, wenn Sie nicht in dem sterben wollen, den Sie nicht mögen. Das Leben ist einfach zu kurz, um es an einen unbefriedigenden Beruf zu verschwenden. Durch unsere Arbeit geben wir dem schöpferischen Trieb in uns Ausdruck. Durch unsere Arbeit perfektionieren wir uns. Durch unsere Arbeit geben wir der kreativen Energie, die uns durchströmt, Form und Ausdruck. Durch unsere Arbeit leben wir. Arbeit ist Therapie. Lassen Sie Liebe in Ihre Arbeit einströmen. Geben Sie der Liebe, die Sie für Gott, das Leben, die Natur, sich selbst, die Menschen und Ihre Welt fühlen, durch Ihre Arbeit Ausdruck. Seien Sie stolz auf Ihre Arbeit. Gehen Sie in ihr auf. Legen Sie sich ins Zeug, halten Sie nichts zurück. Seien Sie Ihr eigener Boss! Lassen Sie Ihre Arbeit zu Ihrem Denkmal werden. Machen Sie sich keine Gedanken darüber, ob man sie zu schätzen weiß oder welchen Gewinn sie Ihnen bringen wird. Tun Sie das, was Sie am liebsten tun mögen, „. . . als dem Herrn und nicht den Menschen" (Eph. 6:7), und Sie werden damit die Aktion der Liebe in Ihrem Leben erfüllen. Seien Sie „in dem, was des Vaters ist" (Luk. 2:49), und Sie werden eine lebendige schöpferische Aktion der Liebe sein im großen Plan der Dinge.

Wollen Sie beliebt sein?

Jeder Mensch möchte geliebt werden. Je mehr Liebe Sie geben, desto mehr werden Sie empfangen. Liebe ist eine Art zu leben. Sie muß zum Ausdruck gebracht werden in allem, was wir tun. Ein liebender Mensch

218

ist auch ein beliebter Mensch, das ist einfach unvermeidlich. Wenn Sie beliebt sein wollen, hier ist ein Erfolgsrezept dafür:

1. Lächeln.
2. Menschen mit Interesse begegnen.
3. Menschen dazu bringen, von sich zu sprechen.
4. Geben Sie Ihrer Freude Ausdruck, mit ihnen zusammen zu sein
5. Sagen Sie freundliche Dinge und machen Sie Komplimente.
6. Vergessen Sie sich und denken Sie an den anderen.

Wie man die Einsamkeit überwindet

Der Mensch, der weiß, wie er Liebe zum Ausdruck bringt, wird niemals einsam sein. Versuchen Sie, diese fünf Dinge zu tun:

1. Blicken Sie um sich, und interessieren Sie sich für Ihre Welt.
2. Lieben Sie die Menschen.
3. Entschließen Sie sich zu einem voll und ganz gelebten Leben.
4. Stecken Sie sich Ihre Ziele, und halten Sie sich daran.
5. Geben Sie jeden Tag etwas von sich selbst.

Leitgedanken für Liebe

Ich drücke Liebe aus in allem, was ich denke, fühle, sage und tue. Ich bin der vollkommene Ausdruck der Liebe. Ich liebe die Größe und Güte, die Gott ist. Ich bin erwärmt von den Strömen göttlicher Liebe, die mich durchfließen und meiner Seele Form geben – Formen der Liebe.

Ich liebe das Leben und ich liebe es, in ihm zu leben. Ich bin entzückt, entflammt und mitgerissen von der Woge spiritueller Energie, die mein ganzes Sein belebt. Ich vibriere in der Umarmung des Unendlichen. Ich werde gereinigt und verfeinert von der Liebe, die mich zu neuen Höhen des Gewahrseins und der Verwirklichung erhebt. Ich lerne es, das wahre Selbst in meinem Innern zu lieben. Ich vergebe mir selbst alle Fehler und Unzulänglichkeiten. Mit dem Ablegen solcher unerwünschter Eigenschaften beginne ich mich selbst zu lieben. Gott hat mich geschaffen und der Schöpfer liebt seine Schöpfung anhaltend und ohne Einschränkung. Ich liebe das, was Gott liebt. Gott liebt mich. Deshalb liebe ich mich und auch alle anderen Menschen, denn wir alle sind in Liebe geschaffen und in Liebe vereint.

Ich sehe in anderen Menschen ausschließlich das Gute. Ich liebe das Gute, das seinen Ausdruck in jedem menschlichen Wesen findet. Ich bin mir bewußt, daß jeder auf seiner gegenwärtigen Entwicklungsstufe sein Bestes tut. Ich zolle ihm Anerkennung, helfe ihm wo immer ich kann und lasse nicht nach, ihn währenddessen zu lieben. Ich befolge das Gebot: „Liebet einander" (Joh. 15:12). Ich bin noch nie einem Menschen begegnet, den ich nicht mochte. Ich liebe die Menschen.

Ich liebe die Welt, in der ich lebe. Ich liebe die Macht, die mir gegeben wurde, sie zu verändern, zu formen und meinem Willen gemäß zu gestalten. Ich liebe das große Gesetz von Ursache und Wirkung, das meine Welt zu einem Produkt meines Bewußtseins macht. Ich liebe den Gedanken, daß ich allein verantwortlich bin, für alles was ich tue in und mit meiner Welt.

Ich liebe meine Arbeit, mit der ich der Herrlichkeit Gottes Ausdruck gebe. Ich liebe den freien vollen Strom des Lebens, der sich durch mich bewegt – zu zweckbestimmtem Ausdruck. Ich liebe den schöpferischen Prozeß. Ich liebe die Möglichkeit, aktiv mit ihm zu wirken, indem ich Liebe ausdrücke in allem, was ich tue. Ich liebe. Und so ist es.

10. KAPITEL

Sie sind ein wundervoller Mensch

„Sie sind entlassen! Bitte begeben Sie sich zur Kasse. Ihr Scheck liegt dort für Sie bereit. "

Diese Worte waren eindeutig und unmißverständlich. Jack wandte sich um und verließ fassungslos das Büro des Managers. Er rannte dabei gegen die Tür, verzweifelt bemüht, seinen Ekel niederzukämpfen.

„Dann ist es also soweit", murmelte er. „Es hat dich schließlich doch erwischt. Das, Pilot, ist deine Absprungstelle. Das ist das Ende der Fahnenstange. Was nun, du gerupfter Enterich?"

Jack kassierte seinen Scheck, riß sich zusammen und schlenderte mit gespielter Gelassenheit aus der Tür. Mit einem hämischen Salut tippte er an seinen Hut und kehrte seinem Arbeitsplatz den Rücken – einem Platz, den er zwanzig Jahre lang innegehabt hatte.

„Guter Abschluß einer schlechten Sache", giftete er. „Konnte diesen Laden sowieso nie ausstehen. "

Er pfiff ein Lied, schob seinen Hut in den Nacken und war um den Eindruck einer flotten Erscheinung bemüht, als er in Joe's Bar schwenkte.

„Einen werde ich mir genehmigen, bevor ich nachhause gehe", versicherte er sich selbst. „Den habe ich mir verdient. Immerhin habe ich schon lange keinen Urlaub mehr gehabt. "

Es war erst fünf Uhr nachmittags. Weit nach Mitternacht dagegen war es, als seine Frau ihn hier schließlich fand, völlig am Boden zerstört. Auf ihren Arm gestützt wankte er nach Hause.

„Ich kann nicht gerade behaupten, an diesen Zustand gewöhnt oder von ihm sonderlich entzückt zu sein, aber dieses Verhalten von ihm ist

221

mit Sicherheit nichts Neues", war ihr bitterer Kommentar des Geschehens am darauffolgenden Nachmittag in meinem Büro. „Dieses Mal besteht allerdings ein ganz wesentlicher Unterschied. Ich hatte mich mit der Zeit daran gewöhnen müssen, daß Jack so manches Mal ohne einen Cent in der Tasche nach Hause gekommen war, weil er seinen ganzen Verdienst vertrunken hatte. Dabei konnte ich mir dann jedesmal einreden, daß es in der nächsten Woche gewiß anders sein würde und wir dabei irgendwie durchkommen würden. Nun aber wird es keine nächste Woche mehr geben – jedenfalls keine mit Gehaltsabrechnungen. Wir sind am Ende, Dr. Curtis. Überall in der Stadt haben wir Schulden und Jack findet keinen neuen Job. Jeder weiß über ihn Bescheid. Dr. Curtis, was sollen wir bloß tun?"

Jack's attraktive aber vom Leid gezeichnete Frau begann hemmungslos zu schluchzen. Nach wenigen Minuten faßte sie sich jedoch und hörte mir aufmerksam zu. Das Ganze war durchaus nichts Neues für mich. Mit nur geringfügigen Abwandlungen hatte ich solche Stories wieder und wieder zu hören bekommen und auch solche Szenen schon hunderte von Malen erlebt.

Jack hätte erfolgreich sein können

Eigentlich hätte Jack ganz und gar obenauf sein müssen. Alle Voraussetzungen dafür waren einmal gegeben. Gutaussehend, brilliant und talentiert war er kurz vor Beginn des zweiten Weltkrieges von seiner Abschlußklasse im College zum „Mann mit den größten Erfolgschancen" gewählt worden. Auf ihn wartete bereits eine gute Position bei einem Großunternehmen in seiner Heimatstadt und seine Jugendfreundin gab ihm ihr Jawort am gleichen Tag, als er mit einem glänzenden Abschlußzeugnis das College verließ.

Die Dinge ließen sich recht gut an, aber als der Krieg ausgebrochen war, meldete Jack sich freiwillig zu den Marinefliegern. Von Natur aus sportlich und kämpferisch veranlagt, wurde er bald einer der wagemutigsten Piloten seines Truppenteils. Wo immer es möglich war, war seine Frau bei ihm. Gelegentlich kam er auch auf Urlaub. Aber es fiel

Jack sehr schwer, „herunter zu schalten". Er hatte bei seiner Einheit das Trinken angefangen und so konnte es nicht ausbleiben, daß jeder Urlaub zu einem mehr oder weniger ausgedehnten Gelage wurde. Aber im Grunde nahm niemand wirklich Notiz davon. Jeder tat es. Immerhin war Krieg. Etwas anderes war es jedoch, als wieder normale Zeiten herrschten. Jetzt war jeder bemüht, wieder zu einem normalen Leben zurück zu finden. Jack hingegen hatte die Aufregung im Einsatz als Kampfflieger geliebt. Weder seine Frau noch seine zurückgelassene Stellung schienen jetzt für ihn noch die strahlende Verheißung in sich zu tragen, die sie früher einmal gehabt hatten. Nach einigen Jahren exzessiven Alkoholgenusses wurde ihm die tägliche Arbeit zur Fron. Sein Gemüt wurde träge, er vernachlässigte sein Äußeres und wurde zu einem schwierigen, ungenießbaren Familienoberhaupt. Seine Frau und seine zwei Kinder hatten es nicht leicht mit ihm. Er war schon einige Male wegen Trunkenheit festgenommen worden und hatte so manches Mal in seiner Firma mit Abwesenheit geglänzt – mit der sprichwörtlichen „Montagsmorgen-Erkältung". Jack widersetzte sich hartnäckig allen Bestrebungen, ihn zu den Anonymen Alkoholikern zu bringen und wollte sich auch sonst nicht helfen lassen.

„Ich bin doch kein Alkoholiker", verkündete er. „Ich genehmige mir hin und wieder einen, na und? Hat ein Mann nicht ein Anrecht auf ein bißchen Spaß? Ich muß hart arbeiten und da muß ich mich eben entspannen können. Aber das Trinken ist kein Problem für mich. Ich könnte jederzeit damit aufhören, wenn ich das wollte!"

Aber offenbar wollte er das nie. Enttäuschungen, Fehl- und Rückschläge stellten sich ein, und die einzige Lösung für Jack bestand darin, sich zu betrinken. Er alterte jetzt rapide. Sein Gesicht wurde aufgedunsen und schwabbelig. Seine Firma hatte eine jahrelange Geduld mit ihm bewiesen, aber schließlich mußte man ihn gehen lassen. Nur seine Frau hielt jetzt noch zu ihm.

Sie hatte meine Sendungen im Radio gehört und einige meiner Bücher gelesen. Deshalb kam sie jetzt zu mir, um Rat zu suchen.

Während der nun folgenden Monate sah ich sie und Jack recht häufig. Jack war nun bereit, sich helfen zu lassen. Er gab seine Abhängigkeit vom Alkohol jetzt unumwunden zu. Wie er sagte, hatte er schon seit langem mit dem Trinken aufhören wollen. Als er jedoch feststellen mußte, daß ihm das nicht möglich war, bekam er einen solchen Schrekken, daß er nur noch mehr trank.

Jeder weiß heute, daß Alkoholismus nicht nur eine moralische Schwäche, sondern eine Krankheit ist, die entsprechend behandelt werden muß. Jack bat um Hilfe. Also gingen wir an die Arbeit.

Zuerst machte ich ihn mit einem Mitglied der Anonymen Alkoholiker bekannt, von denen viele Wahrheitssuchende und Studenten der Science of Mind sind und regelmäßig meine Kirche besuchen. Er absolvierte daraufhin ihr Programm mit den berühmten „zwölf Schritten" und nahm regelmäßig an den Versammlungen teil.

Dann konsultierte Jack einen Internisten und Endokrinologen, der seine Drüsenstörungen korrigierte, einen Ausgleich in der chemischen Zusammensetzung seines Blutes herbeiführte und ihm ein Programm – bestehend aus Diät und Body-Rebuilding – verschrieb, als Teil eines Gesamtprogramms seiner Rehabilitation.

Schließlich wurde auch Jack ein ernsthafter Student der Science of Mind, nicht in erster Linie als Religion, sondern als eine Möglichkeit, sich selbst zum Leben zurück zu helfen, wie so viele andere das schon vor ihm getan hatten. Jack kam regelmäßig zu mir, zur Konsultation und zu Treatment-Sitzungen. Zum ersten Mal in seinem Leben war es ihm möglich, sich selbst zu verstehen und er vermochte einzusehen, daß die guten Dinge im Leben nicht aus Flaschen kommen. Seither hat er nie wieder einen Drink zu sich genommen und kann nunmehr auf etliche Jahre absoluter „Trockenheit" zurückblicken.

Wer war für Jack's Genesung verantwortlich? Das war er selbst – durch Kooperation mit der Macht in seinem Innern und mit unserer Hilfe. Dabei beanspruche ich für mich und meine Beteiligung am Geschehen nicht den geringsten Verdienst. Ich war einfach nur da, als er mich brauchte, ebenso wie die Mitglieder der Anonymen Alkoholiker, die Ärzte, Lehrer, Psychologen, Pychiater und die vielen anderen, die sich der Aufgabe verschrieben haben, der Menschkeit zu helfen.

Sie werden bemerkt haben, daß Jack's Rehabilitationsprogramm drei hauptsächliche Ansatzpunkte aufwies: Die Science of Mind, die Anonymen Alkoholiker und den Arzt. Es hätte natürlich auch noch einen Psychologen einschließen können, aber in diesem Fall erhielt Jack seine psychologische und spirituelle Therapie durch unsere Beratungen.

Das Wesentliche, das ich dabei heraushebelen möchte, ist die Tatsache, daß es eigentlich nur eine einzige Therapie gibt – die Therapie des „ganzen Menschen". Sie sind in Wirklichkeit Ihr eigener Arzt; wir anderen helfen nur. Sie machen sich selbst krank, indem Sie den natürlichen Kräften des Lebens Widerstand entgegen setzen; Sie werden gesund, wenn Sie mit ihnen kooperieren.

Die Behandlungstechniken, die in diesem Buch beschrieben werden, haben den Zweck, Ihnen zu helfen, mit den natürlichen Kräften des Lebens zu fließen, um Heilung, Erfüllung und die Beseitigung von Schwierigkeiten zu bewirken. Keine äußere Methode kennt alle Antworten – die unendliche heilende Gegenwart in Ihrem Innern jedoch kennt sie mit Sicherheit. Alle aufrichtigen Praktiker der Heilkunst machen jede hilfreiche Heilkraft nutzbar. Ein Gefühl der Trennung zwischen Wissenschaft und Religion besteht nicht mehr. Religion kann durchaus wissenschaftlich sein, wenn wir uns der Science of Mind zuwenden. Wir sind überzeugt, daß die Religion sich über den Bereich der Formen, Lehrgebäude und Zeremonien erheben und zu einem praktischen und wissenschaftlichen Leitfaden für ein sinnvolles Leben werden muß. Auch die Medizin hat ihre religiösen Aspekte, weil jeder aufrichtige Arzt sich bewußt ist, daß er lediglich verschreibt oder behandelt, während Gott es ist, der heilt.

Wir alle, die wir in den verschiedenen Bereichen wirken, sind nunmehr bereit, zum Nutzen eines einzelnen Patienten zusammen zu arbeiten – diese Neigung ist unverkennbar. Der Mensch ist zusammengesetzt aus Geist, Gemüt, Körper und Erfahrung. Bietet es sich da nicht geradezu an, daß ein Spezialist hier auf seinem Spezialgebiet tätig werden sollte, und daß alle Spezialisten zusammenarbeiten? Wenn Sie sich ein Haus bauen, dann ist es ja auch nicht der Elektriker, der die Wasserrohre verlegt. Er und der Klempner wissen jedoch genau, wo die Rohre und Leitungen des anderen jeweils entlang führen. Zimmermann und Maurer kommen sich nicht gegenseitig in die Quere, sondern arbeiten sinnvoll zusammen.

Es hat sich für mich in vielen Fällen als wertvoll erwiesen, mit Ärzten, Psychologen, Psychiatern und zuweilen sogar mit Anwälten zusammen zu wirken. In einigen Fällen haben wir alle zusammen eine Sitzung mit dem Patienten abgehalten, um ihm schnell und wirksam zu helfen. Kein einzelner Mensch weiß alle Antworten – auch wenn er auf seinem Spezialgebiet noch so versiert sein mag. Gott, die unendliche Intelligenz, vollbringt die Heilung. Wir anderen gehören nur zum Mitarbeiterstab.

Nach den ersten paar Monaten strikter Alkoholabstinenz wurde Jack von seiner alten Firma wieder eingestellt. Seither hat er sich ständig weiterentwickelt und die seinerzeitige Verheißung des „Mannes mit den besten Erfolgsaussichten", den die Firma 25 Jahre zuvor eingestellt hatte, wahr gemacht. Und er war es noch nicht einmal allein, der da einige bemerkenswerte Verwirklichungen aufweisen konnte. Auch seine Frau hatte ihr Gemüt erforscht und gemeint: „Dr. Curtis, nachdem ich, Jack und sein Problem betreffend, zu einem gewissen Verständnis gelangt bin, mußte ich einsehen, daß ich an der ganzen Sache ebenso viel Schuld trage wie er. Jeden Tag danke ich Gott für Sie und die Science of Mind, die Sie mir geholfen haben, eine bessere Ehefrau und ein besserer Mensch zu werden."

Was war es überhaupt, das Jack so aus der Bahn geworfen hatte? Schließlich ist dieser Fall für uns nur dann von Wert, wenn wir aus Jack's Erfahrungen unsere Lehren ziehen können. Durch dieses ganze Buch zieht sich die Erkenntnis, daß alle unsere Probleme und Schwierigkeiten die Auswirkungen unserer negativen mentalen und emotionalen Beschaffenheiten sind. Allen Negativitäten liegen Furcht und Feindseligkeit zugrunde, während Vertrauen und Liebe die konstruktiven Kräfte sind. Jack's Alkoholismus war Symptom tiefsitzender emotioneller Probleme. Das gleiche Ursache-und-Wirkung-Verhältnis findet sich in allen menschlichen Symptom-Problem-Erfahrungen.

Im zweiten Kapitel präsentierten wir eine Tabelle mit fünfzig physischen Leiden, deren Ursachen und empfohlenen Treatments. Hier ist nun eine ähnliche Aufstellung, die Ihnen helfen kann, mit einigen der häufigsten menschlichen Probleme fertig zu werden:

Problem	Naheliegende psychologische Ursache	Behandlung
1. Ärger	Feindseligkeit, Animosität, Egoismus, falsche Werte	Liebe, Verständnis, Einfühlsamkeit
2. Alkoholismus	Furcht, Mangel an Liebe, Minderwertigkeit	Glaube, Liebe, Vertrauen
3. Alpträume	Schuldgefühle, Furcht, Anspannung, Druck	Entspannung, Frieden, Behagen, Ordnung
4. Alter	Furcht v. d. Unbekannten, Begrenzung, Massendenken	Vertrauen, Wachstum, Wißbegierde
5. Anerkennung (fehlende)	Mangel an Liebe, Selbstablehnung, Unterlegenheit	Vertrauen, Zielstrebigkeit, Glauben
6. Anpassung (Schwierigkeiten)	Selbstablehnung, Mangel an Liebe, fehlendes Selbstverständnis	Richtiger Platz, Vollkommenheit, Ordnung
7. Arbeitslosigkeit	Furcht, Anspannung, Minderwertigkeitsgefühle, Unsicherheit	Vertrauen, rechter Platz, Erwartung

Problem	Naheliegende psychologische Ursache	Behandlung
8. Armut	Ablehnung, Begrenzung, Trennung	Ganzheit, Vereinigung, Annahme
9. Aufregung	Feindseligkeit, Zorn, Groll	Liebe, Harmonie, Vergebung
10. Auskommen mit anderen (Mangel an)	Feindseligkeit, Selbstverachtung, Grobheit	Liebe, Verständnis, Vergebung
11. Autokrankheit	Furcht, Instabilität, Gebundenheit	Vertrauen, Gleichgewicht, Freiheit
12. Besessenheit	Aberglaube, falsche Werte, angehäufte Negativität, Furcht	Wahrheit, Heilsein, Vertrauen
13. Bettnässen	Unsicherheit, Anspannung, Frustration	Vertrauen, Frieden, Ausdruck
14. Bewegung (vernachlässigt)	Mangel an Organisation, Selbstablehnung, fehlendes Interesse	Ordnung, Selbstachtung, Interesse
15. Depressionen	Überladung, Egoismus, Furcht	Leben, Interesse an anderen, Freude
16. Desillusionierung	Falsche Werte, Sehnen nach Liebe, Mangel an spirituellem Verständnis	Wahrheit, Liebe, Verständnis
17. Diebstahl (Verlust durch)	Furcht, Unsicherheit, Selbstbezogenheit, Unehrlichkeit	Glauben, Vertrauen, Sinn für Werte
18. Disharmonie	Emotionaler Konflikt, Feindseligkeit, Furcht	Liebe, Frieden, Vertrauen
19. Drogenabhängigkeit	Fehlende Liebe, Furcht, Selbstablehnung	Liebe, Vertrauen, Selbstannahme
20. Ehe (Unvermö-	Feindseligkeit, Unsicherheit,	Liebe, Selbstlosigkeit,

Problem	Naheliegende psychologische Ursache	Behandlung
gen, Partner zu finden)	fehlende Liebe, Selbstablehnung	Selbstverbesserung
21. Eheprobleme	Egoismus, fehlende Liebe, Unreife, Rücksichtslosigkeit	Liebe, Verständnis, Freundlichkeit, Rücksicht
22. Ehescheidung	Feindseligkeit, Egoismus, Trennung	Liebe, Verständnis, Vereinigung
23. Eigentumsprobleme	Unsicherheit, falsche Werte, Begrenzung	Vertrauen, gut verwalten, rechtes Handeln
24. Einsamkeit	Egozentrik, Mangel an Liebe, fehlendes Interesse an anderen	Liebe, Beteiligung, geselliger Verkehr
25. Elternprobleme	Unreife, Unsicherheit, falsche Werte, Schüchternheit	Verständnis, Vertrauen, Wahrheit, Reife
26. Entmutigung	Furcht, negative Erwartungen, Überladung	Erwartung, Begeisterung, Freude
27. Enttäuschungen	Schwäche, Furcht, falsche Werte	Stärke, Vertrauen, Sinn für Werte
28. Erfolg (Umgang mit)	Furcht, Begrenzung, Unsicherheit	Ordnung, Ausgleich, rechtes Handeln
29. Ernährung (zu korrigieren)	Unachtsamkeit, Ignoranz, Selbstablehnung	Selbstannahme, Sorgfalt, Lauterkeit
30. Erschöpfung	Widerstand, Langeweile, Überladung	Leichtigkeit, Enthusiasmus, Kooperation
31. Eßzwang	Emotioneller Aufruhr, Selbstablehnung, Mangel an Liebe	Frieden, Liebe, Selbstannahme

Problem	Naheliegende psychologische Ursache	Behandlung
32. Etikette (bestehen auf)	Fehlende Anteilnahme, Mangel an Selbstachtung, Unachtsamkeit	Liebe, Selbstachtung, Ordnung
33. Falscher Ort	Fehlende Richtung, Verwirrung, Unentschlossenheit	Richtung, rechter Ort, Frieden, Überzeugung
34. Freizeit (keine Verwendung)	Desorganisation, kein Sinn für Werte, fehlendes Interesse am Leben	Organisation, Sinn für Werte, Interesse, Freude
35. Frustration	Fehlendes Ziel, Mangel an Interesse, Mangel an Beteiligung	Ziel, Ausdruck, Erfüllung
36. Gebundenheit	Furcht, Begrenzung, Ablehnung	Glaube, Freiheit, Wahrheit
37. Geldprobleme	Furcht, Begrenzung, Gier	Vertrauen, Sicherheit, Dienstbereitschaft
38. Geschäftliche Probleme	Furcht, Hast, Nachlässigkeit, unzureichendes Wissen	Glaube, Aufmerksamkeit, Weisheit
39. Hast	Anspannung, Mangel an Ordnung, Furcht	Glauben, Vertrauen, Ordnung
40. Haß	Ignoranz, Furcht, Aberglaube	Verständnis, Vertrauen, Vergebung
41. Haushaltshilfe	Fehlende Anteilnahme, Gereiztheit, Gedankenlosigkeit	Freundlichkeit, Verständnis, Anteilnahme
42. Haushaltsprobleme	Unordnung, fehlende Liebe, Mangel an Interesse	Zielstrebigkeit, Liebe, Interesse
43. Ignoranz	Unempfänglichkeit, Starrsinn, Faulheit	Verständnis, Wahrheit,

Problem	Naheliegende psychologische Ursache	Behandlung
44. Investitionen (schlechte)	Gier, Egoismus, schlechtes Urteil	Gewahrsein Großzügigkeit, Sinn für Werte, Verständnis
45. Jugendkriminalität	Fehlende Liebe, Mangel an Verständnis und elterlicher Verantwortung	Liebe, Verständnis, Reife, Führung
46. Klatschsucht	Bosheit, Eigenhaß, Feindseligkeit	Liebe, Freundlichkeit, Lauterkeit, Wahrheit
47. Konflikte	Gemischte Gefühle, Furcht, Widerstand	Frieden, Glauben, Kooperation
48. Konversationsschwierigkeiten	Egoismus, Mangelndes Interesse, Minderwertigkeitsgefühle	Interesse, Liebe, Vertrauen
49. Krieg	Gier, Egoismus, Haß, Aggression	Liebe, Großmut, Verständnis, Frieden
50. Kriminalität	Haß, Mangel an Liebe, Furcht	Liebe, Frieden, Verständnis
51. Langeweile	Todessehnsucht, Egoismus, spirituelle Blindheit	Interesse, Liebe, Bewußtheit
52. Liebe (fehlende)	Ausschließliches Selbstinteresse, Verletzlichkeit, Furcht, Feindseligkeit	Vertrauen, Freundlichkeit, Interesse, Liebe
53. Lügen	Furcht, falsche Werte, Unehrlichkeit	Vertrauen, echte Werte, Ehrlichkeit
54. Macht (Umgang mit)	Unsicherheit, Furcht, Ungewißheit	Herrschaft, Vertrauen, rechtes Handeln, Liebe
55. Märtyrertum	Selbstmitleid, Egoismus, Ablehnung, Mangel an	Glaube, Selbstvertrauen, Liebe,

Problem	Naheliegende psychologische Ursache	Behandlung
	Liebe	Verständnis
56. Manieren (schlechte)	Feindseligkeit, Egozentrik, Ignoranz, Sorglosigkeit	Liebe, Interesse, Verständnis
57. Melancholie	Furcht, Negativität, Überlastung, Freudlosigkeit	Freude, Fröhlichkeit, Behagen, Schönheit, Freiheit
58. Menstruationsprobleme	Widerstand, Furcht, Ablehnung, Massendenken	Behagen, Frieden, Verständnis
59. Mieter (Probleme)	Mangel an Liebe, fehlendes Interesse, Feindseligkeit, Gier	Freundlichkeit, Liebe, Hilfsbereitschaft, Interesse
60. Mogeln	Unsicherheit, Mangel an Liebe, Selbstablehnung	Vertrauen, Liebe, Selbstannahme
61. Morbidität	Todessehnsucht, fehlendes Interesse am Leben, Depressionen	Leben, Begeisterung, Liebe, Aktion
62. Nervosität	Furcht, Anspannung, Streß, Unsicherheit	Frieden, Vertrauen, Ruhe, Ganzheit
63. Rauchen	Feindseligkeit, falsche Werte, fehlende Liebe, Unsicherheit	Liebe, Wahrheit, Behaben, Gleichgewicht
64. Rechtliche Schwierigkeiten	Feindseligkeit, Selbstbestrafung, falsche Werte	Liebe, Ordnung, Harmonie, Verständnis, Wahrheit
65. Reisekrankheit	Furcht, Desorganisation, Verwirrung, Selbstbezogenheit	Vertrauen, Freude, Ordnung, Interesse
66. Ruhestandsprobleme	Zurückgezogenheit, Mangel an Interesse, Begrenzung, Stagnation	Interesse, Verkehr, Freiheit, Aktion

Problem	Naheliegende psychologische Ursache	Behandlung
67. Ruhm (verkraften)	Egoismus, falsche Werte, Mangel an spirituellem Verständnis	Verständigkeit, Gleichmut, Wahrheit
68. Schläfrigkeit	Selbstgefälligkeit, fehlender Lebenswille, Langeweile	Teilnahme, Interesse, Begeisterung
69. Schlaflosig-keit	Streß, Schuldgefühle, Furcht	Entspannung, Behagen, Ordnung, Vertrauen
70. Schwanger-schaft und Geburt (schwierige)	Furcht, Lebensableh-nung, Massengemüts-denken, Ignoranz	Vertrauen, Leben, Vollkommenheit, Normalität
71. Schwierig-keiten	Widerstreit, Ringen, Widerstand	Ordnung, Koope-ration, Loslassen
72. Selbstmord	Depressionen, Selbstablehnung, fehlende Liebe	Leben, Vertrauen, Liebe, Freude
73. Sexualpro-bleme	Mangel an Liebe, Unsicherheit, Ablehnung des Lebens, falsche Werte	Liebe, Vertrauen, Stärke, Leben
74. Sorgsucht	Furcht, fehlendes Ver-trauen, falsche Werte, Minderwertigkeitsge-fühle	Vertrauen, Stärke, Zielstrebigkeit, Führung
75. Sozialpro-bleme	Gier, Haß, Eigensucht	Liebe, Verständnis, Freundlichkeit
76. Spirituelle Probleme	Aberglaube, Schuldge-fühle, Furcht, Ignoranz	Wahrheit, Führung, Liebe, Gewahrsein
77. Stehlen	Falsche Werte, Unsicherheit, Mangel an	Glauben, Liebe, Vertrauen,

Problem	Naheliegende psychologische Ursache	Behandlung
	Liebe, Gier	Wahrheit
78. Sterben	Furcht, Mangel an spirituellem Verständnis, Aberglauben	Vertrauen, Ganzheit, Gewahrsein
79. Streitigkeiten	Feindseligkeit, Zorn, Mißverstehen	Liebe, Friedfertigkeit, Verständnis
80. Telefonitis	Unsicherheit, Ordnungsmangel, unstetes Gemüt	Ordnung, Zweckdenken, Definition
81. Trauer	Mangel an spirituellem Verständnis, Ignoranz, Selbstmitleid	Verständnis, Erleuchtung, Interesse am Leben
82. Überlastung	Planungsmangel, Ausflüchte, Ungleichgewicht	Ordnung, rechtes Handeln, wahrer Ausdruck
83. Unentschlossenheit	Kein Vertrauen, kein Ziel, Mangel an Interesse	Vertrauen, Richtung, Verständnis
84. Unfälle	Unterdrückte Emotionen, Gewaltakte, Aggressivität	Freiheit, Frieden, Serenität
85. Unglücklichsein	Negativität, Furcht, Selbstablehnung, Widerstand	Freude, Freiheit, Liebe, Vertrauen, Liebenswürdigkeit
86. Unreife	Mangel an Liebe, „erdrückende Liebe", Meiden von Verantwortung	Liebe, Interesse an Anderen, Vertrauen
87. Unsicherheit	Mangel an Liebe, Furcht, Mangel an Ordnung	Liebe, Vertrauen, Zielstrebigkeit
88. Verfolgung	Schuldgefühle, Selbstablehnung, Feindseligkeit	Vergebung, Liebe, Vollkommenheit
89. Verkäufe	Furcht, fehlendes Selbst-	Glauben,

Problem	Naheliegende psychologische Ursache	Behandlung
(Schwierig-keiten)	vertrauen, negative Erwartungen	Vertrauen, Erwartung
90. Verletzlich-keit	Haß, Schuldgefühle, Ablehnung	Liebe, Vergebung, Verständnis
91. Verluste	Furcht, Gier, Unsicherheit	Vertrauen, Großzügigkeit, Sicherheit
92. Versagen	Furcht, Begrenzung, Selbstablehnung	Glauben, Vertrauen, richtige Selbstein-schätzung
93. Verwirrung	Furcht, Mangel an Organisation, Ignoranz	Glauben, Zweck-bestimmtheit
94. Wohnung (keine finden)	Unsicherheit, Negativi-tät, Ablehnung	Vertrauen, Erwar-tung, Annahme
95. Zeitmangel	Unruhe, Verwirrung, Unsicherheit	Ordnung, Planung, Sicherheit
96. Ziellosigkeit	Mangel an Zweck-bestimmtheit, Minder-wertigkeitsgefühle, Selbstablehnung	Sammlung, Interesse, Zweck-bestimmtheit
98. Ihr	„Die vier Dämonen"	
99. besonderes Problem	Furcht, Feindseligkeit, Minderwertigkeitgefühl,	Glauben, Liebe, Vertrauen
100. Ad infinitum	Schuldgefühl	Vergebung

Ebenso wie die Aufstellung im zweiten Kapitel, ist diese Tabelle als Leitfaden zu verstehen, der Sie befähigt, bei der Behandlung dieser verschiedenen menschlichen Probleme spezifischer, gezielter vorzuge-hen. Selbstverständlich ist es hier nicht möglich, die einzelnen psychologischen Ursachen mit mathematischer Genauigkeit zu ermitteln. Nichtsdestoweniger werden diese Empfehlungen Ihnen helfen, Ihr inneres Problem genauer auszumachen. Mit der Bezeichnung „Psychologische Ursache" beziehen wir uns auf das gesamte innere Leben des Individuums – die emotionalen, mentalen und spirituellen Faktoren.

Besiegen Sie ihr Problem durch Beseitigung seiner Ursachen

Jedermann hat seinen Anteil an Problemen und mit Sicherheit ist eines davon auf der linken Seite dieser Liste aufgeführt. Sie werden mit größter Wahrscheinlichkeit von einer Kombination der negativen Bewußtseinszustände verursacht, die in der mittleren Spalte aufgeführt sind. Lösen Sie diese auf durch bestimmte Verneinungen und durch Läuterung und dann bejahen Sie die konstruktiven Geisteshaltungen in der rechten Spalte und bauen sie damit auf. Das Instandsetzen Ihres Bewußtseins auf diese Weise wird nicht nur das betreffende Problem eliminieren, sondern Ihr ganzes Leben verbessern. Wen Sie dieses Werkzeug im täglichen Leben anwenden, wird man bald zu Ihnen sagen: „Sie sind ja wie ein anderer Mensch." Sie sind es in der Tat, aus einem guten Grund.

Wenn Sie ein Problem haben, dann korrigieren Sie die Ursache und das Problem wird verschwinden. Sollten Sie kein spezifisches Problem haben, dann konzentrieren Sie sich auf die affirmativen Einstellungen in der rechten Spalte. Das Entwickeln dieser konstruktiven Gemütshaltungen wird Ihnen mit Sicherheit helfen. Beim Korrigieren von Zuständen sollte der hauptsächliche Teil Ihrer Treatmentsarbeit immer in der Konzentration auf die Lösung bestehen. Das Überwechseln vom Negativen zum Positiven bedingt den Heilungsprozeß.

Sie werden festgestellt haben, daß „Furcht" als die zugrundeliegende Ursache der meisten Probleme aufgeführt ist. Furcht ist die Essenz einer jeden Negativität, so wie Liebe und Vertrauen der höchste Ausdruck des Konstruktiven ist. Wenn Sie Ihr Bewußtsein durch affirmatives Gebetstreatment auf Gott eingestimmt halten, dann beinhaltet dieser Vorgang die Auflösung von Furcht und die Bejahung von Liebe und Vertrauen.

Seien Sie bei Ihren Treatments immer so bestimmt wie möglich. Lösen Sie die Furcht, um die es sich hier handeln mag, auf. Das menschliche Gemüt hat die Befähigung, sich alle Arten von Phantomen zu schaffen – die meisten davon gehören zur „Furcht"-Familie. Furcht vor dem Leben, dem Tod, vor Krankheit, Fehlschlag, Erfolg, Sex, vor sich selbst, vor anderen, vorm Denken, Sprechen, vorm Alleinsein – Furcht vor allem und jedem. Furcht nagt, greift um sich und zerstört. Befreien Sie sich von ihr und entwickeln Sie:

1. Vertrauen in sich selbst   3. Vertrauen in andere Menschen
2. Vertrauen in das Leben   4. Vertrauen in Gott

Hier sind zwei Muster-Treatments, die Ihnen als Leitfaden dienen können:

Heilungstreatment für Alkoholismus

Es gibt nur ein Leben – eine unendliche Intelligenz, die erste Ursache, die allen Dingen zugrunde liegt. Diese Gegenwart und Macht ist die Essenz meines Seins. Alles, was von ihr wahr ist, trifft auf mich zu. Sie ist heil und vollkommen und deshalb bin auch ich es. Gott ist frei von jeglicher Furcht und Negativität und auch ich bin es. Gott ist Liebe und das bin auch ich. Mein „wahres Selbst ist nach dem Gleichnis und Bild Gottes geschaffen."

Ich bin zu allen Zeiten bestrebt, mein „wahres Selbst" zu sein. Alles, was von Gott wahr ist, trifft auch auf mich zu. Ich denke gut von Gott; ich denke gut von mir selbst. Ich bin ein wichtiger Teil einer großartigen Ganzheit, die keine Schwierigkeiten kennt, keine Probleme hat, die nur Heilsein kennt. Ich akzeptiere meine Vollkommenheit jetzt. Nichts kann mich davon abhalten, mein wahres Selbst zu sein, außer meinem falschen Selbst. Von diesem falschen Selbst befreie ich mich jetzt – in diesem Augenblick. Ich bin fertig mit ihm, ein für allemal. In mir ist kein Raum für irgendetwas anderes, als das Gute, Wahre und Schöne in meinem Leben.

Ich habe einen unerschütterlichen Glauben an das Gute und die

Gerechtigkeit im Leben. Niemand ist gegen mich; nichts stellt sich mir entgegen. Ich bin nicht ängstlich. Ich bin jederzeit stark und vertrauensvoll. Alle Minderwertigkeitsgefühle haben sich aufgelöst. Ich kann alles tun, was ich tun muß in genau dem Augenblick, da es zu tun ist. Ich glaube an mich selbst. Ich glaube an andere Menschen. Ich vertraue ihnen. Ich liebe sie und ich weiß, sie lieben mich. Ich erfreue mich vollkommener Liebe, jetzt und immer.

Ich vergebe mir selbst und anderen für vergangene Fehler oder vergangenes Unrecht. Ich bin nicht mehr verletzt, enttäuscht oder desillusioniert. Ich habe keine Zeit, mir selbst leid zu tun. Dazu habe ich zu viel zu tun. Gott braucht mich, andere Menschen brauchen mich, und ich selbst brauche mich. Ich entferne alles Falsche aus meinem Leben und baue alles Wahre auf. Ich bin für immer fertig mit falschen Ideen, falschem Appetit und falschen Gewohnheiten. Ich bin rein und geläutert in Körper, Geist und Seele. Ich bin eins mit Gott. Ich bin rein. Ich bin vollkommen. Ich bin frei. Ich bin jetzt mein wahres Selbst. Und so ist es.

Ein solches Treatment, regelmäßig intensiv und erwartungsvoll angewandt, hat die Macht. Ihr Bewußtsein zu verändern und jeden Zustand oder jedes Problem zu korrigieren. Formulieren Sie diese Gedanken in Ihren eigenen Worten. Wenn wir uns neue mentale, emotionale und spirituelle Gewohnheiten formen, dann bringt das die alten Gewohnheiten unseres Denkens und Handelns zum verschwinden. Es besteht überhaupt kein Bedarf für alkoholische Getränke, wenn Sie an deren Stelle von den reinen und vollkommenen Ideen trinken können, die Ihnen kommen, als Folge regelmäßiger Gebetsbehandlung.

Kein Problem, keine schlechte Gewohnheit muß bekämpft werden – weder das Trinken, das Rauchen oder sonst etwas. Wenn Sie nämlich etwas bekämpfen wollen, dann haben Sie bereits verloren. Was ich bekämpfe, das verstärke ich. Ich gebe dem Bekämpften Gedankenenergie und erschaffe es damit immer wieder aufs Neue. Kämpfen Sie daher nicht. Gehen Sie jedes Problem differenziert an – mit Gedanken des Friedens, der Liebe, des Glaubens und des Gewahrseins. Sie werden ein anderer Mensch sein, wenn Sie sich mit anderen Ideen anfüllen. Identifizieren Sie sich mit dem Guten – mit Gott – dem Leben, ganz und vollkommen. Gott war noch niemals betrunken, hatte nie eine Zigarette geraucht, hatte niemals Bauchweh, machte sich niemals Sorgen, war niemals in Eile und war auch noch niemals gestürzt. Weshalb tun wir es dann? Weil wir vergessen, wer wir sind. Denken Sie immer daran, daß Sie ein wunderbarer Mensch sind und Sie werden sich immer der Wahrheit eingedenk bleiben.

Treatment zum Vermeiden von Unfällen

„Denn es ist nur das Endliche, das sich abmüht und gelitten hat; das Unendliche liegt ausgestreckt in lächelnder Ruhe" (Emerson: „Spirituelle Gesetze"). Heute versenke ich mich in das Bewußtsein des Friedens. Ich fließe mit dem Strom des Lebens. Es gibt keinen Widerstand und keine Blockierung in meinem Denken, Fühlen oder Handeln. Frieden und Liebe lösen alle Behinderungen auf. Ich kooperiere voll und ganz mit der schöpferischen Aktion des Lebens.

Ich komme mit allen Menschen gut aus, weil ich mit mir selbst gut auskomme. Ich kämpfe nicht, ich schlage keine Schlachten. Ich bin im Frieden. Jegliche Feindseligkeit ist aufgelöst. Ich bringe nur Liebe zum Ausdruck. Alle Furcht ist geschwunden. Ich habe tiefes und anhaltendes Vertrauen. Ich glaube nicht an Konflikte. Ich glaube an Zusammenarbeit, Unbeschwertheit, Ordnung und Freiheit. Ich kooperiere mit dem Leben und das Leben kooperiert mit mir. Ich genieße den unbeschwerten, geordneten Strom des Lebens in Aktion. Ich bin frei von den Fesseln der Furcht und des Aberglaubens. Ich bin völlig unbelastet in allen Bereichen. Ich bin geordnet, ausgeglichen und frei.

Ich bin nicht widerspenstig. Ich bin kooperativ. Ich kooperiere mit dem Leben, mit anderen Menschen und mit mir selbst. Ich fließe mit dem Hauptstrom zweckmäßiger schöpferischer Aktion. Ich höre auf, mit dem Kopf gegen die Wand zu rennen. Ich kämpfe nicht mehr gegen Windmühlen. Ich verschwende keine Kraft mehr an Bemühungen, „den Wind zurückzuhalten" oder die Wogen zum Stillstand zu bringen, jedenfalls nicht auf rein äußeren Wegen. Ich weiß: Gott gibt mir die Gelassenheit, die Dinge, die ich nicht ändern kann zu akzeptieren, den

Mut, die Dinge, die ich ändern kann, zu verändern, und die Weisheit, den jeweiligen Unterschied zu erkennen.

Tiefer Frieden umfließt und durchströmt mich und befreit mich von allen Konflikten, Zuspitzungen und Verwirrungen. Ich segle gelassen durch das Leben. Ich stolpere nicht mehr in die Dinge hinein. Ich folge vielmehr der wahren inneren Führung. Ich stolpere und stürze nicht mehr. Ich gehe aufrecht mit meinem Gott. Ich werde göttlich geführt und bin göttlich beschützt. Ich bin sicher in den ewigen Armen. Ich bewege mich vertrauensvoll und froh durch das Leben. Ich sage Dank für Frieden, Sicherheit und Schutz. Ich danke für das Leben – das freudige, überfließende und ewige Leben. Und so ist es.

Ihre spirituellen Wirklichkeiten

Das Wunder, ein menschliches Wesen zu sein, wird auf eine großartige Weise offensichtlich, wenn wir die Struktur, Bedeutung und Funktionsweise unserer Körper studieren. Wahrhaftig, wir sind „furchtbar und wunderbar geschaffen", und um mit Walt Whitman zu sprechen: „. . . gehört mehr zum Menschen, als nur das, was zwischen seinem Hut und seinen Schnürsenkeln zu finden ist." Plato lehrte, daß sich im unendlichen Gemüt die vollkommenen Muster für alle Dinge finden. Und das trifft selbstverständlich auch auf den menschlichen Körper zu. Jedes seiner Teile hat eine spirituelle Bedeutung und Entsprechung. Wie Paulus sagte: „Es gibt himmlische Leiber und irdische Leiber" (1. Kor. 15:40). Unsere physischen Körper sind nur die äußere Form von Körpern einer wesentlich subtileren Essenz. Werfen wir einen Blick auf die spirituelle Bedeutung der jeweiligen Teile unseres Körpers.

Die folgende Tabelle kann zum Verständnis einer jeden körperlichen Indisposition und ihrer Behandlungsweise beitragen. Dazu ist es erforderlich, die spirituelle Entsprechung des betreffenden Körperteils durch Bejahung zu stärken und zu stimulieren.

Spirituelle Entsprechung des menschlichen Körpers

Kopf

Kopf	Gewahrsein
Gemüt	Vernunft
Nerven	Kommunikation
Gehirn	Denken
Gesicht	Erkennen
Augen	Wahrnehmung
Ohren	Verständnis, Gleichgewicht,
Nase	Glauben
Zähne	Richtung
Mund	Analyse
Zunge	Lob und Danksagung
Haut	Wertschätzung
Stimme	Schutz, Individualität
Hals	Kommunikation
Atem	Ausdruck
Nacken	Leben
Kopfhaar	Flexibilität
	Vitalität, Stärke

Körper

Rücken	Stütze
Körper	Manifestation
Brustkorb	Potential
Hand	Aufmerksamkeit, Griff
Finger	Beharrlichkeit
Fingernägel	Examination
Daumen	Vergleich
Handgelenk	Freiheit
Arm	Aktion
Ellenbogen	Bewegung
Schulter	Macht
Bein	Vorwärtsbewegung

Knie	Vielfalt
Ferse	Leichtigkeit
Fuß	Verständnis
Hacken	Überzeugung
Zehen	Konzentration
Zehennägel	Details

Organe und Funktionen

Lungen	Inspiration
Leber	Assimilation
Herz	Liebe
Unterleib	Seele
Nieren	Reinheit
Zeugungsorgane	Leben
Blase	Beibehaltung
Magen	Empfänglichkeit
Knochen	Permanenz
Gebärmutter	Kreativität
Becken	Elimination
Rückgrat	Gerechtigkeit und Inspiration
Blut	Leben und Freude
Venen und Arterien	Zirkulation
Muskeln	Kraft
Berührung	Selektion
Drüsen	Verteilung, Ordnung,
Solar Plexus	Instandhaltung
Gelenke	Gefühl
	Einheit

Segnen Sie ihren Körper

Nehmen Sie sich diese Liste jedesmal vor, wenn Sie den Strom des Lebens spüren wollen – um mit dem Strom des Lebens jeden Teil des Körpers zu stimulieren. Bedenken Sie dabei jeden Bereich mit bejahenden Feststellungen, wie:

242

„Gesegnet ist mein Kopf, mit der Befähigung, Gott zu kennen."

„Gesegnet ist mein Gemüt, mit dem ich über die Wunder Gottes nachsinne."

„Gesegnet sind meine Augen, mit denen ich die Schönheit Gottes erblicke."

„Gesegnet sind meine Ohren, mit denen ich das Wort Gottes höre und verstehe."

„Gesegnet ist mein Mund, mit dem ich die Herrlichkeit Gottes preise."

Wenn wir die Liste auf diese Weise durchgehen, helfen wir dem Heilungs- und Wiederherstellungsprozeß. Sollte es bei Ihnen eine Krankheit oder ein Leiden in einem dieser Bereiche geben, dann wird Ihnen diese Tabelle helfen, die Ursache zu ermitteln, Ihr Denken umzukehren und durch erweitertes Verständnis Ihre Vollkommenheit und Integration zu akzeptieren.

Sie sind wirklich ein wundervoller Mensch. Machen Sie sich das bewußt, akzeptieren Sie es und leben Sie nach dieser Prämisse.

Leitgedanken für Glauben und Vertrauen

Ich bin Teil eines Ganzen, das größer ist als ich. Das glaube ich. Ich weiß es. Ich akzeptiere es. Dieses Bewußtsein gibt mir Glauben an Gott und Vertrauen in mich selbst. Ich bin niemals allein. Ich bin sicher und gut aufgehoben in dem Wissen, daß alle guten Dinge sich ständig in mir, um mich und durch mich vollziehen. Ich werde gestärkt und gestützt von der spirituellen Struktur des Universums. Ich bin ein wesentlicher Teil des großen Plans. Ich bin ein individueller Ausdruck Gottes.

Ich gehe vorwärts in meiner Welt mit Mut und Zuversicht. Warum sollte ich straucheln? Ich habe doch erstklassiges Gerät zu meiner Verfügung. Mein Gemüt ist meine Anwendung des einen Gemüts. Mein Blutstrom ist mein Anteil an der überreichen pulsierenden Aktion des einen Lebens. Mein Herz schlägt in Harmonie mit der einen Liebe, der schöpferischen Aktion Gottes, die das gesamte Universum erwärmt. Die Weisheit und das Verständnis der unendlichen Intelligenz stehen mir zur Anwendung zur Verfügung. Ich mache davon reichlichen Gebrauch. Mein Bewußtsein ist von ihnen durchdrungen. Ich werde von ihnen geführt und geleitet. Ich bin ein Instrument, das die Größe des Einen zum Ausdruck bringt.

Alles war ich tue ist der Ausdruck Gottes, der durch mich wirkt. Mein ganzes Wissen ist mein Gewahrsein dessen das immer als Wissen vorhanden war. Mir sind keinerlei Grenzen gesetzt. Es gibt nichts, das ich nicht tun kann, es gibt keinen Ort, an den ich nicht gelangen kann und es gibt nichts, das ich nicht sein kann – solange ich überzeugt bin, daß ich es kann und solange ich gewillt bin, in das Wunder, das in meinem Herzen wohnt hinein zu wachsen und mit ihm zu kooperieren.

Freudig gehe ich heute einer größeren Erfahrung entgegen. Voller Verlangen sehe ich allen anliegenden anliegenden Begebenheiten mit Begeisterung und in Erwartung des Guten entgegen. Ich habe volles Vertrauen, daß alles sich zum Besten aller Beteiligten auswirkt. Ich habe Vertrauen, daß es so ist. Und so ist es.

11. KAPITEL

Wie man zum Sieger wird

Carl wollte schon immer zur Schule gehen. Von allem Anbeginn, bereits zu einer Zeit, da Kinder gegen diese Beschneidung ihrer Freiheit zu rebellieren pflegen, blickte er voller Eifer der großen neuen Welt des Wissens entgegen, die ihm die Schule erschließen würde. Nun dürfte die Bezeichnung Schule ohnehin eine Übertreibung sein. In diesem Fall handelte es sich um ein einziges Klassenzimmer – ein Landschulhaus im Farmgebiet von Nebraska, kurz vor der Jahrhundertwende. In diesem Raum waren eine Anzahl Grundschüler untergebracht. Sie alle wurden von ein und derselben Lehrerin betreut. Aber die Schule repräsentierte Wachstum und lernen. Es war ein typisch amerikanisches Landschulhaus, die Krippe des Lernens und Wissens für so viele Amerikaner, der Sesam-öffne-dich für alles was neu und wunderbar war.

Carl mußte verspätet eingeschult werden. Er wurde daheim benötigt, um bei der Ernte zu helfen. Er mußte die goldenen Maiskolben in die großen Krippen auf seines Vaters Farm schaufeln. Er mußte ebenso beim Pflügen im Herbst helfen wie bei der Reparatur der Zäune, bei der Schlachtung für den Winter, und den vielen anderen Aufgaben, die auf einer Farm anfallen. Mit seinen sechs Jahren war Carl der älteste Sohn in der Familie. Da er für sein Alter schon recht groß war, wurde ihm ausgesprochene Knochenarbeit zugemutet. Seite an Seite mit seinem Vater und seinen Onkeln stand er seinen Mann. Diese Anstrengungen wirkten sich natürlich auf den jungen Körper aus, in der Form hängender Schultern, die Carl auch heute noch aufweist, mehr als 65 Jahre später.

Als schließlich der Schneefall einsetzte – wie immer in Nebraska bereits im Spätherbst – (in diesem Fall im Spätherbst der frühen neunziger Jahre des vorigen Jahrhunderts), durfte der sechsjährige Carl zur Schule gehen, jedoch immer erst nachdem er die am frühen Morgen anfallenden Arbeiten erledigt hatte. Erst dann konnte er sich auf den beschwerlichen Weg machen, querfeldein zu dem drei Meilen entfernten Landschulhaus. Dabei stand es als selbstverständlich fest, daß er jedesmal rechtzeitig zurück war, um seinem Vater beim Melken und bei der Abendfütterung zu helfen, einer Arbeit, die oftmals erst lange nach Einbruch der Dunkelheit beendet war. Nur zu oft schlief der fleißige Junge dann bereits am Abendbrottisch ein, wobei er Mühe hatte, nicht mit dem Kopf auf seinem Teller zu landen. So war er vor lauter Erschöpfung völlig außerstande, all die wundervollen Bücher auch nur zu öffnen, die er eigentlich beim Licht der Öllampe noch lesen wollte.

Carl machte alle Anstrengungen um seine Klasse einzuholen. Zusätzlich zu seiner verspäteten Einschulung erwies sich seine überdurchschnittliche Körpergröße als nicht zu unterschätzendes Handicap. Seine Lehrerin erwartete daher mehr von ihm, als er an Leistungen erbringen konnte, und ließ es an gnadenlosen Sticheleien nicht fehlen. Dazu kam dann noch seine ländliche Sprechweise – eine Mischung aus grammatikalisch falschem American-English und Plattdeutsch, der Muttersprache seiner Eltern –, die auch nicht den minimalsten Anforderungen genügen konnte. So mußte er neben dem Lesen, Schreiben und Rechnen auch noch eine korrekte Aussprache erlernen.

Es sollte sich jedoch bald herausstellen, daß für diesen kleinen Mann kein Hindernis zu groß war, um nicht überwunden werden zu können. Dazu war sein Wunsch nach Selbstverbesserung einfach zu mächtig. Noch bevor der Winter vorbei war, hatte er seine Klasse eingeholt und wirkliche Fortschritte in seinen Studien verzeichnet. Er verfügte über eine schnelle Auffassungsgabe und hörte seiner Lehrerin sehr aufmerksam zu. Sehr bald war er imstande, seine nachlässigen, gutturalen Spracheigenheiten zu eliminieren. Nach und nach begriff er den Zusammenhang zwischen den gehörten Worten und den Buchstaben auf den Seiten seiner Schulfibel. Um die Weihnachtszeit dieses ersten Schuljahrs war auch die Lehrerin von Carls Fortschritten beeindruckt, obgleich das Ganze noch immer kaum als „lesen" bezeichnet werden konnte. Die

246

Ausdrucksmöglichkeit durch Wort und Schrift war etwas, das seinen ganzen Stolz herausforderte, deshalb umklammerte er verbissen den Bleistiftstummel mit seiner zerschundenen, schwielenbedeckten Faust und lernte, seinen Namen korrekt zu buchstabieren.

Daheim fand Carl Hilfe bei seiner älteren Schwester Anna. Sie beide teilten ihren Wissensschatz mit den jüngsten Geschwistern, die bis hinunter zum Jüngsten in der Wiege die sprichwörtlichen „Orgelpfeifen" in der Familie bildeten. An den langen Winterabenden hatte die Familie sich oftmals um den eisernen Ofen herum versammelt, wobei Carl und Anna sich redlich bemühten, die Geschichten aus ihren Schulbüchern vorzulesen. Meistens wurde das dann gerade als es interessant zu werden versprach, vom Vater beendet. Dieser bestand mit Nachdruck darauf, daß alles zu Bett zu gehen hatte, um für die Pflichten des nächsten Morgens ausgeruht zu sein.

Die grauen Wintermonate gingen vorüber und Carl wuchs heran – in jeder Hinsicht. Von Natur aus ernsthaft veranlagt, bildete sich in seinen Zügen bereits das Anzeichen eines gewohnheitsmäßigen Stirnrunzelns als permanenter Gesichtsausdruck. Mit verbissener Zähigkeit ging er seine Schulbücher durch, und seine ohnehin zu große Erscheinung ließ eine Kombination von Erschöpfung und Anstrengung erkennen. Nichtsdestoweniger war er glücklich, denn der Mensch innerhalb dieses Körpers lernte und entfaltete sich und der junge Verstand nahm das Wissen begierig auf, wie ein Schwamm das Wasser.

Dann kam der Frühling, und da blieb keine Zeit mehr für den Sohn eines Farmers, in einem Schulhaus herum zu sitzen! Es war eine Menge Arbeit zu tun auf der Farm – pflügen, säen, Zäune reparieren und tausend andere Aufgaben. Also wurde Carl aus der Schule genommen und mußte jetzt wieder von Sonnenauf- bis -untergang in den Feldern von Nebraska arbeiten.

Viele Jahre lang machte Carl alle Anstrengungen, eine Schulbildung zu erwerben – und das ungeachtet des schweren Handicaps eines nur zeitweiligen Schulbesuchs. Er konnte jeweils nur dann gehen, wenn er auf der Farm entbehrlich war, und das war nicht allzuoft. Somit war sein Bildungsweg eine absolut zweitrangige Angelegenheit. Obgleich er nunmehr des Lesens und Schreibens kundig war, haperte es bei ihm noch ganz gewaltig mit der Rechtschreibung. Auch im Alter von 17 Jahren hatte Carl noch immer nicht den achten Grad einer amerikanischen Schule hinter sich gebracht. Dennoch war er entschlossen, den Abschluß zu erlangen, koste es war es wolle. Wiederum begab er sich spät im November in das Landschulhaus und zwängte seinen wuchtigen Körper in die Schulbank einer Klasse von Kindern, die einige Jahre jünger waren als er, unter ihnen einige seiner eigenen Geschwister. Er war jetzt bereits mehr als 1,80 m groß und hatte jahrelang den Platz eines ausgewachsenen Mannes ausgefüllt. Aber das, was er mehr als alles andere haben wollte – Bildung – entzog sich ihm immer wieder. Schließlich ging er von der Schule ab und verblieb auf der Farm; verbittert und von Grollgefühlen seinem Vater gegenüber erfüllt, weil dieser ihm, wie er meinte, die Möglichkeit des Vorwärtskommens verwehrt hatte. Zusammen mit diesen Ressentiments brannte jedoch tief in seinem Innern der Wunsch, etwas besseres zu sein als „nur ein Farmer". Er war ein tüchtiger Farmer, aber durch und durch unglücklich. Er machte im Grunde die Farm und seinen Vater dafür verantwortlich, daß ihm eine gute Schulbildung versagt geblieben war.

Als er 21 Jahre geworden war, verließ er die Farm, um sein Glück in der Stadt zu suchen. Dort fühlte er sich aber nur zu bald wie ein Fisch auf dem Trockenen. Da er nichts anderes als Farmarbeit kannte, versagte er in allen anderen Berufen, in denen er sich versuchte. Bei allen Aufnahmeprüfungen fiel er durch, weil seine Rechtschreibung nicht zu übersehende Mängel aufwies. Schließlich kehrte er auf die Farm zurück – desillusioniert und entmutigt. Der einzige Lichtblick war seine Liebe zu einer hübschen jungen Lehrerin, die in der Zwischenzeit in sein Leben getreten war. Wieder arbeitete er zäh und verbissen für seinen Vater. Seine Verbitterung und sein Selbstmitleid steigerten sich jetzt, aber er setzte diese inneren Qualen in harte Arbeit um. Nach und nach kam er vorwärts. Da war etwas in seinem Innern, das ihn einfach nicht versagen lassen wollte. Da war eine Macht für ihm am Werk, immer dann, wenn er sich ihrer bewußt war und mit ihr kooperierte.

Nun begann er systematisch Land zu pachten und seine eigenen Felder zu bewirtschaften, während er noch für andere arbeitete. Die hübsche Lehrerin war inzwischen seine Frau geworden und hatte das

Klassenzimmer mit dem Kornfeld vertauscht. Seite an Seite arbeiteten sie um sich ein gemeinsames Leben aufzubauen und eine Familie großzuziehen. Es blieb da wenig Zeit für anderes als Arbeit, aber hin und wieder nahm sich Mrs. Carl doch ihre Schulbücher vor und brachte ihrem Ehemann viele der Dinge bei, die er versäumt hatte, als er nicht zur Schule gehen konnte. Da sein Interesse nun wieder einmal auf das Lernen gerichtet war, konnte er seine Gefühle der Bitterkeit, Gereiztheit und des brennenden Ehrgeizes allmählich ablegen. Er arbeitete einen wohldurchdachten Plan für sich und seine Familie aus und begann jetzt, wissenschaftliche Farmarbeit zu studieren. Dabei konnte er viele konstruktive Beiträge leisten und Verfahrensweisen einführen, die heute noch in Gebrauch sind. In späteren Jahren wurde er dann von verschiedenen Universitäten zu Gastvorlesungen über Agrikultur und wissenschaftliche Farmarbeit eingeladen. Mit diesen mannigfaltigen Ausdrucksmöglichkeiten kam Carl's wahre Persönlichkeit zum Vorschein und sein ganzes Wesen blühte auf und gedieh. Er wurde der Eigentümer einer der größten und bestgeführten Farmen in diesem Teil der USA. Bis auf den heutigen Tag ist er dort bekannt als der Champion der Farmer. Er hat politische Ämter innegehabt und von zwei US Präsidenten persönliche Ehrungen entgegennehmen können. Auch an entscheidender Stelle im Landwirtschaftsministerium hatte er gewirkt.

Carl ist dehalb nicht unbedingt ein großer Mann, aber er ist wirklich – er ist solide. Durch das Überwinden von Schwächen in seinem Innern wurde er zu einem wertvollen und verläßlichen Bürger dieses Landes.

Das ist, wie die anderen auch, eine wahre Geschichte. Ich weiß das sehr genau, denn Carl ist mein Vater – der Spokane County Commissioner Carl W. Rudolf aus Cheney, Washington. Heute (1968, d. Übers.), hoch in den Siebzigern, nach wie vor vital, gesund und produktiv und mit dem gewissen Flair von Autorität, das immer dann spürbar wird, wenn ein Mensch sich zu etwas entschlossen hat und es dann durchführt.

Die Geschichte meines Vaters macht deutlich, was von einen Menschen erreicht werden kann, der an sich glaubt und unablässig seinem Ziel zustrebt. Bereiten Sie sich physisch, mental, emotional und spirituell darauf vor, ein positiver Vollbringer zu werden. Mobilisieren Sie dazu Ihr großartiges Potential und es wird Ihnen die gewünschten Resultate bringen. Entscheiden Sie, was Sie haben oder sein wollen und streben Sie ihm nach bis es erreicht ist.

Wenn wir ein starkes und bestimmtes Begehren in uns haben, dann wird eine gewaltige Kraft in uns erzeugt. Wenn wir wissen, was wir wollen, ein starkes zielgerichtetes Begehren dafür entwickeln und ihm nachstreben bis zu seiner Vollendung, werden wir unser Ziel immer erreichen. Das macht das Leben zu einem herrlichen Abenteuer. Das Leben ist voller Freude und hat einen Sinn, wenn wir uns ihm hingeben und keine Anstrengung unterlassen, seinen Sinn zu ergründen. Halten Sie Ihr Interesse, Ihre Begeisterung und Ihre Entschlossenheit hoch und Ihr Leben wird sinnvoll und erfüllungsreich sein. Dennoch gibt es viele Menschen, deren Weg qualvoll und sinnlos erscheint und möglicherweise sogar zu Schlußfolgerungen führt, wie Shakespeare's Macbeth sie äußerte als er verzweifelt ausrief:

> „Morgen, und morgen, und dann wieder morgen,
> Kriecht so mit kleinem Schritt von Tag zu Tag
> Zur letzten Silb' auf unserm Lebensblatt;
> Und alle unsre Gestern führten Narr'n
> Den Pfad des stäub'gen Tods. – Aus. Kleines Licht! –
> Leben ist nur ein wandelnd Schattenbild;
> Ein armer Komödiant, der spreizt und knirscht
> Sein Stündchen auf der Bühn' und dann nicht mehr
> Vernommen wird; ein Märchen ist's, erzählt
> Von einem Dummkopf, voller Klang und Wut,
> Das nichts bedeutet. "   (Macbeth, 5. Akt, 3. Szene)

Zum Glück für die Menschheit sind solche Schlußfolgerungen recht selten. Glücklicherweise neigen die meisten von uns eher dazu, sich mit George Bernard Shaw's begeisternder Feststellung zu identifizieren:

„Ich bin überzeugt, daß mein Leben der gesamten Menschheit gehört, deshalb ist es mein Privileg solange ich lebe, alles für sie zu tun, was ich tun kann, denn je schwerer ich arbeite, desto mehr lebe ich. Ich erfreue mich des Lebens um seiner selbst. Für mich ist das Leben keine kleine Kerze, es ist vielmehr eine herrliche Fackel, die ich einen Moment lang halten darf, die ich so hell wie möglich leuchten lasse, ehe ich sie an künftige Generationen weiterreiche. "

Ist es da ein Wunder, daß George Bernard Shaw ein schöpferischer Gigant war? Die Welt, von seinen Bissigkeiten und Geistesblitzen getroffen, hatte sich nur zu oft mit ihm anzulegen versucht. Aber im Endeffekt sind wir alle von seinem Witz und seinem Genie bleibend bereichert worden. Er setzte Satire, Geist und bissige Kritik ein – in seinen vielen Stücken, Essays und gewollten Kommentaren über den Zustand der Welt im allgemeinen und des Menschen im Besonderen, um der Menschheit und der Welt, in der er lebte, zu dienen. Seine Hingabe an das Leben wird in der obigen Feststellung offenbar. Es ist sein Glaubensbekenntnis, nach dem er lebte. Dabei störte es ihn keineswegs, daß der Erfolg sich nur sehr zögernd einstellte. In ihm war eine vorwärtstreibende Entschlossenheit und der strebte er freudig nach. Es verletzte ihn durchaus nicht, daß die Welt sich seinen Empfehlungen verschloß. Er vollbrachte das, was er sich vorgenommen hatte auf seine eigene Weise, zweifellos im Einklang mit Shakespeare:

„Dies über alles: Sei dir selber treu,
Und daraus folgt, so wie die Nacht dem Tage,
Du kannst nicht falsch sein gegen irgendwen.   (Hamlet)

Selbstverständlich ist der Weg eines George Bernard Shaw nicht Ihr Weg oder der meinige, und wir verfügen auch nicht über sein Talent, um das von uns zu geben, was er so brilliant ausdrücken konnte. Wesentlich ist, daß er sein Leben dem Ausdruck dessen widmete, was in ihm war. Das kann auch unsere Bestimmung im Leben sein: *Dem Ausdruck zu geben, was in uns ist.* Das Gesetz des Lebens wird diesen Ausdruck dann in seine richtige Kategorie einordnen. Unsere Arbeit besteht im Tun. Leben, Natur und Zeit werden dann bestimmen, was mit dem zu geschehen hat, was wir tun. Wenn wir ernsthaft und entschlossen sind, wird uns seine Bedeutung klar werden, als Teil im großen Geschehen.

Machen Sie das Beste aus sich

1. Seien Sie ehrlich mit sich über sich selbst.
2. Ermitteln Sie Ihre besten Fähigkeiten (das, was Sie besser können als alles andere).
3. Stellen Sie fest, wie Sie diese Fähigkeiten zum Nutzen der Menschheit anwenden können.
4. Widmen Sie Ihr Leben der Entwicklung und Vervollkommnung dieser Aktivitäten des Dienens.
5. Sorgen Sie sich nicht um sich selbst. Gebrauchen Sie Ihren gesunden Menschenverstand und alles wird sich als richtig erweisen.

Es ist gesagt worden:

> „Der kann sich erfolgreich nennen, der gut gelebt, oft gelacht und viel geliebt hat; der den Respekt intelligenter Menschen und die Liebe kleiner Kinder gewonnen hat; der seinen Platz ausgefüllt und seine Aufgaben vollbracht hat; der die Welt in einem besseren Zustand verlassen als vorgefunden hat, sei es eine verbesserte Pflanze, ein vollkommenes Gedicht oder eine errettete Seele; es niemals an Wertschätzung irdischer Schönheit fehlen ließ; der nach dem Besten in anderen ausschaute und das Beste von sich gab; dessen Leben eine Inspiration, dessen Erinnerung ein Segensspruch war." (Bessie Anderson Stanley's preisgekrönte Definition des Begriffs „Erfolg", in einem Wettbewerb des Brown Book Magazine, 1904.)

Ein erfolgreicher Mensch ist ein guter Mensch. Die Bedeutung und der Zweck des Lebens wird nur denen offenbar, die lernen, wie sie:

1. Ihre Vorzüge kultivieren
2. Sich gemäßigt verhalten
3. Gott verehren.

Das zieht die Entwicklung von Verständnis nach sich. In diesem Buch bin ich bestrebt, spezifische Techniken zu präsentieren, die uns zum besseren Verständnis

1. Der Natur Gottes und des Universums
2. Des Lebens selbst
3. Der Welt
4. Von uns selbst
5. Anderer

verhelfen. Nur das, was wir wirklich sind, ist es, was zählt. Wenn wir Sinn und Zweck des Lebens ergründen wollen, dann müssen wir darauf hin arbeiten, der Mensch zu werden, dem die großen Erträge des Lebens zufallen. Wagen Sie es zu träumen – Ihr Bewußtsein zu erweitern. „Des Menschen Fassungsvermögen übersteigt sein Greifwerkzeug"

(Glenn Clark).

Wie Sie ihre Träume wahrmachen

1. Seien Sie sich der Gegenwart Gottes bewußt.
2. Seien Sie realistisch mit sich selbst.
3. Verheiraten Sie sich mit Ihrem Traum.
4. Bleiben Sie ihm treu.
5. Seien Sie geduldig.

„Die kleine Lokomotive, die konnte"

Mit der regelmäßigen Wiederkehr der kleinen Fabel „Die kleine Lokomotive, die konnte" – von einem anonymen Autor verfaßt –, wurde die amerikanische Literatur und Folklore seit dem Jahr 1911 bereichert. Wir erinnern uns:

„Es war einmal ein fröhlicher kleiner Zug, der unterwegs war, um eine Ladung Spielzeug zu den Jungen und Mädchen auf der anderen Seite des Berges zu bringen. Seine Lokomotive jedoch, wurde müde und konnte nicht weiter fahren. Eines der Spielzeuge, ein kleiner Clown, hielt Ausschau nach Hilfe. Die erste Möglichkeit war eine glänzende neue Lokomotive, die erschien. Aber sie weigerte sich spöttisch, den Spielzeugzug über den Berg zu ziehen. Dann kam eine große, starke Lokomotive auf dem Nebengleis. Aber auch sie lehnte ab. Das tat auch die alte rostige Lokomotive, als sie erschien. Schließlich kam die kleine blaue Lokomotive des Weges und sie akzeptierte die Aufgabe, ‚Ich weiß, ich kann – ich weiß, ich kann – ich weiß, ich kann‘ sagte sie immer wieder, als sie bergan dampfte, mit den vielen Wagenladungen voller Spielzeug. Dieses Lied sang sie unablässig, bis der Zug den Gipfel erreicht hatte. Dann, als es auf der anderen Seite wieder herunter ging, puffte sie fröhlich: ‚Ich wußte, ich konnte – ich wußte, ich konnte – ich wußte, ich konnte‘. "

Es sind schon einige Generationen von Amerikanern, die von der positiven Durchschlagskraft dieser kleinen Fabel beeinflußt wurden. Die in ihr enthaltene wissenschaftliche Lektion jedoch, ist wohl noch nie so klar bewiesen worden, wie von der Geschichte der „kleinen Lokomotive" selbst und ihrer Verfasserin, Mrs. Frances M. Ford aus Philadelphia, die sich erst nach ihrem hundertsten Geburtstag als die Verfasserin dieser entzückenden kleinen Fabel zu erkennen gab. Aus Anlaß dieses Jubiläums hatten Grosset und Dunlap eine Neuausgabe der Originalstory herausgebracht und dabei zum ersten Mal Mrs. Ford als Verfasserin genannt. Das ist mit einer Story verbunden.

„Ich hatte etwas zu sagen, also sagte ich es", bekannte Mrs. Ford, als ich sie 1953 in Philadelphia interviewte. „Ich hätte es mir niemals träumen lassen, daß es derart viel Aufregung deshalb geben würde. Es war mir niemals in den Sinn gekommen, hier etwas großes und wichtiges geschrieben zu haben, als ich mir die Story von der kleinen Lokomotive ausdachte. Ich wollte nur das zum Ausdruck bringen, was ich glaubte und tat es auf meine Weise. "

„Ich war niemals eine professionelle Schriftstellerin", meinte Mrs. Ford weiter, „ich schrieb nur, um einen Bedarf zu erfüllen. Im Jahre 1911 hatte ich einen Job bei einem Mr. Morris, dessen Unternehmen sich ‚After-School-Club‘ nannte und Lexika für Kinder vertrieb. Als Verkaufshilfe offerierte Mr. Morris einen Bonusplan für Kinder. Die Kinder wurden darin aufgefordert, von ihren Problemen zu schreiben und meine Aufgabe war es, diese Briefe zu beantworten.

Als ‚Onkel Nat' schrieb ich hunderte von Briefen an Kinder überall in den Vereinigten Staaten. Zunächst hatte ich diese Briefe mit meinem richtigen Namen unterzeichnet, aber es hatte den Anschein, als würden die Kinder Ratschläge von einer Frau nur zögernd annehmen. Onkel Nat war in dieser Hinsicht ungleich erfolgreicher. Also opferte ich meine Identität für ihn.

Ich weiß heute nicht mehr, wieviele Briefe ich in all den Jahren geschrieben habe, die ich beim After-School-Club verbrachte. Es müssen hunderte und aberhunderte gewesen sein. Wenn ein Kind seine Haferflocken nicht essen wollte, sich schlecht betrug, oder in der Schule nicht lernen wollte, dann konnte es ihm passieren, daß es früher oder später von Onkel Nat hörte. Ich erinnere mich, daß die ‚Kleine Lokomotive' ursprünglich für ein Kind geschrieben wurde, das sehr leicht zu entmutigen war. Wie sich später herausstellen sollte, paßte dieser Brief auch zu anderen Problemen, und so wurde die ‚Kleine Lokomotive' auch an andere Kinder verschickt. Sie verfehlte niemals ihre Wirkung.

Als Folgeerscheinung späterer Veröffentlichungen in Zeitungen und Magazinen, habe ich mehr als zweihundert Briefe erhalten. Sie kamen aus allen Gegenden der Staaten. Darin berichtete man mir begeistert, wie sehr die ‚Kleine Lokomotive' es vermocht hatte, Menschen aufzurichten – wie diese einfache kleine Lektion ihnen in Zeiten der Schwierigkeiten helfen konnte. Einige Menschen schrieben mir sogar, daß sie dieser kleinen Story ihr Leben verdankten, denn durch sie wurden sie veranlaßt, die kleine Extraanstrengung zu unternehmen, die immer den Unterschied zwischen Erfolg und Fehlschlag ausmacht. Einer dieser Briefe stammte von einem Veteranen des letzten Krieges, der der ‚Kleinen Lokomotive' sein Überleben nach einer grauenvollen Schlacht im Südpazifik zuschrieb.

Die Erkenntnis, so vielen Menschen geholfen zu haben, macht mich sehr froh und glücklich, " schloß Mrs. Ford, „aber ich finde, es rechtfertigt dennoch nicht dieses Aufsehen, das man jetzt davon macht. Ich wollte den Kindern nur etwas gesunden Menschenverstand beibringen, das ist alles. Viele von ihnen haben ihn zweifellos bekommen. Darüber bin ich sehr froh.

Nun glauben Sie aber nur nicht, daß die ‚Kleine Lokomotive' nicht

auch mir beigestanden hätte, " sagte die Hundertjährige mit blitzenden
Augen. „Das Leben war auch für mich nicht immer reines Honigschlek-
ken! Ich hatte ebensoviel zu kämpfen wie alle anderen und bin auch so
manches Mal zum Stillstand gekommen. Aber etwas in mir hat mich
immer über den Gipfel geführt. Und wenn ich jetzt auf meine Probleme
und schwierigen Zeiten zurückblicke, dann kann ich nur sagen, daß ich
von ihnen immer das meiste gelernt habe. Die ‚Kleine Lokomotive‘ ist
nur eine der vielen Lektionen, aber ich habe noch viel mehr hier drin, "
lachte sie und zeigte auf ihr Herz.

Mrs. Ford's Sinne waren geschärft, ihre Fähigkeiten waren außerge-
wöhnlich. Ihre Einsicht in spirituelle Zusammenhänge und ihr Sinn für
Humor machten es zu einem reinen Vergnügen, mit ihr zu sprechen. Ich
fühlte mich erfrischt und inspiriert von dem Kontakt mit dieser entzük-
kenden Person, die „hundert Jahre jung" war. Ihre Lebensklugheit, ihr
Einblick in den Sinn des Lebens und ihr Wohlwollen – alles das findet
seinen Ausdruck in „Die kleine Lokomotive„.

Wie Victor Hugo sagte, ist „nichts so machtvoll, wie eine Idee, deren
Zeit gekommen ist". *Die Kleine Lokomotive* ist nach wie vor eine große
Idee und eine wirksame Macht für das Gute. Gehen Sie noch einmal
zurück zu der Kurzversion, die ich Ihnen gab und interpretieren Sie das
Ganze metaphysisch. Da ist alles vorhanden:

Der Zug, beladen mit Spielzeug, versinnbildlicht den Menschen mit
seinen natürlichen Gaben und seiner Befähigung zu schöpferischem
Ausdruck. Erfüllt mit dem Überfluß an allen guten Dingen, bewegt er
sich mühelos durchs Leben. Auf der anderen Seite des Hügels ist der
Bestimmungsort – wahres Glück, erworben durch Dienen und Teilen.
Um diesen Bestimmungsort jedoch erreichen zu können, muß man sich
bergan bewegen, und das versinnbildlicht sowohl spirituelle Verwirklichung als auch materielle Behinderungen. Probleme können nur auf
spirituellem Wege gelöst werden.

„Ich weiß ich kann, ich weiß ich kann, ich weiß ich kann", ist unser
Lied der Identifizierung – der Gleichschaltung mit der Idee, die in uns
wächst. Wir nehmen uns des Problems an, wobei unser Vertrauen und
unsere Überzeugung uns mit dem Momentum intelligenten Handelns
versieht, das uns über alle Hindernisse hinwegträgt. Das, was wir zu

können meinen ist das, was wir tun. Jeder Teil unseres Seins erfreut sich unserer vollen schöpferischen Aktivität. Wir freuen uns, wir segnen und wir sagen Dank für die Aktion des Guten durch uns. Anerkennung, vollkommene Annahme, Danksagung erwärmen uns, da wir unsere Verwirklichung geschehen lassen. „Ich wußte, ich konnte – ich wußte, ich konnte – ich wußte, ich konnte."

Die Größe der *kleinen Lokomotive, die konnte*, liegt in der einfachen Tatsache, daß sie seit vielen, vielen Jahren auf die Gemüter von Jungen und Mädchen eingewirkt hat, ohne daß es jemandem eingefallen wäre, ihr eine tiefere Bedeutung zuzuschreiben. Aber sie funktioniert, und das ist wichtig. Wie Mrs. Ford sagte: „Es ist nur gesunder Menschenverstand, das ist alles."

Die „kleinen Lokomotiven" sind unentwegt am Werk, in jedem einzelnen von uns. Sie sind unsere eigentlichen schöpferischen Ideen. Wenn wir sie erkennen und Gebrauch von ihnen machen, dann prägen wir die positiven spirituellen Eigenschaften von Glaube, Liebe, Einheit, Vertrauen und Findigkeit in unser Unterbewußtsein. Mrs. Ford und *Die kleine Lokomotive, die konnte* haben zum Geschehen ihrer Epoche einen praktischen und nachhaltigen Beitrag geleistet – sie haben das Gemüt des Menschen zum Affirmativen beeinflußt.

Was soll Ihr Leben Ihnen vermitteln? Was sind Ihre Überzeugungen? Was ist Ihr Leitstern? Erwählen Sie sich Ihr Ziel – ein Ziel mit lauteren Motiven und Absichten – und lassen Sie sich durch nichts und niemanden von ihm abbringen. Die Welt braucht dringend Männer und Frauen, die die unmöglichen Dinge in Angriff nehmen und unbeirrt durchführen. Was es auch sein mag – Sie können es erreichen, Sie können es vollbringen, wenn Sie überzeugt sind, daß Sie es können, wenn Sie sich darauf vorbereiten und daran festhalten.

Wie Sie Ihr Ziel erreichen

1. Nehmen Sie eine gründliche Selbstinventur vor. Machen Sie eine Aufstellung Ihrer Fähigkeiten. Zählen Sie Ihre Segnungen.
2. Entscheiden Sie sich für ein Ziel und seien Sie restlos überzeugt, daß Sie es erreichen können.

3. Lösen Sie alle Zweifel auf und stärken Sie Ihre Überzeugung, daß Gott durch Sie wirkt.
4. Packen Sie's an und tun Sie, was zu tun ist. Handeln Sie vertrauensvoll.
5. Sagen Sie Dank, daß alles bereits getan – daß alles bereits vollendete Tatsache ist.

Effektiv leben

„Leben, lernen, dienen" – diese drei Begriffe könnten als treffendes Motto für ein effektives Leben genannt werden. Wir müssen den wahren Sinn und Zweck unseres Lebens ergründen und ihm dann auf bestmöglichste Weise Ausdruck geben. Gemütsfrieden und den aus ihm resultierenden Erfolg erzielen wir mit Sicherheit, wenn wir auf die kleine innere Stimme hören und uns an ihre Weisungen halten. Jeder erfolgreiche Mensch in Vergangenheit und Gegenwart lebte nach dieser einfachen Regel. Dichter, Propheten und Lehrer haben wieder und wieder darauf verwiesen. Thoreau sagte:

„Wer vertrauensvoll in der Richtung seiner Träume vorwärts geht, wer dem vorgestellten Leben nachstrebt, der wird eines Erfolges teilhaftig werden, ungeahnt in gewöhnlichen Stunden . . .

Wenn ein Mensch mit seinen Gefährten nicht Schritt hält, hört er vielleicht einen anderen Trommler. Laß ihn schreiten – nach der Musik, die er hört, wie geformt oder wie entfernt sie auch sein mag."

Henry David Thoreau, Walden:
XVII „Frühling" und XVIII „Folgerung"

Dem berühmten Ausspruch des Sokrates: „Mensch erkenne dich selbst" müssen wir die Weisung folgen lassen: „Sei zu jeder Zeit dein bestes Selbst". Tun wir das, dann sind selbst unsere Fehler von einer gewissen Erhabenheit. Unser bestes Selbst können wir jedoch nur werden, wenn wir uns selbst auch kennen. Einblick, Einsicht, Selbstprüfung und Meditation sind unsere täglichen Gebrauchswerkzeuge zum Erreichen des größeren Lebens. Die in diesem Buch aufgezeigten Bejahungstechniken sind für diesen Zweck entworfen. Studieren Sie sie, verstehen Sie sie und wenden Sie sie vertrauensvoll an. Sie sind die Schlüssel zum Königreich.

Viele Menschen auf dieser Welt haben sich völlig dem Dienst am Nächsten gewidmet. Die Legion der Dienenden wächst ständig. Diese „Engel auf Erden", die Diener des großen Einen, sind die selbstlosen Seelen, die ihren Lohn im Dienst an einem Ideal finden. Sie sind das wahre Salz der Erde. Sie bilden die gewaltige unsichtbare Armee, die sich dem Helfen verschrieben hat. Auf ihnen ruht die Hoffnung der Menschheit. Sie sind die Rettung der Welt.

Einer dieser Engel verdient es, besonders erwähnt zu werden. Ihr Name ist Mary Louise Zollars. Als eine der vielen freiwilligen Helferinnen nimmt sie meine Vorträge und Seminare auf Tonband auf und hilft mir bei der Materialzusammenstellung für Artikel und andere Publikationen. Sie schrieb auch das Manuskript zu diesem Buch. Keine Aufgabe ist zu gering oder zu groß für diese wunderbare Frau, wie auch für meine anderen treuen Mitarbeiter. Sie alle dienen freudig und ihre Arbeit ist von höchster Qualität. Mary Louise hebt sich jedoch in einem wesentlichen Punkt von ihnen ab: *Sie bedient die Schreibmaschine mit ihren Zehen.* Mary Louise – inzwischen eine junge Frau – kam als spastisch gelähmtes Kind zur Welt. Entschlossen, ein aktives und nützliches Leben zu führen, hatte sie fast unglaubliche Schwierigkeiten überwunden. Sie ist eine ganz entzückende Person, immer in bester Stimmung, immer gut aufgelegt und hat eine Menge guter Freunde. Sie verlangt nichts als die Möglichkeit, voll und ganz von ihrem Selbst geben zu können – und das tut sie ohne jede Einschränkung. Mit Michelangelo ist sie der Überzeugung, daß „Kleinigkeiten die Vollkommenheit ausmachen, und Vollkommenheit keineswegs eine Kleinigkeit ist". Nie habe ich in ihren Arbeiten auch nur den kleinsten Fehler gefunden. Einmal hatte sie ein ganzes Manuskript völlig neu geschrieben, bevor ich es verhindern konnte – und das nur, weil sie einen ganz unbedeutenden Fehler entdeckt hatte. Wir alle, die wir die Freude haben, dieses bemerkenswerte Mädchen zu kennen, werden von ihr immer wieder inspiriert. Milton sagte: „Auch der dient, der nur steht und wartet." Mary Louise hat es jedoch vorgezogen, wesentlich aktiver zu sein.

Der unsterbliche Ausspruch: „Ich weinte, weil ich keine Schuhe hatte, bis ich einen Mann traf, dem die Füße fehlten" erinnert mich an einen anderen bemerkenswerten Menschen. Es ist Floyd Corbin, der bekannte Lehrer, Psychologe und Buchautor, der „ohne physische Augen sieht". Ein eifriger Student der Science of Mind, seit er vor einigen Jahren bei einem Unfall sein Augenlicht verloren hatte, widmet Floyd sein Leben dem Dienst an Anderen durch Vorträge, Bücher, Schallplatten und persönliche Beratung. Er beklagt sich nie und ich habe ihn zu keiner Zeit anders gesehen als in spiritueller Hochform. Seine Frau Eve, die er in den Jahren seiner Dunkelheit kennengelernt und geheiratet hatte, ist als entschlossene Helferin an seiner Seite. Sie versorgt ihn sozusagen mit Augen und mit anderen Hilfen, um einer edlen Seele Ausdrucksmöglichkeiten zu verschaffen. Es sind solche Menschen, die unsere Welt zu einer besseren machen. Ihr Sieg ist unsere Inspiration.

Die innere Substanz eines Menschen bezeichnen wir gemeinhin als seinen Charakter oder sein Bewußtsein. Dieses Buch wird Ihnen bei Ihrer Bewußtseinsbildung helfen, damit Sie Schwierigkeiten überwinden, Probleme lösen und Ihr wahres Potential entwickeln können. Es gibt viele Aspekte der menschlichen Persönlichkeit. Da deren Potential praktisch unbegrenzt und sie zu letztendlicher Vollkommenheit bestimmt ist, sind auch den Kräften und Charakteristiken, die uns zu eigen sind, keine Grenzen gesetzt. Widmen Sie sich der Entwicklung dieser Kräfte in Ihrem Innern. Hier ist eine Checkliste zur Innenschau und für persönliches Wachstum:

20 dem Menschen eigene Kräfte

1. Wille	11. Weisheit
2. Imagination	12. Mut
3. Liebe	13. Vision
4. Glaube	14. Wahrheit
5. Verständnis	15. Gewahrsein
6. Ordnung	16. Geistesgegenwart
7. Disziplin	17. Beharrlichkeit
8. Demut	18. Konzentration

9. Humor
10. Begeisterung

19. Geduld
20. Stärke

Wie verbringen Sie Ihre Zeit?

Eine unserer am häufigsten vorgebrachten Klagen lautet: „Ich habe nicht genügend Zeit!"

Was ist denn mit der Zeit geschehen? Wo ist sie geblieben? Ist denn jetzt nicht ebensoviel Zeit vorhanden, wie von jeher? Haben wir nicht alle Zeit, die man sich denken kann? Selbstverständlich haben wir sie. Wir müssen sie uns nur nehmen, das ist alles. Wir müssen nur die „ersten Dinge auch an die erste Stelle setzen". Schließlich bestimmen Sie es doch, wie Sie Ihre Zeit verbringen.

1. Nehmen Sie sich Zeit für die Arbeit.
2. Nehmen Sie sich Zeit zur Meditation.
3. Nehmen Sie sich Zeit für Andere.
4. Nehmen Sie sich Zeit für sich selbst.
5. Nehmen Sie sich Zeit zum Leben.

Machen Sie jeden Augenblick zu einem bedeutungsvollen. Leben Sie jeden von ihnen voll aus. Was würden Sie wohl tun, wenn Ihnen gesagt würde, daß dieser gegenwärtige Augenblick Ihr letzter sei? Dann würden Sie doch wohl alles daran setzen, ihn zu einem guten zu machen, nicht wahr? Dann würden Sie danach streben, all die Dinge zu tun, die Sie zwar schon immer vorgehabt hatten, zu denen Sie jedoch „nie gekommen waren". Sie würden versuchen, alle Dinge in Ordnung zu bringen – in Ihrem Innern und in Ihren zwischenmenschlichen Beziehungen, und Sie würden auch bemüht sein, Ihre Beziehung zu Gott richtig zu stellen. Sie wären bestrebt, alle vergangenen Fehler zu korrigieren und Ihr Leben so vollkommen wie möglich zu gestalten. Kurzum: Sie würden Ihr möglichstes tun, diesen Moment so zu leben, wie Sie eigentlich Ihr ganzes Leben lang gern gelebt hätten.

Da es aber unmöglich ist, all dies in einem einzigen Moment zu vollbringen, auch wenn es der letzte sein sollte, müssen wir es schon auf unserem weiteren Weg tun. Daher ist das Leben ein tägliches Unterfangen. Jedes seiner Teile ist von gleicher Wichtigkeit. Es kommt einzig und allein auf unser Verhalten an – es ist das einzige, was zählt. Dabei ist es ganz gleich, ob wir uns inmitten der Menge befinden oder mit uns allein sind. Unser Verhalten im Büro ist ebenso wichtig wie das bei der Andacht. Die Stunden in den Aktivitäten der Welt verbracht sind zwar wichtig, jedoch keineswegs so wie jene, die wir in Gebet und Meditation verbringen. Alles im Leben ist miteinander verflochten – steht miteinander in Beziehung. Alles was wir sind, denken, sagen und tun ist in den Stoff unseres Lebens hineingewoben. Es ist deshalb unmöglich, das eine zu sein und dem anderen Ausdruck zu geben. Alles ist sichtbar. Dunkelheit im Herzen bringt kein Licht für die Welt hervor. Verwirrung im Gemüt bewirkt keine Ordnung in unserem Leben, eine schlechte Disposition keine Harmonie. Ein umwölktes Bewußtsein kann niemals Glück erzeugen.

Leben Sie im Hier und jetzt. Machen Sie jeden einzelnen Moment zu einem Meisterstück des Lebens. Wir müssen uns vorwärtsbewegen, manchmal über die Ebenen einer stumpfen und eintönigen täglichen Existenz, damit wir die Bergspitze erreichen können. Auch das ist ein Teil des Lebens. Auch das müssen wir erfahren. Nur auf einer solchen Reise erwerben wir uns die Kraft, den Berg zu erklimmen, wenn wir bei ihm angelangt sind. Die Kinder Israels mußten „vierzig Jahre in der Wüste" wandern, bis sie das „gelobte Land" erreichten.

Gestalten Sie Ihr Leben so wie Sie es haben wollen. Tun Sie es jetzt und bleiben Sie dabei, auch bei der Wahrnehmung Ihrer täglichen Pflichten. Das Leben dehnt sich endlos vor uns aus. Denken Sie nicht daran, wie weit Sie noch zu gehen haben – denken Sie daran, wie weit Sie bereits gegangen sind. Der ursprüngliche Schlick, aus dem wir hervorgegangen sind, liegt weit hinter uns. Wir alle hatten schon mehrfach Einblick in den Himmel, der unsere Bestimmung ist. Diese unsere Bestimmung vollkommener Erfüllung erreichen wir, wenn wir nicht nachlassen mit unserem „Emporstreben in der Nacht", bis wir unsere Höhe erreicht haben – Verständnis und Erleuchtung. Das ist die letztendliche Bestimmung eines jeden von uns und die Versicherung, die unserem Leben Sinn und Bedeutung gibt.

262

Fünf Grundvoraussetzungen für ein erfolgreiches Leben

1. Sinnvolle Zielsetzung
2. Innere Stärke
3. Sinn für Werte
4. Vitaler Glaube
5. Allumfassende Liebe

Jedermann tut Gottes Werk, ganz gleich, welchen Beruf er ausübt. Jeder hat seinen Platz im großen Geschehen der Dinge. Hören Sie auf den Ruf des höheren Selbst in Ihrem Innern und seien Sie gewiß, daß er in Wahrheit Ausdruck Ihres Höchsten und Besten ist. Nichts anderes ist gut genug für Sie. Nichts anderes kann Glück, Gesundheit, Reichtum, Ruhm oder irgendetwas anderes bringen. Kompromisse werden nicht honoriert im Reich Gottes. „Spannen Sie Ihren Wagen an die Sterne", um mit Emerson zu reden, und lassen Sie sich zu höchsten Höhen führen. Wenn wir unsere Träume verleugnen, dann verleugnen wir uns selbst. Dann betrügen wir den Gott in uns und müssen als unausweichliches Resultat Leiden und Zerstörung in Kauf nehmen.

Versammeln Sie alle Ihre Jünger um sich: Entspannung, Erwartung, Anerkennung, Vereinigung, Hingabe, Intention, Identifikation, Überzeugung, Verwirklichung, Projektion, Aktion und Kooperation – und lassen Sie sich durch nichts von einem sinnvoll gestalteten Leben abbringen. Versammeln Sie diese inneren Jünger Ihres Gemüts um sich, sorgen Sie dafür, daß sie alle gegenwärtig sind und prüfen Sie jeden einzelnen von ihnen. Für Schwächen irgendwelcher Art ist kein Platz im Leben und ganz gewiß nicht im Königreich Ihres Gemüts. Sollte eine dieser Grundeinstellungen schwach sein, dann unterziehen Sie sie einem speziellen Training. Dieser Teil Ihres Bewußtseins bedarf dann der Stärkung. Sondern Sie alles aus, was dieser Einstellung entgegensteht. Bejahen Sie! Bejahen Sie! Bauen Sie sich die unerschütterliche Überzeugung auf, daß alles, was Sie sein wollen, bereits in Ihrem Innern existiert. Seien Sie fest überzeugt, daß Sie Ihr Vorhaben durchführen können und durchführen werden, bis die Erfüllung sich zeigt. Das ist der ganze Sinn und Zweck des Lebens. Wir sind hier, nicht um eines bloßen Existierens willen, sondern um zu leben.

Heute bejahe ich Sinn und Zweck in meinem Leben. Mein Leben hat einen Sinn und einen Zweck. Ich bin aus einem ganz bestimmten Grund hier. Ich bin entschlossen, den Sinn meines Lebens zu ergründen, um es der Erfüllung meiner Bestimmung zu widmen. Ich weiß, daß Gott mich braucht und ich bin daher freudig entschlossen, ein williger Mitarbeiter Gottes zu sein. Ich bin in „dem, was meines Vaters ist" – zu jeder Zeit und in jeder Weise.

Ich weiß, daß es „mehr Dinge zwischen Himmel und Erde gibt, als unsere Schulweisheit sich träumt" – deshalb widme ich mein Leben der Erforschung der Mysterien und der Bedeutung des Lebens. Ich möchte alles wissen. Ich lerne durch die gelebte Erfahrung. Ich weiß, daß ich ein „göttliches Experiment" bin und ich bin entschlossen, dieses Experiment zum Erfolg zu führen. Ich bin für mein Leben verantwortlich. Ich kann mit ihm ganz nach meinem Ermessen verfahren. Deshalb bin ich entschlossen, meinem Leben Sinn und Inhalt zu geben. Alles in Gottes Universum ist mir dabei behilflich.

Ich bin vom Sinn und Zweck meines Lebens begeistert. Ich bin mir der vielen wunderbaren Dinge bewußt. Ich stehe an der Schwelle einer großen Erfahrung. Ich weiß, daß jeden Augenblick etwas wunderbares geschehen kann. Gott hat das volle Potential aller Dinge tief in meinem Innern angelegt und es mir überlassen, sie für mich zu entdecken. Das ist ein Werk der Ewigkeit, aber ich habe keine Zeit zu verlieren. Ich nehme es jetzt in Angriff. Ich lege alles, was ich habe in mein Werk. Ich halte nichts zurück. So wie ich gebe, so empfange ich. Deshalb gebe ich dem Leben alles und das Leben gibt mir alles zurück.

Ruhig und vertrauensvoll stimme ich mich auf die Wunder und Herrlichkeiten des Lebens ein. Es ist mir gegeben, alles zu wissen. Ich mache weisen Gebrauch davon. Ich verstehe den Sinn und den Zweck meines Lebens. „Geliebte, jetzt sind wir Kinder Gottes, und noch ist nicht offenbar geworden, was wir sein werden" (1. Joh. 3:2). Ich tue alles mir mögliche, um Gottes Plan für mich zu erfüllen. Und so ist es.

12. KAPITEL

„Die Wahrheit wird Euch frei machen"

Wie so viele meiner Landsleute, sehe auch ich mir hin und wieder ganz gern ein amerikanisches Football-Spiel an – sei es direkt im Stadion oder am Bildschirm. Der Sports- und Kampfgeist großer Mannschaften kann mich auch heute noch in helle Begeisterung versetzen.

Die Eigenschaften, die den guten Spieler oder das effektive Team ausmachen, sind die gleichen, die auch wir benötigen, um ein wirksames Leben in Frieden und Freiheit führen zu können. Von vorrangiger Bedeutung dabei ist das Prinzip der Kooperation – der Erkenntnis, daß eine wirksame Zusammenarbeit unerläßlich ist, wenn auch nur irgendetwas erreicht werden soll. Den Sportlern wird diese Binsenweisheit von allem Anfang an auf Schritt und Tritt eingehämmert. Die meisten Spieler machen sich diese goldene Regel auch zu eigen – sehr zur Freude ihrer Trainer werden sie dann zu brauchbaren „Teamspielern". Ein Club, dessen Spieler vom sprichwörtlichen Teamgeist erfüllt sind, ist immer im Vorteil und hat die besten Voraussetzungen, mehr Spiele zu gewinnen. Das wiederum bringt dem einzelnen Spieler mehr persönliche Befriedigung und mehr Lohn. Teamgeist ist somit im Endeffekt gewinnbringender als das Streben eines Individuums nach Selbstdarstellung.

Die amerikanischen „All-Star-Games" sind geradezu ein Paradebeispiel dafür, was geschehen kann, wenn einzelne Football-Stars in einer Mannschaft drauflos spielen ohne das unerläßliche Gefühl für das Zusammenwirken im Team – ohne den richtigen Mannschaftsgeist. Andererseits haben wir schon Mannschaften erlebt, die – obgleich aus mehr oder weniger zweitrangigen Spielern zusammengestellt – jedoch

265

allesamt von dem „Einer-für-alle-und-alle-für-einen" – Sportgeist beseelt waren, und das machte sie jeder aus Stars zusammengesetzten Mannschaft überlegen.

Wie so viele Lektionen im Leben, müssen wir zuweilen auch die Lektion des „Teamplays" lernen – wenn es nicht anders geht, durch harte Erfahrungen. Während meiner Schulzeit war ich ein brauchbarer Mittelfeldspieler und auch, wie ich meine, ein recht guter Teamplayer, denn schließlich bleibt einem in dieser Position (beim amerikanischen Football, d. Übers.) nichts anderes übrig. Bei einem Angriff gehört es zu den Aufgaben des Mittelfeldspielers, schnellstens einen Paß zu den Backfield-Spielern zu machen und ihnen dann den Weg frei zu halten, damit sie mit dem Ball vorwärtsstürmen können. Wenn das Mittelfeld hierbei versagt, dann hat das katastrophale Folgen. Bei einem Defensivspiel ist es gesunder Menschenverstand, sich zusammenzuschließen und dem gemeinsamen Ziel zuzustreben. Schließlich kann ein Einzelner nicht die gesamte gegnerische Mannschaft zum Stillstand bringen. Ganz anders ist die Situation jedoch beim Angriff. Es war in der späten Football-Saison meines letzten Schuljahrs. Unser Team war bis dahin recht erfolgreich gewesen und schon fast an der Tabellenspitze angelangt. Der Teamgeist unserer Mannschaft konnte nicht besser sein. Wir trainierten hart und entschlossen für das große Spiel, das am darauffolgenden Samstag stattfinden sollte. Es handelte sich um die „klassische" Situation, in der zwei starke Rivalen ihre Überlegenheit unter Beweis stellen wollten, und für uns – das Cheney, Washington High School Football Team – war das Ereignis ebenso wichtig wie die World Series (eine Art Bundesligaspiele des amerikanischen Football, d. Übers.). Wir waren wild entschlossen zu siegen, und unser Trainer drillte uns hart und gnadenlos auf ein gut funktionierendes Team hin.

Während dieser entscheidenden Periode begann sich in mir ein brennender Wunsch zu formen. Ich wollte unbedingt ein „Touchdown" machen. In all den Jahren als Mittelfeldspieler hatte ich schon hunderte von Pässen gemacht und damit so manchem meiner Mitspieler die Möglichkeit zu einem Touchdown verschafft. Ich hatte die gegnerische Verteidigung blockiert und für die anderen den Weg freigemacht. Niemals jedoch hatte ich dabei selbst ein Touchdown machen können.

Nun sah ich dem letzten Spiel meiner High-School-Zeit entgegen und war mir im klaren, daß ich, wenn ich jetzt nicht zu einem Touchdown kommen könnte, ich niemals wieder Gelegenheit dazu haben würde. Die Idee gewann immer schärfere Konturen und ich muß dem Trainer und dem übrigen Team damit ziemlich auf die Nerven gegangen sein, aber ich war zu allem entschlossen. Unser Trainer entwarf daher ein recht gewagtes Spielkonzept, um mir den Mund zu stopfen. Er wollte zu einem bestimmten Zeitpunkt alle Spieler auf eine Seite nehmen, um mir die Möglichkeit zu einem Paß zu verschaffen. Seiner Meinung nach könnten wir dann bei gegebener Situation ein Überraschungsspiel machen und Curtis käme dabei zu seinem heißersehnten Touchdown. Er würde mir jedoch bei lebendigem Leib das Fell über die Ohren ziehen, wenn ich nicht spurte. Wir spielten diese Strategie im Training einigemale durch, bis sie uns in Fleisch und Blut übergegangen war und wir sie im Schlaf ausführen konnten. Ich war zufrieden und gab endlich Ruhe. Die ganze Mannschaft konzentrierte sich nun auf das große Spiel.

Der Samstag war ein typischer Football-Tag – klares, kühles Wetter, ein Meisterschaftsspiel, eine große Menschenmenge im Stadion, und was sonst noch alles zu solch einem traditionellen Ereignis gehört. Beide Mannschaften waren in Top-Kondition. Es wurde jedoch ein sehr schwieriges Spiel. In den ersten drei Spielperioden schlugen sich beide Mannschaften im Mittelfeld mehr oder weniger vor und zurück, aber schließlich konnte unser Team sichtlich an Boden gewinnen und bis zur gegnerischen „Ten-yard-line" vordringen. Plötzlich wurde unser „Quarterback" verletzt und mußte vom Spielfeld getragen werden. Dadurch fiel mir jetzt die Aufgabe zu, für dieses wichtige Spiel die Signale zu setzen. Nun brauchte ich nur noch erfolgreich zu sein, und das Spiel wäre gewonnen.

Die Wahrheit über unseren Stolz

Nach meiner Einschätzung der Situation war das genau die richtige Zeit für meinen Touchdown. Ich brauchte dazu nur das Mittelfeld freizumachen. Aber nicht nur das: Ich war entschlossen, dem Ganzen einen wahrhaft heroischen Anstrich zu geben. Eigentlich brauchte ich nur stillzustehen und den Ball aufzufangen – leicht und mühelos. Stattdessen zog ich eine gewaltige Schau ab: Mit scheinbar übermenschlicher Kraftanstrengung sprang ich in die Höhe – eine Geste, die ich einigen großen Footballstars abgeguckt hatte – und bekam den Ball auch tatsächlich einen Moment lang zu fassen, machte mit ihm einige Schritte auf das Ziel zu, dann glitt er mir aus den Händen und sprang über die 3-yard-line der gegnerischen Mannschaft entgegen. Diese hatte sich inzwischen von ihrem Schrecken erholt und ihren Kampfgeist zurückgewonnen, und – Sie haben es erraten – mit ihrer präzisen Teamarbeit siegten sie haushoch über uns.

Für diese bittere Lektion bin ich seither immer dankbar gewesen, aber damals war es für mich selbstverständlich eine schlimme Sache, dem Trainer und meinen Mannschaftskameraden in die Augen zu sehen, nachdem ich sie dermaßen enttäuscht hatte. Aber auch damals war mir bewußt, daß ich absolut im Unrecht war. Mit dem Ball herumfummeln, das konnte schließlich jeder. Bei jedem Spiel findet sich jemand, der das tut. Somit hätte mir das leicht verziehen werden können, aber Verzeihung hatte ich in diesem Fall wirklich nicht verdient. War ich doch nur daran interessiert gewesen, mich selbst herauszustellen und hatte meine Mitspieler, mein Team, dabei völlig vergessen. Für mich war es damals nur darum gegangen, diesen Touchdown zu machen, nichts anderes zählte. Ich hatte den Versuch gemacht, mich aus der Mannschaft herauszuheben. Es war durchaus kein lauteres Motiv, deshalb hatte ich entsprechend zu leiden.

Das ist ein Weg, den wir wohl alle im Leben zu gehen haben. Wenn unser Motiv nicht lauter ist, wenn wir lediglich an uns selbst denken und dabei alle anderen zum Teufel wünschen, werden wir uns früher oder später in Schwierigkeiten sehen und die Lektion, was Kooperation bedeutet, von Grund auf lernen müssen.

Es ist nicht nur leichter, die Dinge in Teamarbeit zu erledigen, es macht auch viel mehr Spaß. Unser Heim ist ein viel schönerer Ort, wenn alle Familienmitglieder zusammenhalten. Das Büro ist ein viel besserer Arbeitsplatz, wenn wir uns alle gemeinsam den anfallenden Arbeiten widmen. Auch Regierungen können einen wirksameren Beitrag zum Wohlergehen ihrer Völker leisten, wenn alle Mitglieder, alle Parteien und alle Ressorts das Prinzip der Kooperation aktiv am Leben erhalten. Und auch Länder und Nationen mußten erfahren, daß eine globale Kooperation für eine Koexistenz in dieser modernen Welt unerläßlich ist.

Die Eitelkeiten der Schickeria und Schlagzeilen-Süchtigen bestehen selbstverständlich nach wie vor, aber auch sie werden eines Tages ausgestorben sein, wie die Dinosaurier. Dann wird es nur noch Zusammenarbeit aller Menschen auf persönlicher, Gruppen-, nationaler und internationaler Ebene geben. Das wird dieser geplagten Welt Frieden und Freiheit bringen.

Frieden und Freiheit in der Welt können wir jedoch nur erfahren, wenn wir sie zuerst bei uns selbst – in Herz und Gemüt – etabliert haben. Jesus sagte: „Ihr werdet die Wahrheit erkennen, und die Wahrheit wird euch frei machen" (Joh. 8:32). Das ist die Verheißung der Religion: Die befreiende Wahrheit zu finden, die uns Verständnis und Führung vermittelt, um danach zu leben. Wir alle bedürfen einer Religion, ob wir uns dessen bewußt sind oder nicht. Die Frage ist nicht so sehr, welche, als vielmehr, welcher Art sie sein sollte. Hier muß jeder einzelne von uns seine eigene Antwort finden.

Religiöse Wahrheiten meistern

Der Wirkungsbereich einer modernen Religion muß weit genug gefaßt sein, um alles einzuschließen, was das Leben des Menschen und seine Beziehung zu Gott betrifft. Das ist der Sinn dieses Buches. Ich habe mich bemüht, die affirmativen Prinzipien zu vereinigen, die uns aus den Lehren der Weisen aller Zeitalter, aus allen idealistischen Philosophien und aus allen vitalen, lebensnahen Religionen ansprechen.

Dabei wurden Lehren und Aussprüche des Nazareners am häufigsten zitiert, weil seine Lehren zweifellos die eindrucksvollsten und wirksamsten sind. Er praktizierte das, was er predigte. Er lebte es vor. Der einzige Maßstab für die Gültigkeit einer spirituellen Philosophie ist: *Können Sie danach leben?* Wenn Sie es nämlich nicht können oder nicht wollen, wozu soll sie dann gut sein? Erwarten Sie jedoch nicht, daß Ihnen Ihre Religion mit einem silbernen Löffel eingeflößt wird! Seien Sie auch nicht zu eifrig im Befolgen aller Regeln, die von Religionsstiftern – von Menschen – erdacht wurden. Niemand weiß alle Antworten. Religion ist eine ganz persönliche Sache. Suchen Sie die Wahrheit und bilden Sie sich Ihre eigene religiöse Philosophie. Halten Sie sich frei.

Obgleich ich ein Geistlicher und Lehrbeauftragter der Science of Mind bin, erkenne ich keine Restriktionen für den Bereich dieser Lehren. Alle Wege führen bergauf zu Gott. „Die Wahrheit ist Eine; die Menschen gaben ihr viele Namen." Die Lehre dieses Buches braucht keinen Namen. Etikettierungen irgendwelcher Art sind hier nicht erforderlich. Sie steht jedoch mit der Wahrheit in unmittelbarer Beziehung. Obgleich durch viele Kanäle empfangen, entspringt sie doch nur der einen Quelle. Sie wird uns zuteil durch Intuition, Einsicht, Inspiration und persönliche Erfahrung. Was Sie auch sind, ob Katholik oder Protestant, Jude, Buddhist, Hindu, Moslem, Atheist, Agnostiker, oder was auch immer – Sie werden hier etwas finden, was Sie erwägen und anwenden können. Ich vermag in religiösen Überzeugungen keine grundlegenden Unterschiede zu erkennen. In unserer modernen Zeit muß die Religion sich aus dem Bereich reiner Lehrgebäude, Formalismen, Dogmen, Riten und Zeremonien herausbewegen und zu einem praktischen Leitfaden für ein sinnvolles Leben werden. Verständnis ist das einzige, was zählt. Ich glaube nicht an Unterschied und Trennung; ich glaube an die Wahrheit, und das ist der einzige Name, der hierbei nötig ist. Diese Wahrheit zu lehren, so wie sie mir offenbar wird, betrachte ich als meine Aufgabe im Leben. Dieses Buch ist ein Schritt in dieser Richtung. Lesen Sie es einmal ganz durch und studieren Sie es dann gründlich – ganz und teilweise – und wenden Sie die empfohlenen Techniken an. Machen Sie dieses Buch zu Ihrem ständigen Begleiter. Das wird Fleiß und Hingabe erfordern (wie übrigens auch beim Schreiben), aber Sie dürfen mir glauben, daß es jede Anstrengung wert ist.

Das mächtige Heer der Entschlossenen

Die Welt ist angefüllt mit Menschen, die sich dem Dienst an Gott und der Menschheit verschrieben haben. Damit will ich nicht behaupten, daß sie alle auf dem Gebiet der Religion und der angewandten Gedankenmacht tätig sind. Weit gefehlt! Es ist jedoch mein Interessengebiet, deshalb zitiere ich die Beispiele, mit denen ich vertraut bin. Hingebungsvoll dienende gibt es in jedem Lebensbereich. Wenn ein Mensch – das habe ich festgestellt – in engem Kontakt mit dem höheren Selbst in seinem Innern lebt, dann kommt er unweigerlich zum Dienen. Er widmet seine Zeit, sein Talent und seine Energie der Verherrlichung und dem Guten anderer.

Dieses Buch soll Ihnen helfen, Ihr wahres Selbst zu finden und es zum Ausdruck zu bringen. Es soll Sie von der Tyrannei des falschen Egos befreien, damit Sie Ihr herrliches Potential entdecken und ausdrücken können. Selbstprüfung und der Wunsch, sich zu ändern, sind dabei der Ausgangspunkt. Dann erfolgt die Reinigung von allem, was uns zurückhält. Zornausbrüche und schlechte Dispositionen müssen restlos abgelegt werden. Selbstbezogenheit und Egoismus müssen in Großzügigkeit verwandelt werden. Haß und Groll müssen in Liebe aufgelöst werden. Furcht muß in konstruktives Vertrauen verwandelt werden. Alles das wird erreicht, wenn wir uns auf die konstruktive Seite des Lebens begeben.

Wer sind Ihre Berater?

Es waren viele wunderbare Lehrer, die bislang zu meiner spirituellen Beschaffenheit beigetragen haben, und ich weiß sehr wohl, daß ich erst am Anfang stehe. Natürlicherweise sind einige von ihnen besonders herausragende Persönlichkeiten. Jeder Lehrer zieht das Seine zu sich heran und jeder Schüler findet den richtigen Lehrer, wenn er sich der aufrichtigen Suche widmet. „Wenn der Schüler bereit ist, erscheint der Meister." Ich war – was die Zahl und die Aussagekraft der Lehrer betrifft, die mir im Leben begegneten – sehr vom Glück gesegnet.

In meinen früheren Büchern erwähnte ich Dr. Ervin Seale, Dr. Raymond Charles Barker und Dr. Ernest Holmes. Es gibt außer ihnen aber noch vier andere, die für mich leuchtende Vorbilder sind, wegen Ihrer Hingabe an bestimmte Aspekte des Gesamtbildes spiritueller Entfaltung. Jeder von ihnen widmet sich der Entwicklung eines Konzeptes des Menschen in seiner Ganzheit. Zusammengenommen bilden sie einen wunderbaren Kreis der Vollkommenheit. Ich bin ihnen sehr verbunden und finde, daß ihre inspirierten Lehren das Gesamtbild abrunden. Ich kann nur sagen, daß ich zutiefst in ihrer Schuld bin. Hier stelle ich sie Ihnen vor, zusammen mit den Aspekten menschlichen Wachstums, die in ihren Lehren sichtbar werden:

I. Manly Palmer Hall, Gründer der Philosophical Research Society in Los Angeles, Cal.: Wissen, Weisheit und Verständnis.

II. Brother Mandus, Gründer der World Healing Crusade in Blackpool, England: Meditation, Glaube, Heilung.

III. Dr. Baghat Singh Thind, unabhängiger Sikh-Lehrer und Meister des Hatha-Yoga, Hollywood, Cal.: Disziplin, Übungen, Gesundheit.

IV. Flower und Lawrence Newhouse, Begründer der Christward Ministry, Vista, Cal.: Hingabe, Liebe, Schönheit.

Selbstverständlich gibt es noch viele andere herausragende Persönlichkeiten auf dem Feld des „Neues Denkens", aber soweit es mich betrifft, stehen diese vier an der Spitze. Und das in der Hauptsache wegen ihrer selbstlosen Hingabe und der Klarheit und Unwiderlegbarkeit ihrer Aussagen. Jeder von ihnen ist auf seine Weise wohlbekannt. Jeder von ihnen hat mehrere Bücher geschrieben und ist auch heute noch aktiv als Lehrer und Berater. Sie alle haben eines gemeinsam: Sie lehren mit der unmißverständlichen Autorität eigener transzendental-spiritueller

Erfahrung. Jeder von ihnen widmet sich selbstlos dem Dienst an Gott und der Menschheit. Jeder von ihnen projektiert eine Vision vom größeren Ausmaß der Dinge, weit über den Bereich des persönlichen menschlichen Erlebens hinaus. Sie werden feststellen, daß die genannten Aspekte menschlichen Wachstums zusammen die zwölf Bereiche des Bewußtseins repräsentieren. So, wie dieses Buch sich mit den zwölf menschlichen Erfahrungsbereichen befaßt, und mein früheres Buch *Your Thoughts Can Change Your Life* mit den zwölf grundlegenden mentalen und emotionellen Gemütshaltungen. Das ist kein Zufall. Zwölf ist die Zahl der Vollständigkeit – sie symbolisiert die Jünger, die durch den Dienst am innewohnenden Christus den vollkommenen Menschen darstellen.

Sie können neue Wahrheiten entdecken

Wenn Sie mit diesem Buch durch und durch vertraut geworden sind, kann es nicht ausbleiben, daß Ihr großartiges inneres Potential Sie zu Ihren ureigensten – den für Sie passenden – Lehren führen wird. Die innere spirituelle Ausdehnung, durch dieses Buch veranlaßt und stimuliert, wird sich in Ihre Welt projizieren, und Sie werden alles erforderliche zu sich heranziehen – Menschen und Dinge. Aber denken Sie daran: Das Ganze geschieht nicht *für* Sie, sondern *durch* Sie. Der ernsthafte Sucher wird viele Pfade entdecken.

„Die kranken Sieben": Angelpunkte der Gebundenheit

Die meisten unserer Probleme entstehen aus emotionalen Engagements in Belangen, die eigentlich völlig objektiv angegangen werden sollten. Unausgeglichene emotionale Reaktionen verursachen all diese „Kranken Sieben"-Gemütshaltungen:

1. Eile
2. Verkrampfung
3. Druck
4. Anspannung
5. Verwirrung
6. Abwehr
7. Unsicherheit

Richard March litt unter allen sieben, jedenfalls war das der Fall, als er mich das erste Mal aufsuchte. Er war völlig durcheinander, sein Leben war ein Trümmerhaufen, und er wußte nicht mehr, was er tun sollte. Wie so viele andere auch, war er schließlich zu mir gekommen, weil er keinen anderen Ausweg mehr sehen konnte. Nachdem jeder andere Versuch fehlgeschlagen war, hatte er die Hoffnung aufgegeben. Er erwartete jetzt nicht einmal mehr, daß ihm geholfen würde, aber ein Freund von ihm, dem ich einmal helfen konnte, überredete ihn, diesen letzten Versuch zu wagen. Richard verfügte über alle der „Kranken Sieben" zuzüglich der meisten anderen negativen Einstellungen von denen in diesem Buch ausführlich die Rede war. Sein Körper war krank, seine Disposition schlecht und er war ohne Arbeit und restlos pleite. Also machten wir uns an die Arbeit, um zu sehen, was da noch zu retten war. Sein Widerstand war zunächst beträchtlich und unsere Fortschritte dementsprechend langsam. Aber mit einfachen Instruktionen und ständiger Gebetsbehandlung kamen wir dann doch vorwärts.

„Denen, die denken, ist die Welt eine Komödie – eine Tragödie hingegen denen, die fühlen", rätselte Horace Walpole. Die Tragödie – dieser Gedanke zieht sich durch dieses ganze Buch – kann jedoch vermieden werden, wenn wir den rechten Dingen das richtige Gefühl beigeben, und nicht den falschen. Richard hatte recht intensive Gefühle für die falschen Dinge entwickelt. Als er dann eines Tages wieder einmal sein Schicksal ausgiebig beklagte, entschloß ich mich, Tacheles mit ihm zu reden. Ich sagte: „Nichts ist so schlecht, wie es sich darstellt, wenn Sie emotionell damit befaßt sind. Denken Sie an William James' Ausspruch: ,Emotionale Befangenheit bewirkt intellektuelle Scheuklappen.'

Da der Gedanke die Ursache aller Dinge ist, wird Ihre Situation sich in dem Augenblick zu wandeln beginnen, in dem Sie Ihr Denken verändern. So werden alle Schlachten gewonnen. Kehren Sie Ihr Denken um. Um das zu bewerkstelligen, müssen Sie zuerst Ihr Gemüt zur Ruhe bringen. Entspannen Sie sich, lassen Sie los und lassen Sie Gott wirken. Entspannen Sie sich vollkommen. Bauen Sie sich dann ein besseres Leben durch konstruktives Denken, das auf vernünftigen Prinzipien und Werten beruht.

Alles das ist, wie Sie wissen, durchaus nicht so leicht, wie es sich anhört. Aber Sie können es tun und Sie müssen es tun; jeder muß das. Es kann unter Umständen das Werk eines ganzen Lebens sein, vielleicht sogar mehrerer Leben. Aber es ist die wichtigste Aufgabe, die es gibt. Ihr müssen wir uns ständig widmen. Wir verfügen über ein unbegrenztes Machtpotential in unserem Innern. Wir könnten die Welt an einem einzigen Tag erneuern, wenn wir diese Macht weise anwenden würden, aber wir alle lassen es noch zu, daß äußere Dinge und Gegebenheiten uns belästigen und verwirren. Wir zerstören alles mit unserem Denken und Fühlen, und das zumeist schneller als Gott es wieder aufbauen kann."

„Also gut, wo fange ich an", fragte Richard.

„Das wissen Sie doch", erwiderte ich. „Fangen Sie genau da an, wo Sie sind, und zwar sofort. Sie sind ja bereits dabei; Sie sind nämlich ein völlig anderer Mensch als Sie noch vor ein paar Minuten waren. Jetzt sind Sie entspannt, Ihre Aufmerksamkeit ist von Ihren Problemen abgelenkt und auf die Lösungen gerichtet. Bleiben Sie dabei. Die Beharrlichkeit ist es letztlich, die uns groß und edel macht. Es gibt da keine Abkürzung; wir müssen zu dem werden, was wir sein wollen. Der Prozeß des Werdens ist ein langsamer. Sehen Sie sich nur die vielen Jahresringe an einem zersägten Baumstamm an – jeder von ihnen bedeutet ein Jahr des Wachstums. Und keines dieser Jahre wurde jemals in Eile verbracht. Alles Wachstum geschieht unmerklich, aber es geschieht. Unsere Aufgabe ist es, mit dem Wachstum zu kooperieren, anstatt ihm Widerstand zu leisten."

„Das weiß ich ja alles, Dr. Curtis", erwiderte er, „aber es ist so schwer durchzuführen! Es ist einigermaßen einfach, hier bei Ihnen ruhig und entspannt zu sein und Ihnen zuzuhören. Wie verhält es sich aber mit all den Problemen und Schwierigkeiten, die sich jeden Tag auftun? Was ist mit den Leuten?"

„Na, was ist denn mit ihnen?"

„Sie . . . machen immer Schwierigkeiten."

„Ach wirklich, tun sie das?"

„Aber ja, Sie wissen doch, wie die Menschen sind."

„Wie sind sie denn?"

„Na ja . . . wissen Sie . . . sie sind . . . sie sind . . . eben Menschen!"

„Genau. Sie sind Menschen. Menschen wie du und ich. Deshalb können wir auch andere Menschen nicht für unsere Probleme verantwortlich machen. Weder andere Menschen, noch das Wetter, noch die Regierung, noch das Finanzamt, noch irgendwelche Bazillen oder Viren, noch Gott. Haben Sie jemals *Julius Caesar* gelesen? Shakespeare läßt ihn sagen: ‚Der Fehler, lieber Brutus liegt nicht in den Sternen, sondern in uns selbst, wenn wir Untertanen sind.‘ “

Richard dachte lange nach. Dann sagte er: „Sie meinen also, daß ich für alles, was mir widerfährt, selbst verantwortlich bin?“

„Aber selbstverständlich. Erfahrungen werden uns nicht zugefügt, sie geschehen durch uns. Nicht zwei von uns machen die gleiche Erfahrung in der gleichen Situation. Es ist die Beschaffenheit unseres Gemüts und unseres Bewußtseins, die eine Menge damit zu tun hat, und das wiederum hängt weitgehend von dem Grad Ihres Entspanntseins ab.“

„Entspannung ist demnach sehr wichtig, wie?“

„Darauf können Sie wetten. Ganz gleich, was Sie tun, unterschätzen Sie niemals den ersten Schritt. Er ist immer der wichtigste. Ein orientalisches Sprichwort sagt: ‚Die Tausend-Meilen-Reise beginnt mit dem ersten Schritt!‘ Entspannung ist der erste Schritt zu einem ausgeglichenen Leben. Solange Ihr Leben nicht ausgeglichen ist, werden Sie sich früher oder später den verschiedensten Schwierigkeiten gegenübersehen. Das Leben ist wie ein Rad; ist es in der Mitte holprig, dann wackelt es überall. Sehen Sie sich einmal ein Rad an. Es kann tausende von Kilometern mit großer Geschwindigkeit zurücklegen. Die Speichen flimmern dabei, bis wir direkt durch sie hindurchsehen können, aber der Mittelpunkt bewegt sich nie. Darin liegt eine große Lektion für uns: *Lassen Sie sich niemals vom Leben bewegen – bewegen Sie es. Folgen Sie der biblischen Weisung: ‚Sei stille und wisse, daß ich Gott bin‘ (Psalm 46:10). Entspannen Sie sich zuerst im Mittelpunkt Ihres innersten Seins und arbeiten Sie von dort ausgehend schöpferisch.“*

Vor vielen Jahren lernte ich von Dr. Baghat Thind eine simple Meditationstechnik, die mir seither durch so manche Schwierigkeit hindurchgeholfen hat. Ich gab sie an Richard March weiter, so wie ich sie jetzt an Sie weitergebe. Sie ist aus vier einfachen Schritten zusammengesetzt:

1. Gelassenheit
2. Ruhe
3. Frieden
4. Stille

Mit diesen vier Schritten erreichen Sie eine völlige Entspannung und innere Stille. Die Worte an sich beinhalten den Bewußtseinszustand bereits, den Sie erreichen wollen. Setzen Sie sich bequem hin, sorgen Sie dafür, daß Sie nicht abgelenkt werden können, werden Sie innerlich still und bewegen Sie sich mit diesen vier Schritten hin zum Mittelpunkt Ihres innersten Seins. Das setzt die innere Kraftquelle frei.

Nachdem wir etwa eine Stunde miteinander in der Stille verbracht hatten, konnten wir beide jeweils gewisse Veränderungen an uns wahrnehmen. Richard March war ein anderer Mensch geworden und ich war es auch. Auf dem Heimweg hielt ich meinen Wagen auf einer Landstraße an, stieg aus und machte einen Waldspaziergang. Ich erklomm einen Hügel und nahm auf einer Bank platz, die mir einen wunderbaren Ausblick über die Gegend bot. Ich war völlig entspannt, von einem wunderbaren Gefühl des Friedens erfüllt und empfänglich für die Schönheiten der Natur überall um mich herum.

„Wie entspannt doch die Natur ist", dachte ich bei mir. „Kein Stress, keine Anspannung, nichts dergleichen. Nichts in der Natur unternimmt irgendwelche Anstrengungen, etwas anderes zu sein, als es ist. Nichts ist in Hast und Eile, um irgendwohin zu kommen. Kein Baum oder Strauch versucht dem anderen etwas wegzunehmen, und Himmel und Meer konkurrieren nicht miteinander."

Als meine Träumereien in Meditation übergingen, schöpfte ich tief aus den sprudelnden Quellen der Stille und Entspannung in meinem

Inneren. Wie es seit langem meine Gewohnheit war, ließ ich dieser Meditation eine definitive Gebetsbehandlung folgen, die bestimmte Dinge in meinem Leben betraf. Entspannung ist eigentlich ein Gebet in sich, und Gebet führt zu tieferer Entspannung. Es ist ein magischer Zirkel. Versuchen Sie es nur. Es funktioniert.

Danach hatte ich Richard einige Monate lang nicht mehr gesehen. Als ich ihn jedoch schließlich wiedersah, wußte ich, daß er seine Lektion gut gelernt hatte – und das Gelernte auch praktizierte.

„Na", grüßte ich ihn, „ich habe Sie ja lange nicht gesehen, Richard. Was haben Sie denn so getrieben?"

„Laub geharkt."

„Laub geharkt? Wie soll ich das verstehen?"

„So, wie ich es sagte, Dr. Curtis. Bei unserer letzten Sitzung ist etwas mit mir geschehen. Nach dieser langen Periode der Stille war mir plötzlich klargeworden, daß, wenn etwas für Richard March getan werden konnte, es durch ihn selbst zu geschehen hatte. Sie haben mir dazu den Schlüssel gegeben. *Ich mußte in meinem Innern anfangen.* Tja, und da habe ich eben angefangen, und ich habe allerhand Zeit damit verbracht. Es kam da allerhand zum Vorschein, das aussortiert werden mußte, und ich hatte mir die Zeit genommen, genau das zu tun. Wenn ich es recht bedenke, bin ich eigentlich mein Leben lang nur gerannt, um ‚den Bus zu erwischen'. Jetzt aber habe ich mich dazu durchgerungen, das anderen zu überlassen. Es gab da eine Menge Laub zusammenzuharken – buchstäblich und sinnbildlich.

Ich hatte mich entschlossen, eine Zeit lang nichts zu tun, und zwar solange, bis ich wieder Lust auf Arbeit haben würde, aber die hatte ich während der ganzen Zeit nicht – ich hatte lediglich Lust, Laub zu harken, auf meinem Rasen und in meinem Gemüt. Gestern nun, hatte ich zum ersten Mal das Gefühl, beide in dem Zustand zu haben, in dem ich sie haben wollte."

„Wunderbar! Richard, ich bin sehr stolz auf Sie", rief ich aus.

„Moment mal! Sie haben noch längst nicht alles gehört! Die ‚kranken Sieben' loszuwerden war nämlich nur ein Teil des Ganzen. Heute morgen erhielt ich einen Anruf von einer Firma, für die ich schon seit Jahren arbeiten wollte. Gerade vorhin habe ich den Manager aufgesucht. Ab sofort stehe ich dort auf der Gehaltsliste. Morgen früh trete ich den neuen Job an."

„Gratuliere, Richard! Ich weiß, daß Sie Erfolg haben werden", sagte ich.

„Ich bin auch ganz sicher. Ich muß einfach. Eine Chance wie diese, kann ich mir nicht verderben. Aber wozu gratulieren Sie mir, Dr. Curtis? Schließlich waren Sie es doch, der die entscheidenden Anstöße gegeben hat. Sie haben mir doch beigebracht, wie man das Laub harkt. Sie haben mir meinen Glauben und mein Selbstvertrauen wiedergegeben. Dann bis Sonntag in Ihrer Kirche!"

Lachend und selbstbewußt ging mein Freund seines Weges. Wieder einmal hatte jemand seine Lebensumstände verwandelt, indem er sich selbst änderte.

Richard March könnten auch Sie sein, oder jeder von uns. Das Leben ist eine Reise. Wenn wir uns auf dieser Reise Fehlern und Prüfungen aussetzen, sind wir gezwungen, einen schwierigen Prozeß zu durchlaufen. Wir werden dann unseren Weg verlieren und wiederfinden. Uns interessiert hier jedoch nur das Eine: Den richtigen Weg zu finden und auf ihm zu verbleiben. Die vielen Techniken und Empfehlungen in diesem Buch werden Ihnen dazu verhelfen, genau das zu tun.

Freiheit ist für jeden Menschen da

Die Geschichte der Menschheit hat eine gemeinsame Grundlage. Wir alle verfügen über die gleichen grundlegenden Instinkte, Triebe, Wünsche, Nöte, Ziele und Ambitionen. Shakespeare wies in seinem *Kaufmann von Venedig* auf diese Gemeinsamkeiten hin, als er Shylock sagen ließ:

„Ich bin ein Jude. Hat nicht ein Jude Augen? Hat nicht ein Jude Hände, Gliedmaßen, Werkzeuge, Sinne, Neigungen, Leidenschaften? Mit derselben Speise genährt, mit denselben Waffen verletzt, denselben Krankheiten unterworfen, mit denselben Mitteln geheilt, gewärmt und gekältet von eben dem Winter und Sommer als ein

Christ? Wenn ihr uns stecht, bluten wir nicht? Wenn ihr uns kitzelt, lachen wir nicht? Wenn ihr uns vergiftet, sterben wir nicht? Und wenn ihr uns beleidigt, sollen wir uns nicht rächen?"

(Der Kaufmann von Venedig, 3. Akt, 1. Szene).

Erweitern Sie dieses Konzept über den Vergleich von Juden und Christen hinaus, auf alle Menschen, gleich welcher Nationalität, Hautfarbe und Rasse, und Sie haben ein recht gutes Konzept der menschlichen Situation.

Einer unserer grundlegenden Triebe ist der Wille zum Leben. Alle anderen Wünsche und Begehren gehen aus diesem einen hervor. All unser Tun erwächst aus ihm und ist letztendlich angelegt auf unser Begehren, das Leben in seiner ganzen Fülle zu leben. Der Wille zum Leben ist ein subjektiver Trieb. Wenn wir mit ihm bewußt kooperieren, beseitigen wir alle Hindernisse und bewegen uns stetig vorwärts. Dann erleben wir Vollbringen und Erfüllung.

Einige grundlegende Bedürfnisse des Menschen

Unser ganzes menschliches Streben, wie auch unsere Probleme lassen sich in fünf wesentliche Bereiche eingliedern. Bewußt oder unbewußt erstreben wir:

1. Gesundheit   3. Wohlstand
2. Glück   4. Freiheit
5. Selbstausdruck

In diesen Bereichen liegen unsere Erfüllungsziele, die wir aufgrund unserer zwölf grundlegenden Bedürfnisse erstreben. Wir wollen:

1. Lieben und geliebt werden.   7. Akzeptiert werden.
2. Verstanden werden.   8. Zugehören.
3. Emotionelle Sicherheit haben.   9. Gebraucht werden.
4. Abwechslung und Wandel erfahren.   10. Uns wichtig fühlen.
     11. Allein sein.

5. Selbstachtung haben.   12. Spirituelle Erfüllung finden.
6. Anerkannt und geschätzt
   werden.

Diese Erfordernisse sind, wie gesagt, subjektive Motivationen. Von ihnen werden wir angetrieben, gleichgültig, ob wir uns dessen bewußt sind oder nicht. Bedenken Sie: Wir sind nicht nur physische, sondern ebenso spirituelle, mentale und emotionale Wesen. Wir sprechen hier keineswegs von Sinnenfreuden. Wir versuchen zu begreifen, was uns antreibt, um ganz bewußt mit dem schöpferischen Prozeß kooperieren zu können. Gehen Sie diese Liste noch einmal sorgfältig durch und werden Sie sich klar, daß alle diese Bedürfnisse sich auch in Ihrem Innern Geltung verschaffen.

Begreifen Sie, daß diese Bedürfnisse vorhanden sind und erfüllt werden wollen. Erklären Sie diese Erfüllung bei Ihren Treatments jeweils zu einer bereits vollzogenen Tatsache und weisen Sie Ihr Unterbewußtsein an, für ein ausgeglichenes Leben zu sorgen, indem es alle diese Bedürfnisse erfüllt. Alles das liegt allein bei Ihnen. Alle diese Bedürfnisse finden ihre Erfüllung und Sie werden ein glücklicher, gesunder und wohlhabender Mensch sein – sofern Sie beschlossen haben, daß es so ist. Ihr allumfassendes Glück, Ihre Gesundheit, ihr Wohlstand, Ihre Freiheit und Ihr Selbstausdruck werden das Resultat Ihrer ausgeglichenen Entwicklung sein, nachdem Sie die Erfüllung Ihrer zwölf grundlegenden Bedürfnisse im Gemüt angenommen haben. Arbeiten Sie mit dieser Liste solange, bis Sie sie und sich selbst verstehen. Konflikte oder Überschneidungen bestehen dabei in Wirklichkeit nicht, obgleich es durchaus den Anschein haben mag. Die Bedürfnisse „Selbstachtung haben" und „uns wichtig fühlen" mögen auf den ersten Blick gleichbedeutend erscheinen, sind es jedoch keineswegs. Ihre Selbstachtung oder Selbsteinschätzung ist Ihr bejahendes Gefühl über sich selbst. Das Gefühl Ihrer Wichtigkeit hingegen, ist Ihre Annahme der affirmativen Einschätzung anderer, Ihre Person betreffend. Das Bedürfnis, allein zu sein, scheint im Widerspruch zu den anderen Bedürfnissen zu stehen, dem ist aber nicht so. Einsamkeit ist von wesentlicher Bedeutung für Ihre Gesundheit auf jeder Ebene – aber selbstverständlich nicht zuviel Einsamkeit. Streben Sie nach Ausgeglichenheit in allen Dingen.

Ihre allumfassenden Treatments-Ziele sollten folgendes einschließen:

1. Vollkommene Ordnung
2. Gleichgewicht
3. Harmonie
4. Rechtes Handeln
5. Gesunde Verhältnisse
6. Anpassung
7. Verständnis
8. Frieden
9. Freiheit
10. Erfüllung
11. Güte
12. Weisheit

Behandeln Sie sich, bzw. setzen Sie Ihr Gemüt instand, damit es diese Attribute vollkommenen Angleichens als Erfordernisse für ein effektives Leben akzeptieren kann. Machen Sie sich bewußt, daß diese Liste mit inneren Konzepten und Einstellungen zu tun hat. Entwickeln Sie diese, und was immer Sie benötigen wird automatisch in Ihr Leben treten. Die Details Ihres persönlichen Lebens sind das Resultat des Selbstausdrucks Ihrer Individualität.

Entdecken Sie Ihre größten Bedürfnisse

Unsere grundlegenden Charakteristiken und Bedürfnisse sind die gleichen, unsere spezifischen Ansichten, Entscheidungen, Wünsche, Geschmäcker, Ideen, Pläne und Verfahrensweisen sind dagegen unterschiedlich. Sie könnten etwas wollen und benötigen, das mich nicht im geringsten interessieren würde, und umgekehrt. Sie könnten das Verlangen nach einer Reise haben, während ich lieber daheim bleibe und arbeite. Vielleicht möchten Sie jedes Jahr ein neues Auto haben, während ein anderer es vorzieht, zu Fuß zu gehen oder den Bus zu nehmen. Die Verfassung der Vereinigten Staaten von Amerika garantiert uns allen „Leben, Freiheit und das Streben nach Glück". Das bedeutet, daß wir die Freiheit haben, alles erforderliche zu tun, um diese Rechte wahrzunehmen – solange wir andere dabei nicht benachteiligen. Dieses Buch wurde geschrieben, um Sie in die Lage zu versetzen, etwas von diesem erstrebten Glück zu erlangen und es auch zu genießen. Wir werden es jedoch niemals einfangen, wenn wir ihm lediglich nachjagen. Freunden Sie sich an mit ihm. Leben Sie es. Das ist die Botschaft.

Wie gesagt: Obgleich wir alle uns in der gleichen Richtung bewegen, und im Grunde gleich sind, unterscheiden wir uns beträchtlich in den Details. Nachdem Sie sich für Ihre „grundlegenden Bedürfnisse" und die „grundlegenden Ziele" behandelt haben, werden Sie sich ganz spezifisch für bestimmte Dinge behandeln wollen – für alles, was Sie für einen effektiven Selbstausdruck benötigen. Nachdem Sie eine gründliche innere Arbeit im Bereich der Ursachen geleistet haben, werden die meisten der benötigten Dinge ganz automatisch in Ihrem Erfahrungsbereich erscheinen, aber es könnten Fälle auftreten, bei denen Sie sich für etwas ganz bestimmtes zu behandeln wünschen. Stellen Sie sich dann Ihre eigene Liste zusammen. Die folgende enthält einige Punkte, die Sie interessieren könnten:

1. Arbeiten
2. Sich wohlfühlen
3. Reisen
4. Schöne Dinge besitzen
5. Verheiratet sein und Kinder haben
6. Geld verdienen
7. Berühmt sein
8. Macht haben
9. Erfolgreich sein
10. Ein Heim besitzen
11. Ein neues Auto besitzen
12. Einen Status wahren

Seien Sie nicht schüchtern. Werden Sie sich über Ihre Bedürfnisse, Ihr Verlangen und Ihre Wünsche klar. Behandeln Sie sich entsprechend. Seien Sie definitiv und spezifisch dabei. Akzeptieren Sie die Erfüllung als vollendete Tatsache, aber versuchen Sie nicht, sich vorzustellen, wann und auf welche Weise es geschehen wird. Versuchen Sie nicht, der göttlichen Schöpferkraft vorzuschreiben, wie es im Einzelnen zu geschehen hat. Bedenken Sie: Es sind immer viel mehr wunderbare Dinge auf dem Weg zu uns, als wir mit unserem begrenzten menschlichen Fassungsvermögen akzeptieren können. Jesus sagte: „Es ist eures Vaters Wohlgefallen, euch das Reich zu geben" (Lukas 12:32) und „Euer Vater weiß, wessen Ihr bedürft, noch bevor ihr ihn fragt" (Matth. 6:8).

Es ist völlig legitim, sich für bestimmte Dinge zu behandeln, aber wie jemand einmal sagte: „Sei achtsam, wofür du dich behandelst (betest), denn du wirst es mit Sicherheit bekommen." Unterschätzen Sie niemals die Schöpferkraft Ihrer Gedanken! Durch Denken und Fühlen wird der schöpferische Prozeß in Gang gesetzt. Bewußt zielgerichtetes Denken und Fühlen, um einen bestimmten Zweck zu erfüllen – das ist es, was wir Treatment oder geistige Behandlung nennen. Ein wirksames Treatment beinhaltet einen Wandel unseres inneren Bewußtseins vom „wünschen" zur „Überzeugung des Habens". Viele Menschen sagen: „Ich wünschte, ich könnte das tun" oder „ich wünschte, ich könnte das haben", ohne sich bewußt zu sein, daß sie es tatsächlich haben könnten, wenn sie nur daran glauben würden. Treatment ist ein Vorgang, der Sie zu der Überzeugung führt, daß Sie können und (im Bewußtsein) das sind oder haben, was Sie vorher lediglich gewünscht hatten.

Treffen Sie hierbei jedoch eine weise Auswahl. Wünsche sind „im Entstehen begriffene Verwirklichungen". Die Schöpferkraft des Gemüts ist die mächtigste Kraft im Universum. Gehen Sie deshalb intelligent mit ihr um.

Es gibt eine alte Legende von einem Ehepaar, dem einmal drei Wünsche gewährt worden waren – nur drei.

„Oh, ich wünschte, ich hätte ein paar Würste", rief die Frau aus, und prompt erschien das Gewünschte.

„Du und deine Würste!" Der Ehemann war erbost über den törichten Wunsch seines Weibes. „Ich wünschte, diese verdammten Würste klebten dir an der Nasenspitze!" Und genau dort erschienen sie.

Nachdem nunmehr nur noch ein Wunsch übrig geblieben war, bedarf es wohl kaum größerer Phantasie, sich vorzustellen, wozu er gebraucht wurde.

Die meisten von uns gehen mit ihrer schöpferischen Kraft ähnlich verschwenderisch um. Es ist nämlich völlig unnötig, unser Leben damit zu verbringen, die „Würste von unserer Nasenspitze zu entfernen, wenn wir doch stattdessen die herrlichsten Schlösser in unseren Seelen bauen und die Reichtümer des Königreichs genießen könnten.

Tun wir doch lieber genau das. Wandeln wir unser Leben zum Besseren. Hier sind fünf Punkte, die dabei hilfreich sind:

Wie man sein Leben zum Besseren wandelt

1. Ersetzen Sie Kritik und Verurteilung durch brüderliche Liebe.
2. Ersetzen Sie Krankheit und Schwäche durch Stärke und Vollkommenheit.
3. Ersetzen Sie Mangel und Begrenzung durch das Wissen um Gottes Überfluß.
4. Wenden Sie Ihre Aufmerksamkeit vom Falschen und Unwerten ab und richten Sie sie stattdessen auf die wahren und wertvollen Aspekte des Lebens.
5. Ersetzen Sie Furcht und Groll durch Vertrauen, Liebe und die Erwartung alles Guten.

Es folgen nun noch einige definitive Dinge, die Sie tun sollten und andere, die Sie nicht tun sollten. Sie alle sind hilfreich.

Fünf Dinge, die Sie nicht tun sollten:
1. Lassen Sie sich nicht ermüden.
2. Lassen Sie sich nicht niederdrücken.
3. Seien Sie nicht deprimiert.
4. Seien Sie nicht reizbar.
5. Nehmen sie sich selbst nicht zu ernst.

Fünf Dinge, die Sie tun sollten:
1. Nehmen Sie sich Zeit für Menschen, die Sie lieben.
2. Sorgen Sie für Vergnügungen.
3. Geben Sie den wunderbaren Dingen in Ihrem Innern Ausdruck.
4. Lachen Sie und seien Sie glücklich, und die ganze Welt verändert sich.
5. Nehmen Sie sich Zeit zum beten.

Als abschließende Checkliste für die Lösung Ihrer Probleme und für Ihren größtmöglichen persönlichen Nutzen sehen wir die folgenden Punkte an. Arbeiten Sie mit ihnen, bis sie zum eisernen Bestand Ihrer Standardausrüstung geworden sind:

Zwölf Schritte zu einem wirksamen Leben

1. Lösen Sie alle negativen Gemütshaltungen auf, und vermeiden Sie jeden übermäßigen emotionalen Stress.
2. Hören Sie auf, sich Sorgen zu machen.
3. Eliminieren Sie jedes Minderwertigkeitsgefühl.
4. Verbessern Sie Ihre Disposition und entwickeln Sie eine angenehme Persönlichkeit.
5. Lernen Sie, sich Ihre Arbeit leicht zu machen.
6. Zählen Sie Ihre Segnungen.
7. Vergeben Sie sich und anderen.
8. Lösen Sie das falsche Ego auf. Lernen Sie, mit sich selbst und anderen gut auszukommen.
9. Beten und meditieren Sie. Entwickeln Sie Ihren Kontakt mit Gott und Ihr Vertrauen in seine Allmacht.
10. Machen Sie das Meiste aus Ihrer Religion.
11. Interessieren Sie sich für das Leben, für das, was Sie jeweils tun, und für andere Menschen.
12. Beachten Sie die Gesetze des gesunden Menschenverstandes auf jeder Ebene.

Leitgedanken für Frieden und Freiheit

Ich kenne die Wahrheit und die Wahrheit macht mich frei. Heute identifiziere ich mich mit der Einheit und Ganzheit des Lebens. Ich löse jede Gebundenheit auf. Ich bin frei. Ich beseitige alle Blockierungen. Ich bin frei. Ich löse jeden Zweifel und jeglichen Argwohn auf. Ich bin frei. Ich bin von aller Furcht befreit. Ich von Frieden und Liebe erfüllt. Ich bin ganz auf die Wunder und Schönheiten des Lebens eingestimmt. Ich bin eins mit dem Leben.

Heilende Wellen des Friedens durchströmen mich. Ich schöpfe tief aus den Quellen des Unendlichen. Ich bin angefüllt mit der reinigenden Ambrosia des Geistes. Ich bin erfrischt, erneuert und aufgeladen. Ich bin wiedergeboren. Ich berste in meine Welt hinein – mit Freude,

Begeisterung und Macht. Ich bin ein freies und vollkommenes Individuum. Ich bin im Frieden mit mir selbst. Nichts stört oder verwirrt mich. Ich bin in Gott verankert. Nichts entmutigt mich. Ich bin voller Freude. Ich bin in tiefem und vollkommenem Frieden gegründet. Nichts verletzt mich. Ich bin frei von allen schmerzvollen Gemütshaltungen, Neigungen und Erfahrungen – jetzt und für immer.

Still und behutsam lege ich mich jetzt nieder in den grünen Auen meiner Seele. Ich tauche ein in die stillen Wasser. Ich bin jetzt gereinigt, durch die säubernde Aktion meiner Gedanken. Ich hebe meine Augen auf zu den Bergen, von wo mir Hilfe kommt. Ich erhebe mein Gemüt zu Gott. Ich kann alle Dinge tun, durch die innere Kraft, die mich mächtig macht.

Der innere Frieden der Ordnung, des Gleichgewichts, und des rechten Handelns, ist fest gegründet in meiner Seele. Ich strebe danach, mein höchstes und bestes zu tun, zu jeder Zeit. Mein Leben ist der Ausdruck von Gottes Leben, das durch mich lebt. Ich bin Teil einer herrlichen Ganzheit, die vollkommen ist. Ich lebe ein reiches, überfließendes Leben – auf jedem Schritt meines Weges.

Mein innerer Frieden und meine Freiheit führen mich an die Portale des Wissens und der Weisheit. Ich erlange Weisheit, und mit der Weisheit erlange ich Verständnis. Dieses Verständnis ist es, das mich in vollkommenem Frieden und in Freiheit erhält. Und so ist es.